T0060985

BroadStreet Publishing Group LLC
Racine, Wisconsin, USA
Broadstreetpublishing.com

Descansa en la presencia de Dios

© 2020 by BroadStreet Publishing

ISBN 978-1-4245-5987-9
ISBN 978-1-4245-5988-6 libro electrónico

Oraciones compuestas por Janelle Anthony Breckell, Diane Dahlen, Claire Flores, Shannon Lindsay y Michelle Winger.

Diseño de Chris Garborg | garborgdesign.com
Compilado y editado por Michelle Winger | literallyprecise.com

Impreso en China

20 21 22 23 24 25   6 5 4 3 2 1

Introducción

Es difícil admitir que necesitamos a Dios constantemente. Nos vemos pidiéndole tímidamente su atención, como si fuera alguien que se irrita fácilmente. Como si estuviera cansado de oírnos pedirle algo más otra vez. ¡Nada más alejado de la realidad!

A Dios le encanta encontrarnos en cada momento de cada día. Nos anima a acercarnos y a pedirle con confianza todo lo que necesitamos. Quiere oír lo que hay en nuestros corazones.

Mientras leas estos devocionales, versículos y oraciones, recuerda que Dios estará escuchando con entusiasmo cada una de tus palabras. Está ansioso por colmarte con sus bendiciones de paz, esperanza, gozo y fuerza. Lo único que tienes que hacer es pedírselo.

Enero

ASÍ QUE NO TEMAS, PORQUE

YO ESTOY CONTIGO;

NO TE ANGUSTIES, PORQUE YO SOY

TU DIOS.

TE FORTALECERÉ Y TE AYUDARÉ;

TE SOSTENDRÉ CON MI DIESTRA

VICTORIOSA.

ISAÍAS 41:10 (NVI)

Algo nuevo

Pues estoy a punto de hacer algo nuevo.
¡Mira, ya he comenzado! ¿No lo ves?
Haré un camino a través del desierto;
crearé ríos en la tierra árida y baldía.
ISAÍAS 43:19 (NTV)

Puede que tengas una lista de objetivos y sueños clasificados por colores para los 365 días que vienen (además de un plan de acción para lograrlos) o quizá hayas desterrado los propósitos de año nuevo y hayas decidido que este será un año más del calendario. Sea lo que sea, has hecho borrón y cuenta nueva, y el primer día del año está innegablemente repleto de ciertas expectativas. La emoción de un nuevo capricho o *gadget* electrónico palidece ante la promesa de un nuevo inicio. En lo más profundo de tu ser hay una parte que piensa: «¡Este podría ser mi año!».

Y, ¿sabes qué? Este *es* tu año. Este día, y todos los que lo seguirán, son tuyos. Son tuyos para que decidas a quién amarás y servirás, y cómo lo harás. Incluso para que decidas quién serás. Y la decisión que tomes al leer esta página representa la decisión de emprender este camino acompañada de tu Padre celestial. Y este es un punto de partida precioso.

Padre celestial, te entrego este año. Te pido que me ayudes a tenerte siempre presente al tomar decisiones y trazar planes. Quiero buscar tu consejo en todo lo que decida emprender.

Todas las cosas son hechas nuevas

Y el que estaba sentado en el trono dijo: He aquí, yo hago
nuevas todas las cosas. Y me dijo: Escribe; porque estas
palabras son fieles y verdaderas.
APOCALIPSIS 21:5 (RV60)

La cosa más maravillosa sobre el Dios al que hemos
confiado nuestras vidas es que él hace todas las cosas
nuevas. Es una afirmación fiel: siempre ha sido cierta y
siempre lo será.

Ahora que empezamos un nuevo año, vacío y lleno
tanto de brillantes promesas como de preocupantes
incertezas, nuestra alma puede descansar en la verdad
de que nuestro Dios lo hará todo nuevo. Nuestros
remordimientos, errores y fallos no son nada comparados
con su promesa de redención y renovación.

*Gracias, Jesús, por hacerlo todo nuevo. Gracias porque
tu Palabra es fiel y cierta, y no tengo que dudar de tus
promesas. Trae renovación a mi vida este año. Llévate mis
remordimientos y conviértelos en nuevos inicios.*

Invisible

> El Señor mira desde el cielo y ve a toda la raza humana.
> Desde su trono observa a todos los que viven en la tierra.
> SALMO 33:13-14 (NTV)

¿Te sientes invisible hoy? Puede que estés rodeada por una multitud de personas y, aun así, te sientas sola y aislada. Puede que así es como también se sintiera la mujer que, aunque necesitaba un toque sanador de Jesús, estaba convencida de que él no repararía en ella entre tanta gente. Así que decidió alargar la mano y tocarlo, y descubrió que él era completamente consciente de su presencia. Agar, la sirvienta de Sara, fue expulsada de su hogar por su furiosa ama. Cuando vagaba perdida y sola entre la maleza, Dios la vio y se convirtió en su salvador.

Es difícil comprender que, por pequeños e insignificantes que seamos en el tiempo y el espacio, Dios nos ve a cada uno, e incluso sabe nuestro nombre. Puede que otros no reparen en nosotros o no nos comprendan, pero Dios conoce toda nuestra historia desde el principio. Siempre está presente, lo ve todo y lo sabe todo. Estemos donde estemos, Dios nos ve.

Te estoy tan agradecida, Señor, porque no solo me ves físicamente, sino que ves dentro de mi corazón y mi mente, y conoces cada uno de mis pensamientos. Ayúdame a recordar siempre que nunca soy invisible para ti.

Dios, hazme paciente... ¡pero ya!

Siempre humildes y amables, pacientes, tolerantes unos
con otros en amor.
EFESIOS 4:2 (NVI)

Se dice que orar por paciencia es peligroso porque,
para desarrollarla, es necesario que vengan pruebas.
La paciencia se consigue con mucha práctica; incluso el
simple acto de esperar, sea por lo que sea, es una buena
forma de lograrla. Piensa en la paciencia que Jesús tiene
con nosotros. Antes de que conociéramos a Cristo, él
esperó pacientemente a que nos arrepintiéramos. Cuando
no conseguimos confiar en él y nos preocupamos y
quejamos por nuestras circunstancias, nos espera hasta
que estemos listas para volver de nuevo a él. Él tolera
nuestras manías e incoherencias y, aun así, nos ama.

¿Estás siendo llamada a tener todavía más paciencia estos
días? ¿Estás cargada de frustración y enfado porque las cosas
no salen como tú quieres? ¿Los dolores del crecimiento
espiritual están a punto de agotarte? Entonces ha llegado el
momento de arrodillarte de nuevo ante el trono de gracia y
pedir ayuda ahora, en tu momento de necesidad.

*Oh Dios, perdóname por mi impaciencia hoy. Voy a elevar
una atrevida oración y a pedirte que me des una paciencia
todavía mejor. Y ayúdame a cooperar con el proceso.*

Mi identidad

> Antes no tenían identidad como pueblo, ahora son pueblo
> de Dios. Antes no recibieron misericordia, ahora han
> recibido la misericordia de Dios.
>
> 1 PEDRO 2:10 (NTV)

Nuestra sociedad pone énfasis en la importancia de «encontrarnos a nosotros mismos». Y parece un objetivo válido. Necesitamos conocer nuestros dones y habilidades, y tener una forma de expresarlos: un propósito para vivir. Necesitamos una identidad. Y, como cristianos, ¡tenemos una! Primero, Pedro dice que somos piedras vivas en el templo espiritual de Dios, sacerdocio real, pueblo escogido; la mismísima propiedad de Dios. Antes de Cristo no teníamos identidad ni propósito.

¿Has perdido tu identidad en algún punto del camino? ¿O quizá has trastabillado mientras te enfrentabas a tus responsabilidades diarias? Reafírmate en la persona que eres y en la persona a quien perteneces: tú eres de Cristo y has sido llamada de las tinieblas para alumbrar al mundo con su luz.

Dios, quiero volver a afirmar que soy tu hija. Soy perdonada, tengo un nuevo nombre y soy parte de tu reino. Tú me has llamado de las tinieblas para mostrar a otros tu bondad. ¡Mi identidad está en ti!

No nos pertenece

> Yo sé, Señor, que nuestra vida no nos pertenece; no somos capaces de planear nuestro propio destino. Así que corrígeme, Señor, pero, por favor, sé tierno; no me corrijas con enojo porque moriría.
>
> JEREMÍAS 10:23-24 (NTV)

Jeremías, un profeta de Dios, fue llamado para revelar los pecados de los israelitas y avisarlos del juicio que estaba a punto de llegar. Sus súplicas fueron ignoradas y las consecuencias cayeron sobre ellos cuando los babilonios destruyeron Jerusalén. Antes de esa catástrofe, Jeremías hizo una de las afirmaciones más profundas de todas las Escrituras. Los israelitas insistieron en seguir a las naciones idólatras que los rodeaban, haciendo las cosas a su propia manera. Al parecer olvidaron que eran el pueblo escogido de Dios y que este había dirigido sus pasos con amor. Y, al buscar su independencia, cayeron en el pecado y perdieron la presencia prometida de Dios.

Me pregunto cuántas veces olvidamos a quién pertenecemos y empezamos a pensar que podemos planear nuestro propio rumbo en la vida. Quizá no somos felices con las instrucciones de Dios y nos estamos resistiendo al camino que él nos ha pedido que andemos. Quizá hoy tú necesitas orar con Jeremías:

Corrígeme, Señor, pero te ruego que lo hagas con suavidad. No me corrijas con ira, porque moriría. Me arrepiento de mi independencia y, de nuevo, me rindo a tu mando.

¡Huele bien!

Así que, ¡gracias a Dios!, quien nos ha hecho sus cautivos y siempre nos lleva en triunfo en el desfile victorioso de Cristo. Ahora nos usa para difundir el conocimiento de Cristo por todas partes como un fragante perfume. Nuestras vidas son la fragancia de Cristo que sube hasta Dios […].

2 CORINTIOS 2:14-15 (NTV)

¿Cuáles son tus fragancias favoritas? ¿Quizá el pan recién horneado, la madreselva, la lavanda, el café o el fresco aire del otoño? Un aroma puede catapultarte años atrás, a un recuerdo de tu infancia, o hacer que una emoción te embargue de repente al rememorar una experiencia pasada. Una mujer con un perfume embriagador va compartiendo su fragancia a medida que esta permea el espacio que la rodea, arrastrada suavemente por el aire.

Cristo quiere que vivamos nuestras vidas de modo que, estemos donde estemos, diseminemos el perfume fragante del evangelio que después se eleva para glorificar a Dios. Nuestros espíritus amables y tranquilos, la paz y el gozo que mostramos, y la amabilidad, el amor y la paciencia que tenemos con los demás harán que la gente se dé la vuelta y se diga: «¿Qué huele tan bien? ¡Yo también quiero un poco!».

Oh Jesús, ayúdame a vivir una vida que muestre tu carácter en todo lo que hago y digo. Quiero oler tan bien que mi vida atraiga a los demás hacia ti.

Domar lo indomable

Señor, ponme en la boca un centinela;
un guardia a la puerta de mis labios.
SALMO 141:3 (NVI)

¡Qué desafío es para las mujeres dominar sus lenguas! ¿Se te ha descontrolado también a ti últimamente? Se dice que las mujeres usan una media de 20.000 palabras al día, mientras que los hombres solo dicen 7.000. Con tantas palabras saliendo de nuestras bocas cada día, la posibilidad de que digamos algo dañino, desagradable o doloroso es, simplemente, mayor.

¿Qué vamos a hacer con nuestras lenguas? Santiago las describe como un fuego que los humanos no podemos dominar: en un momento está alabando a Dios y, en un instante, está maldiciendo a los demás. ¡Qué dilema! Pero qué maravilloso es saber que, igual que con los demás desafíos a los que nos enfrentamos, podemos acudir a Dios en busca de una solución. Él hace lo que nosotros no somos capaces, pero también debemos poner de nuestra parte. Medita en su Palabra de modo que sus Escrituras fluyan fácilmente en tu interior y que tu conciencia sea sensible. Decídete a hablar más de Dios y menos de los demás. Y, finalmente, ora con el salmista:

Señor, ponme en la boca un centinela; un guardia a la puerta de mis labios. Ayúdame, Señor, a decir palabras de vida a aquellos que me rodean. Ayúdame a tragarme las palabras dañinas y a decir solo palabras de ánimo.

La fe es importante

Abraham estaba plenamente convencido de que Dios es poderoso para cumplir todo lo que promete. Y, debido a su fe, Dios lo consideró justo.

ROMANOS 4:21-22 (NTV)

A veces vacilamos a la hora de admitir que estamos desanimadas porque nuestras oraciones no reciben respuesta. Muchísimos hombres y mujeres han confiado en que Dios haría un milagro, pero no lo han recibido aquí, en esta tierra. ¿Quiere decir eso que su fe era en vano?

Dios le prometió a Abraham que él sería el padre de muchas naciones y que, a través de él, todas las personas de la tierra serían benditas. Y Abraham lo creyó a pesar de que eso era imposible, al menos de forma natural. Dios vio su fe y lo consideró justo. En Hebreos 11 se enumeran otros gigantes de la fe (como Abel, Enoc, Noé, Jacob, José y Moisés) y se dice que «Todas estas personas murieron aún creyendo lo que Dios les había prometido. Y aunque no recibieron lo prometido lo vieron desde lejos y lo aceptaron con gusto» (Hebreos 11:13, NTV). Puede que nuestras oraciones no se vean respondidas durante nuestra vida. ¿Podemos imitar a los santos que nos preceden y creer, sea cual sea el resultado?

Señor, ayúdame a perseverar en la fe; ¡mi fe es importante en sí misma, independientemente de los resultados! Tú oyes mis oraciones, e incluso aunque no pueda ver tu respuesta, ¡sé que estás actuando!

El miedo

Pero cuando tenga miedo, en ti pondré mi confianza.
Alabo a Dios por lo que ha prometido.
En Dios confío, ¿por qué habría de tener miedo?
¿Qué pueden hacerme unos simples mortales?
SALMO 56:3-4 (NTV)

¡Fíjate en que David no dudó en admitir que estaba asustado! El rey Saúl lo perseguía, y tan grande fue su terror que corrió al campamento enemigo, un lugar bastante extraño en el que encontrar refugio. Fue una acción atrevida y arriesgada, pero quizá esperaba que el rey Aquis no lo reconociera, o que creyera que era un desertor y que suponía una ventaja capturarlo. Por desgracia, descubrieron a David e informaron al rey Aquis de ello. David, motivado de nuevo por el miedo, hizo ver que estaba loco, con lo que también lo echaron de ahí. El miedo nos hace actuar de formas que ni nos plantearíamos normalmente.

Pero no pasó demasiado tiempo antes de que David volviera a cambiar su forma de pensar y depositara de nuevo su confianza en Dios. Es interesante que diga «*Cuando* tenga miedo» y no «*Si* tengo miedo». El miedo es una respuesta humana que, a menos que sea contrarrestado por la confianza, resulta, como mínimo, destructivo. ¿De qué tienes miedo hoy? ¿Estás magnificando una preocupación y convirtiéndola en una montaña imposible de «¿y si…?». Confía en Jesús. Recuerda las promesas que te ha dado. Pase lo que pase, ¡él está al mando!

Señor, hoy tengo miedo pero, como David, ¡voy a confiar en ti! No tengo que preocuparme de nada porque sé que, sea lo que sea que permitas que pase en mi vida, será para mi bien. Descanso en ese conocimiento.

Recuérdalo

Pero después me acuerdo de todo lo que has hecho,
oh Señor; recuerdo tus obras maravillosas de tiempos
pasados. Siempre están en mis pensamientos; no puedo
dejar de pensar en tus obras poderosas.
SALMO 77:11-12 (NTV)

Seguro que has oído hablar de la «memoria selectiva»,
cuando una persona recuerda solo las partes del pasado
que le convienen y olvida las que no le interesan tanto.
¡Quizá por eso los «viejos tiempos» parecen tan buenos!
Piensa en cuántas veces Moisés advirtió a los israelitas
que tenían que recordar todo lo bueno que había hecho
el Señor por ellos a lo largo de los años. Cuántas veces les
dijo que, si no querían volver a repetir los mismos errores,
debían tener presente cómo habían provocado a Dios y
habían sufrido las consecuencias.

Recordar lo que Dios ha hecho aumenta nuestra fe. Cada
vez que él se muestra fiel a ti, se pone otro ladrillo sobre
los cimientos de tu confianza. El precedente ya está
establecido, y cada vez que él actúa en tu favor, la base
de tu fe se vuelve más fuerte. Sabes que él te ha ayudado
a salir adelante en otras ocasiones y que lo volverá a
hacer. Tómate un momento hoy para recordarlo y para
agradecerle a Dios todo lo que ha hecho por ti.

*Perdóname, Señor, por olvidar cómo has actuado en mi
vida. Tengo tendencia a preocuparme como si esta vez tú
no fueras a ayudarme. Gracias por tu fidelidad hacia mí y
por todo lo que has hecho.*

Sentada con pecadores

> Id, pues, y aprended lo que significa:
> Misericordia quiero, y no sacrificio. Porque no he venido a
> llamar a justos, sino a pecadores, al arrepentimiento.
> MATEO 9:13 (RV60)

¿Alguna vez has sentido que no estás recibiendo suficiente reconocimiento por todo lo que has hecho, ya sea en tu trabajo o en casa? ¿Ha habido alguna ocasión en la que vieras cómo felicitaban a otras personas por algo al parecer insignificante? Esforzarse sin que nadie lo aprecie puede parecer muy injusto.

¡Imagina, pues, cómo se sintieron esos fariseos cuando Jesús decidió sentarse con los pecadores! Les molestó el hecho de que Jesús pasara tiempo con los transgresores, cuando ellos habían dedicado sus vidas enteras a obedecer y trabajar bajo la ley. Jesús respondió diciendo que el perdón no se gana, sino que se recibe como un regalo. Todos somos pecadores y, aun así, Jesús decide sentarse con nosotros porque quiere mostrarnos su misericordia. ¡Siéntate con él y recíbela con libertad!

Señor Jesús, sé que soy pecadora ante ti y, a pesar de ello, te agradezco que hayas elegido sentarte conmigo aquí y ahora, ofreciéndome tu gracia y misericordia. Recibo tu perdón como un regalo, a sabiendas de que no es lo que yo hago lo que te hace aceptarme. Ayúdame a ser misericordiosa con los demás, igual que tú has sido misericordioso conmigo.

Dar y recibir

El que es generoso prospera;
el que reanima será reanimado.
PROVERBIOS 11:25 (NVI)

Recibes lo que das. Es un principio sencillo, uno que la Biblia respalda. No somos como un vaso de plástico que, una vez vacío, es completamente inútil. En el reino inverso de Dios, cuanto más nos vaciemos, ¡más llenos estaremos! Puede ser difícil soltar nuestro dinero, tiempo o energía por los demás. Aun así, si comprendemos que Dios nos está usando para dar sus regalos a los otros, también podemos confiar en que él encontrará una forma de proveer para nosotros. ¡Y eso hace!

¿Tienes el depósito vacío y necesitas volver a llenarlo? ¿Necesitas renovación? Sé generosa y muéstrate dispuesta a animar a los demás: si miras a tu alrededor con atención encontrarás a muchísimas personas que lo necesitan. Del mismo modo que tú das, el Señor te lo devolverá.

Amado Señor, muéstrame a las personas en mi vida que necesitan mi generosidad. Muéstrame a aquellos que necesitan mi tiempo, mis oraciones y mi ánimo. Mientras doy a los demás, te ruego que me llenes y que restaures mi alma, para poder vivir una vida que esté llena de ti.

¡Fe, por favor!

> Pero sin fe es imposible agradar a Dios; porque es
> necesario que el que se acerca a Dios crea que le hay,
> y que es galardonador de los que le buscan.
>
> HEBREOS 11:6 (RV60)

Pasamos gran parte de nuestras vidas intentando agradar a los demás, ya sea con una casa ordenada, una comida deliciosa, un magnífico regalo de cumpleaños o ropa nueva. Parece que, para ganar la aprobación de otros, tenemos que hacer cosas que nos hagan quedar bien ante ellos.

Y así es, a menudo, como nos acercamos a Dios: con grandes esfuerzos por hacer las cosas correctas para agradarle. Pero la Biblia dice que es imposible agradarle sin fe. ¿Qué es la fe? La fe es una creencia en tu corazón y una confesión con tu boca de que Jesucristo es el Señor. Lo que complace a Dios no es lo que haces, sino un corazón que busca seguirle. Acércate al Señor hoy con la seguridad de que él está complacido contigo no por lo que haces, sino por lo que crees.

Padre, vengo con un corazón que quiere complacerte. Perdóname por pensar que todas las cosas buenas que hago son más importantes que un corazón que cree en ti y que continuamente busca hacer tu voluntad. Tengo fe en ti y esperaré pacientemente la recompensa de buscarte.

Nacida de Dios

Mas a todos los que le recibieron, a los que creen en su nombre, les dio potestad de ser hechos hijos de Dios; los cuales no son engendrados de sangre, ni de voluntad de carne, ni de voluntad de varón, sino de Dios.

JUAN 1:12-13 (RV60)

Cuando nace un bebé, la parte más importante de su identidad es saber quiénes son sus padres. También lo moldeará el lugar en el que crezca y las personas que lo cuiden a medida que se hace mayor. Todos tenemos distintas historias sobre esto. Tenemos padres biológicos y las circunstancias en las que se dio nuestra concepción pueden etiquetarse de muchas formas, que van desde deseada hasta indeseada.

Puede que te hayan cuidado unos padres amorosos, unos padres a los que no les has importado, unos padres en aprietos o que, incluso, hayas crecido sin padres. Aun así, aquellos que creemos en Dios tenemos algo en común. Todos somos hijos de Dios. Dios fue quien nos creó y quien nos trajo al mundo. Dios es quien nos ha estado cuidando desde que respiramos por primera vez. Fue Dios quien se regocijó cuando lo aceptamos como nuestro Salvador. Hemos vuelto a nacer en la familia de Dios y nada de esta tierra nos puede quitar esto.

Padre celestial, te doy las gracias por haberme invitado a tu familia. Gracias por amarme y cuidarme como tu preciosa hija.

Óyeme

Respóndeme cuando clamo, oh Dios de mi justicia.
Cuando estaba en angustia, tú me hiciste ensanchar;
ten misericordia de mí, y oye mi oración.
SALMO 4:1 (RV60)

¿A quién llamas cuando te sientes triste y agobiada? ¿Hay alguien en tu vida que te escuche en los momentos en los que lo necesitas? ¿Sabes con certeza que Dios está siempre cerca de ti y que puedes pedirle ayuda cuando estás en apuros?

El Señor conoce tu corazón y sabe las cosas a las que te enfrentas; solo él es capaz de liberarte de tus cargas. Es un Dios de misericordia, lo que significa que no importa lo que hayas hecho o lo grande que sea la batalla a la que te enfrentas: su amor y bondad pueden salvarte en el momento en el que lo necesites. Él te escuchará, así que pídele ayuda.

Amado Señor, acudo a ti ahora, creyendo en tu bondad y tu capacidad para aligerar mis cargas. Sé que tú me oyes cuando oro. Gracias por escucharme. Oye lo que te dice mi corazón cuando soy incapaz de expresarlo con palabras. Levántame y dame paz.

¡Estén siempre alegres!

Estén siempre alegres, oren sin cesar, den gracias a Dios en toda situación, porque esta es su voluntad para ustedes en Cristo Jesús.
1 TESALONICENSES 5:16-18 (NVI)

La vida no siempre va como nosotros queremos. Las circunstancias en las que acabamos encontrándonos pueden dejarnos decepcionados o incluso resentidos. Hemos esperado la bondad de Dios sin advertir que parte del camino del cristiano implica sufrimiento.

No es que Dios quiera que pases por dificultades, sino que busca que experimentes su voz y presencia en todo momento. Es por eso por lo que tenemos que dar gracias en toda situación, ya sea gozosa o dolorosa. Él es capaz de levantarte, de permitirte sentir gozo y de llevarte más cerca de él. ¡Regocíjate siempre!

Amado Señor, ayúdame a acudir a ti tanto en los momentos duros como en los momentos fáciles. Gracias por ser un Dios bueno que se preocupa por mí. Gracias porque te puedo confiar mi vida. Gracias por estar presente en todas mis circunstancias. Recuérdame que me goce en ti siempre.

Valentía para Cristo

Conforme a mi anhelo y esperanza de que en nada seré avergonzado; antes bien con toda confianza, como siempre, ahora también será magnificado Cristo en mi cuerpo, o por vida o por muerte.

FILIPENSES 1:20 (RV60)

¿Qué esperas para tu vida? Quizá quieras una carrera significativa, correr aventuras por todo el mundo, casarte o, simplemente, criar a unos hijos sabios y maravillosos. Está claro que todos esperamos vivir una vida que honre a Dios, pero ¿somos tan valientes en nuestra fe como Pablo expresa en este versículo?

Pablo sabía que el Cristo que él predicaba era ofensivo para mucha gente; a muchos les era muy difícil aceptar el evangelio. Aun así, Pablo tenía la certeza de que al final todo el mundo conocería la verdad de Cristo y, en este aspecto, él no iba a ser avergonzado. ¿Eres capaz de hacer que esta sea también tu esperanza? Honra a Dios con toda tu vida siendo lo suficientemente valiente como para compartir a Cristo con el mundo.

Jesús, quiero servirte y honrarte con toda mi vida. Enséñame a comprender el evangelio y dame la valentía para compartirlo con los que me rodean. Hazme esperar, con la misma certeza de Pablo, que no seré avergonzada.

«Sí» a la gracia

En verdad, Dios ha manifestado a toda la humanidad su gracia, la cual trae salvación y nos enseña a rechazar la impiedad y las pasiones mundanas. Así podremos vivir en este mundo con justicia, piedad y dominio propio.
TITO 2:11-12 (NVI)

Cuando oyes una palabra demasiadas veces, esta acaba por perder su impacto. Esto puede pasar cuando vemos palabras como «gracia» y «perdón»; las oímos constantemente porque son esenciales para nuestra fe cristiana. En vez de desconectar cuando leas u oigas la palabra «gracia», recuerda que esta es, en realidad, sinónima de «Jesús».

¡Jesús derrotó el poder del pecado en nuestras vidas y ya no tenemos que ganarnos la salvación a través de buenas obras! La gracia es poderosa porque va directa a la esencia del problema. El Padre puede ver tu corazón arrepentido y concederte su perdón, un perdón que transforma nuestros corazones y que es lo que nos da la fuerza para decirle «no» al pecado y vivir con rectitud. ¡Dile «sí» a su gracia hoy!

Jesús, gracias por sacrificar tu vida en la cruz para que yo pudiera experimentar la salvación. Necesito el poder de tu gracia en mi vida para resistir las pasiones del mundo. Perdona mi pecado y transforma mi corazón para que yo pueda vivir una vida de bondad ahora mismo.

Inconmovible

Así que nosotros, que estamos recibiendo un reino inconmovible, seamos agradecidos. Inspirados por esta gratitud, adoremos a Dios como a él le agrada, con temor reverente.

HEBREOS 11:18 (NVI)

Probablemente es más fácil comprender el poder de los reinos si tenemos presente que, antaño, la monarquía era quien tenía el gobierno absoluto. Pero hoy en día puede que sea más fácil identificar el poder y la autoridad con la política, los líderes mundiales y la ley. Como bien sabemos, no hay muchos sistemas políticos, líderes o incluso leyes sociales que hayan resistido el paso del tiempo. Un líder sustituye a otro líder, llegan nuevas estructuras gubernamentales y las leyes cambian al ritmo de la sociedad.

¡Vivimos en un mundo muy inestable! No es de extrañar que una gran mayoría de nosotros se sienta ansiosa por el futuro. Pero esta no tiene que ser nuestra perspectiva. ¡La Biblia dice que vamos a recibir un reino inconmovible! Esto significa que nuestro Dios reinará con justicia, misericordia y paz. Puedes sentirte agradecida: tienes un futuro brillante por delante. La buena noticia es que él ya ha empezado su obra. Podemos alabarle como nuestro Rey incluso hoy mismo.

Amado Señor, te venero como Dios soberano de este mundo y también de mi corazón. Te alabo porque tú eres maravilloso. Un día completarás tus planes magníficos. Ayúdame a vivir con la esperanza de tu reino inconmovible.

Corona de vida

Bienaventurado el varón que soporta la tentación; porque cuando haya resistido la prueba, recibirá la corona de vida, que Dios ha prometido a los que le aman.

SANTIAGO 1:12 (RV60)

«¿Cuándo terminará esta temporada tan dura, Señor?». ¿Te encuentras pidiendo una y otra vez alivio para los desafíos de esta vida? Puede que estés luchando para superar el duelo, que tengas un conflicto con alguien, que intentes librarte de una adicción o, simplemente, que trates de llegar al final del día sin quedar completamente agotada por el cansancio. La vida viene con muchas pruebas y tentaciones.

Dios no promete una vida fácil. Aun así, sí que promete una gran recompensa para aquellos que soporten las pruebas. Ser fuerte no significa que tengas que estar completamente tranquila cuando las cosas son difíciles. Tampoco quiere decir que vayas a salir de todas las batallas sin un rasguño. Soportar las pruebas significa que has sido paciente a través de la lucha; que has continuado amando a Dios y confiando en él. Un día recibirás el reino eterno de Dios y habrá merecido la pena enfrentarse a todos esos problemas. Sigue firme: tu recompensa llegará.

Señor, enséñame a tener paciencia en estos tiempos que parecen casi demasiado difíciles como para soportarlos. Perdóname por querer escapar del problema y por buscar una forma fácil de huir. Recuérdame el valor que tiene resistir la tentación y permanecer firme. Espero con ansia recibir la corona de vida eterna.

Nombre sobre todo nombre

Me postraré hacia tu santo templo, y alabaré tu nombre por tu misericordia y tu fidelidad; porque has engrandecido tu nombre, y tu palabra sobre todas las cosas.
SALMO 138:2 (RV60)

¿Qué has estado esperando con ansia últimamente en tu vida? ¿Alguna de estas cosas ha tenido prioridad por encima de todas las demás? En los tiempos bíblicos, la gente hacía estatuas y las colocaba en lugares elevados para adorarlas. Esta era su forma de buscar algo en lo que poder depositar su confianza, algo a lo que poder pedir ayuda o favores. Hoy en día no tenemos estatuas, pero sí que idolatramos la comida, las relaciones, el trabajo, el dinero y a los famosos.

En un mundo en el que hay tantas cosas compitiendo por nuestra adoración, es bueno recordar al Dios cuyo nombre es sobre cualquier otra cosa. Él es digno de adoración por su fidelidad y amor eternos hacia nosotros. Inclinarse y reverenciar el santo templo de Dios era la forma de acercarse al lugar donde Dios moraba. Como Cristo ahora nos ha redimido, nos hemos convertido en el lugar donde reside el Espíritu de Dios. ¿Eres capaz de darle gracias en tu corazón y permitirle volver a tomar el lugar correcto en tu vida?

Señor Dios, quiero agradecerte tu amor y tu fidelidad en mi vida. Quiero servirte y adorarte sobre cualquier otra cosa que hay en la tierra. Ayúdame a mostrarte amor permaneciéndote fiel.

Vestida de gracia

Con respecto a la vida que antes llevaban, se les enseñó que debían quitarse el ropaje de la vieja naturaleza, la cual está corrompida por los deseos engañosos; ser renovados en la actitud de su mente.

EFESIOS 4:22-23 (NVI)

La moda va y viene con cada nueva temporada. Si no la sigues con atención, ¡puede que lleves puesta la ropa del año anterior sin darte cuenta de que está completamente demodé! Puede que todo esto no te importe demasiado, pero vivir en el pasado puede indicar una falta de aceptación del presente.

Pasa lo mismo con nuestra salvación. Cuando aceptamos a Cristo como nuestro Salvador, aceptamos también una nueva vida; una vida libre del poder del pecado, donde empieza nuestra etapa eterna y espiritual. Si sientes que te han pillado llevando puesto tu pecado como si se tratara de una camiseta o un vestido feos y anticuados, ¡quítatelo! En su lugar, vístete con una actitud de perdón y la libertad que te ha sido otorgada a través de Jesús.

Jesús, perdóname por volver a algunas de mis antiguas costumbres pecaminosas. Gracias por haberme dado una nueva vida que me permite ser libre de mi naturaleza pecaminosa. Dame una actitud en la que voluntariamente me deshaga de mi vida antigua para poder vivir por tu gracia.

Sostenida por su mano

Pero tú ves la opresión y la violencia,
las tomas en cuenta y te harás cargo de ellas. Las víctimas
confían en ti; tú eres la ayuda de los huérfanos.
SALMO 10:14 (NVI)

Los problemas de la vida parecen tenernos completamente rodeados, a veces incluso a diario. Vemos a familias en aprietos, pobreza, enfermedad. Quizá tú misma estás sufriendo una de estas aflicciones. Resulta reconfortante saber que Dios ve nuestros problemas. No es un Dios que nos observa desde lejos. Él toma nuestro dolor en sus manos.

Puede que te sientas indefensa, pero Dios te ayudará. Cuando las víctimas de la soledad, el abuso, el hambre y la pobreza buscan a Dios, él sale a su encuentro. Dios mira con atención a las personas que sufren y les ofrece su mano. Jesús sabía lo que era el sufrimiento. Él vivió en sus carnes el dolor y los problemas, así que sabemos que nos comprende. ¿Confiarás en que él intervendrá cuando te sientas afligida? ¿Te comprometerás con él para que pueda ayudarte? ¡Él se preocupa por la humanidad y se preocupa por ti!

Padre celestial, acudo a ti con un corazón afligido. Te pido que consideres mi situación. Te la entrego a ti, sabiendo que tú me comprendes y que siempre te preocupas por mí. Ayúdame a confiar en ti como un buen Padre que siempre está ahí para ayudarme en mis momentos de necesidad.

Ya no soy cautiva

Pues no habéis recibido el espíritu de esclavitud para estar
otra vez en temor, sino que habéis recibido el espíritu de
adopción, por el cual clamamos: ¡Abba, Padre!
ROMANOS 8:15 (RV60)

Cuando un esclavo es liberado de la cautividad, a menudo
le es difícil saber qué hacer con su libertad. De hecho,
muchos esclavos en tiempos bíblicos elegían seguir
siendo siervos para sus amos, ya que no sentían que su
hogar pudiera ser cualquier otro lugar. Es probable que
no consideremos la esclavitud del mismo modo que los
israelitas, pero sí que podemos comprender la sensación
de impotencia ante el pecado, las emociones o incluso en
nuestras relaciones con los demás.

Cuando Jesús derrotó a la muerte en la cruz, introdujo
una forma de que nosotros pudiéramos ser libres de
nuestra anterior vida de cautividad al pecado y la muerte.
Ya no tenemos por qué temer a aquella antigua vida;
tenemos una nueva en la que vivimos por el Espíritu.
Somos hijos de Dios. Cuando realmente comprendemos
nuestra libertad, podemos empezar a deshacernos de
aquellas áreas de nuestra vida que todavía nos atenazan.

*Abba Padre, gracias por liberarme del poder del pecado y
la oscuridad. Gracias porque ahora pertenezco a tu familia
y puedo vivir protegida en tu amor. Ayúdame a reconocer
las áreas en mi vida que me impiden vivir en esta libertad y
dame la fuerza necesaria para soltarlas.*

¡Llámame!

Clama a mí, y yo te responderé y te revelaré
cosas grandes e inaccesibles, que tú no conoces.
JEREMÍAS 33:3 (LBLA)

¿Alguna vez has usado un identificador de llamadas
para asegurarte de no responder a llamadas telefónicas
que no te interesan? Quizá no, pero todos conocemos
el sentimiento de no querer hablar con alguien. A lo
mejor nos preocupa sentirnos incómodos, no saber qué
responder o, simplemente, no nos apetece tener que
decir «no» a lo que nos están pidiendo.

¡Más nos vale no asumir que Dios hace lo mismo
cuando nos oye pidiéndole ayuda! Él mismo nos pide
que acudamos a él y nos dice que responderá. Dios
nos conoce: nuestra alma, nuestro corazón y nuestra
mente. Nunca va a quedarse sin respuesta. Él ansía la
comunicación con nosotros, quiere que sepamos tanto
sobre él que empecemos a comprender cosas grandes y
maravillosas que todavía no sabíamos. ¡Llámalo hoy!

Hola, Señor Jesús. Muchas gracias por querer escucharme.
Tengo muchas cosas de las que quiero hablarte, y también
me encantaría que me dieras algunas respuestas. ¿Me
revelarás hoy algo de ti? Sé que hay muchas cosas
grandes y maravillosas que todavía no sé; estoy lista para
escucharte.

Las reglas de la felicidad

Bienaventurado el hombre a quien tú, Señor,
corriges, y en tu ley lo instruyes.
SALMO 94:12 (RV60)

A menudo las lágrimas siguen a la disciplina, ¡así que parece sorprendente que la Biblia asocie la disciplina con la felicidad! Aunque puede que nos sintamos avergonzados cuando el Señor convence a nuestro corazón de que ha pecado, tenemos que reconocer que la corrección de Dios es, en última instancia, para nuestro bien. Quiere que hagamos lo correcto porque nos ama.

Se dice que crear límites para los niños les produce satisfacción porque tienen claro lo que está bien y lo que está mal. Esta es la forma en la que Dios nos enseña sobre su ley. Él no quiere aplicar normas para podernos castigar cuando fallemos, sino que sepamos qué es lo correcto para que podamos hacerlo libremente. ¿Le permitirás corregirte, guiarte e instruirte por el camino en el que debes andar? Recibe su bendición mientras él sigue haciendo una buena obra en ti.

Señor, gracias por llevarme a todas las cosas buenas. Dame oídos para oír y ojos para ver la verdad de tus caminos. Ayúdame a aprender de tu instrucción y a ser consciente de tu gracia cuando necesito corrección. Hazme experimentar el gozo de tu disciplina.

¿Entre quejas o con agradecimiento?

Háganlo todo sin quejas ni contiendas, para que sean
intachables y puros, hijos de Dios sin culpa en medio
de una generación torcida y depravada. En ella ustedes
brillan como estrellas en el firmamento.
FILIPENSES 2:14-15 (NVI)

Muchas empresas tienen un departamento dedicado
a atender las quejas de sus clientes. Se trata de una
indicación muy reveladora de nuestra naturaleza humana:
nos quejamos cuando no se cumplen nuestros «derechos».

Cuán diferente sería este mundo si primero pudiéramos
examinar nuestros propios corazones y admitir nuestros
errores antes de señalar con el dedo a los demás. Este tipo
de humildad es escasa y preciosa. Solo puede obtenerse
realmente si permitimos que la gracia de Dios inunde cada
rincón de nuestra vida. Es Jesús quien te hace intachable y
pura y, si puedes imitar su humildad, tu vida brillará como
una estrella centelleante en medio de la oscuridad.

*Jesús, reconozco que mi reacción inmediata es quejarme
y discutir con los demás sobre sus fallos. Recuérdame que
examine mi propio corazón y que sea humilde al hablar
con otros. Gracias por tu tremendo ejemplo de humildad.
Hazme experimentar tu gracia por completo de modo que
yo siga tu ejemplo.*

Donde se cruzan los caminos

Esto dice el Señor: «Deténganse en el cruce y miren a su alrededor; pregunten por el camino antiguo, el camino justo, y anden en él. Vayan por esa senda y encontrarán descanso para el alma». Pero ustedes responden: «¡No, ese no es el camino que queremos!».

JEREMÍAS 6:16 (NTV)

A veces nuestro recorrido por la vida se detiene en seco y nos exige tomar una decisión sobre qué dirección seguir. Algunos seguimos el camino que ya habíamos marcado, otros corren rápidamente en la dirección opuesta y otros tardan tanto en decidirse que parece que lleven una eternidad en la misma encrucijada.

Dios le dio al pueblo de Israel unas indicaciones claras sobre cómo alejarse del camino inevitable de la destrucción. En primer lugar, debemos detenernos y evaluar nuestra situación pasada y futura. En segundo lugar, tenemos que preguntar cuál es el camino adecuado y seguirlo; podemos encontrarlo a través de lo que ha sido escrito en la Biblia. Las Escrituras nos dicen muchas cosas sobre quién es Dios y sobre cómo quiere que sus hijos vivan sus vidas. No seas tozuda como los israelitas, respondiendo que no, que eso no es lo que quieres para ti. La obediencia acabará por traerte paz.

Señor, dame la sabiduría para elegir el camino del bien que tú has preparado para mí. Ayúdame a tomarme el tiempo necesario para detenerme y escuchar tus consejos. Permíteme confiar en tu fuerza para decirle que sí al camino correcto.

Capas preciosas

Precisamente por eso, esfuércense por añadir a su fe,
virtud; a su virtud, entendimiento; al entendimiento,
dominio propio; al dominio propio, constancia; a la
constancia, devoción a Dios; a la devoción a Dios, afecto
fraternal; y al afecto fraternal, amor.

2 PEDRO 1:5-6 (NVI)

El arte de pintar un cuadro no se basa en lo que puedes
ver, sino en el proceso que ha habido detrás para crearlo.
A menudo un cuadro empieza con la inspiración, la idea o
emoción que queremos expresar. Le siguen los esbozos, el
color, la textura y las variaciones que pueda haber en todo
el proceso. Raramente el pintor produce lo que pensaba
hacer al principio.

Nuestra vida con Dios puede ser como un cuadro. Empieza
con nuestra fe. El lienzo es nuestra creencia en Jesús, pero
las Escrituras nos dicen que tenemos que profundizar
en nuestra fe aplicando los colores de la verdad, el
entendimiento y el dominio propio. La belleza emerge a
medida que añadimos la constancia, la devoción a Dios, el
afecto y el amor. Estas cosas tardan en desarrollarse en
nosotros. Puede que impliquen errores y puede que nos
hagan acabar pareciendo muy distintos. ¿Necesitas añadir
algo a tu fe hoy? ¿Harás el esfuerzo extra de embellecerte
aplicando virtud, perseverancia o amor a tu vida?

*Gracias, Jesús, por haber empezado una buena obra en mí.
Tengo fe en tu gracia salvadora. Hoy, Señor, necesito añadir
disciplina espiritual a mi fe. Ayúdame a conocerte más,
ayúdame a controlar mis emociones, ayúdame a perseverar
y ayúdame a amar.*

Verano e invierno

> Tuyo es el día, tuya también la noche; tú estableciste la
> luna y el sol; trazaste los límites de la tierra, y creaste el
> verano y el invierno.
> SALMO 74:16-17 (NVI)

Las personas que viven en un clima frío saben que los
inviernos pueden hacerse muy largos. A medida que la luz
del día disminuye, es fácil que el desánimo o la depresión
empiecen a embargarnos. Esto a veces es el resultado
directo de necesitar más vitamina D para compensar la
falta de luz solar. Pero, en ocasiones, el Señor permite esto
para llevarte a encontrar una mayor satisfacción en él.

Dios creó las estaciones. Son su obra. Los tesoros
invernales son como el maná, el mismo maná que se
pudriría en verano. El maná que recibimos a diario nos
renueva y nos da el alimento que necesitamos.

*Dios, ayúdame a aprovechar al máximo esta estación.
No quiero vivir quejándome o esperando a que pase el
invierno. Hay tesoros por encontrar en este lugar y yo no
quiero perdérmelos.*

Febrero

NO SE ALEGRA DE LA INJUSTICIA SINO

QUE SE ALEGRA CUANDO LA VERDAD

TRIUNFA. EL AMOR NUNCA SE DA POR

VENCIDO, JAMÁS PIERDE LA FE, SIEMPRE

TIENE ESPERANZAS Y SE MANTIENE FIRME

EN TODA CIRCUNSTANCIA. LA PROFECÍA,

EL HABLAR EN IDIOMAS DESCONOCIDOS, Y

EL CONOCIMIENTO ESPECIAL SE VOLVERÁN

INÚTILES. ¡PERO EL AMOR DURARÁ PARA

SIEMPRE!

1 CORINTIOS 13:6-8 (NTV)

Edificada

> Por lo cual, animaos unos a otros, y edificaos unos a otros, así como lo hacéis.
>
> 1 TESALONICENSES 5:11 (RV60)

El propósito de la iglesia era ser un lugar de unidad y es por eso por lo que se la describe como el *cuerpo* de Cristo. Para poder funcionar bien, el cuerpo necesita que cada parte esté bien conectada y coordinada con las demás. Cuando hay desunión o divisiones, la iglesia sufre como una persona enferma, incapaz de funcionar de forma sana.

Es por esto por lo que es muy importante pertenecer a una comunidad sana de creyentes. Y es incluso más importante que te consideres una parte vital de tu iglesia y que reconozcas la necesidad de animar a los demás para poder reforzar la familia de Dios. Una iglesia en la que los creyentes se aman y se animan es como los músculos sanos que se ejercitan y que son cada vez más fuertes. ¿Necesitas encontrar una iglesia que te anime? ¿Necesitas ser la persona que anima al cuerpo de creyentes hoy? Rodéate de creyentes que se animan entre sí y fíjate en cómo cada vez eres más fuerte.

Señor y Dios, gracias por poner a buenos cristianos en mi vida. Te pido que pueda encontrar una forma de animar a estas personas para que, juntos, seamos más fuertes. Permíteme encontrar aliento cuando animo a los demás.

He sido aprobada

Anda, y come tu pan con gozo, y bebe tu vino con
alegre corazón; porque tus obras ya son agradables a Dios.
ECLESIASTÉS 9:7 (RV60)

Todos los niños quieren saber que sus padres están
orgullosos de ellos. Es una necesidad humana innata: que
nos reafirmen en nuestras capacidades y que nos alaben
por nuestro trabajo. Pero todo buen padre o madre te dirá
la misma cosa: que está orgulloso de sus hijos hagan lo que
hagan. Los niños merecen esta adoración simplemente
porque son hijos de sus padres.

¿Crees que tu Padre celestial está complacido contigo?
¿Andas en paz sabiendo que tienes su aprobación? Querida,
recuerda que cuando estás en Cristo, su sangre cubre todas
tus transgresiones. No tienes que preguntarte si Dios está
complacido contigo; tu identidad a través de su Hijo es
suficiente como para concederte su bendición completa, su
aprobación de verdad y su intenso amor.

*Padre, cuánto me conmueve la obra que Cristo hizo en la
cruz por mí. Me conmueve el lugar que ocupo en tu familia.
Ayúdame a recordar que tú estás complacido conmigo. Sé
que no existe ningún lugar donde tu amor no me cubra.
Quiero vivir una vida digna de ser llamada tuya.*

Con Jesús

Los miembros del Concilio quedaron asombrados cuando
vieron el valor de Pedro y de Juan, porque veían que eran
hombres comunes sin ninguna preparación especial en las
Escrituras. También los identificaron como hombres que
habían estado con Jesús.

HECHOS 4:13 (NTV)

Los cristianos quieren ser como Jesús. A diario le pedimos
su gracia, misericordia, humildad y amor. Pero la forma
más infalible de ser como alguien es pasando tiempo en
su presencia.

¿Has estado tanto con Jesús que los demás acaban por
advertirlo? Cuando alguien está contigo, ¿ve actitudes y
pruebas de Cristo en ti? Si pasas tiempo sumergiéndote en
la presencia del Señor, leyendo su Palabra y aprendiendo
sus caminos, los demás pronto verán que has estado con
él. Se te conocerá como una persona que ha estado en su
presencia y tu vida mostrará su gloria a los que te rodean.

*Dios, ayúdame a ansiar tu presencia tanto que no pueda
seguir sin ti. Ayúdame a necesitar tu Palabra del mismo
modo que necesito la comida. Dame un anhelo constante
de estar contigo, de modo que cuando la gente me vea,
perciba en mí la marca clara de Cristo.*

Bendecida ante el mundo entero

Qué grande es la bondad que has reservado para los que
te temen. La derramas en abundancia sobre
los que acuden a ti en busca de protección, y los bendices
ante la mirada del mundo.
SALMO 31:19 (NTV)

¿Alguna vez has mirado a alguien y has advertido que la
bendición de Dios está en su vida de una forma remarcable?
Quizá ha recibido un claro milagro o ha tenido un éxito
inexplicable en sus proyectos. O a lo mejor cuenta
con un gozo inconcebible que fluye contagiosamente.
Independientemente de lo que sea, sabes sin lugar a duda
que la mano de Dios está sobre esta persona.

Muchas veces acudimos a Dios en busca de protección,
buscando salvación y seguridad, y él nos da estas cosas, pero
no se detiene ahí. Además, nos concede su benevolencia,
su bondad y su amor. Y en cuanto empezamos a recibir las
bondades de un Dios tan grande, el mundo lo nota.

*Gracias, Dios, por concederme tu bondad con tanta
abundancia. Vengo a ti agradecida por lo que tu Hijo hizo
por mí. Vengo a ti para recibir vida eterna y protección
ante la muerte. Pero tú me has dado mucho más. Me has
dado tu bondad. Me has dado tus bendiciones. Haz que el
mundo entero lo vea y te glorifique por ello.*

Elige el gozo

Estén siempre alegres. Nunca dejen de orar.
Sean agradecidos en toda circunstancia, pues esta es la
voluntad de Dios para ustedes, los que pertenecen
a Cristo Jesús.
1 TESALONICENSES 5:16-18 (NTV)

Todos queremos ser felices. Nos pasamos la vida entera persiguiendo la idea de la felicidad solo para darnos cuenta de que está fuera de nuestro alcance. Pero cuando dejamos de perseguir la felicidad y empezamos a elegir el gozo… ahí es cuando realmente empezamos a vivir nuestras vidas al máximo.

La felicidad llega por casualidad; el gozo es una decisión. El gozo es elegir ser agradecida cuando podrías no serlo. Es decidir ver lo bueno cuando podríamos fijarnos en lo malo. Es una oración constante junto con un agradecimiento continuo porque, cuando elegimos el gozo en nuestros corazones, nada, ni siquiera la peor de las circunstancias, nos lo puede robar.

Gracias, Dios, por las bendiciones que me has dado. Gracias porque, aunque tengo poco control sobre mis circunstancias, sí que puedo decidir por completo si tengo gozo o no en mi propia vida. Ayúdame a practicar una actitud de gozo y a tener un corazón agradecido para poder vivir la vida que tú quieres que tenga en tu Hijo.

Iluminada

Porque todo aquel que hace lo malo, aborrece la luz y no
viene a la luz, para que sus obras no sean reprendidas.
Mas el que practica la verdad viene a la luz, para que sea
manifiesto que sus obras son hechas en Dios.

JUAN 3:20-21 (RV60)

Desde el principio de los tiempos, los humanos han sabido
que deben sentirse avergonzados cuando han hecho algo
incorrecto. Fíjate en Adán y Eva, que se escondieron cuando
fueron conscientes de su gran pecado contra Dios. Aun así,
Dios es luz; él es capaz de revelar todo lo que está oculto. Y
puede que esto explique por qué no nos gusta comunicarnos
con Dios cuando sabemos que hemos actuado mal: no
queremos que nuestros actos salgan a relucir.

Pero Jesús cambió todo esto. La Biblia dice que aquellos que
creen en él no serán condenados. Nos hemos acercado a
la luz y hemos creído en Jesús; hemos recibido la verdad y
somos salvos. Si estás luchando con el pecado, recuerda que
estos actos pueden ser perdonados porque estás en Dios.

*Padre celestial, a veces me siento abrumada por mi pecado y
quiero ocultarlo ante ti. Te pido que me liberes de esta carga
y me recuerdes que soy perdonada. Haz que me acerque a ti
con valentía, exponiendo todos mis pecados, aceptando tu
gracia para poder caminar confiadamente en tu luz.*

Palabras suaves

La blanda respuesta quita la ira; mas la palabra
áspera hace subir el furor.
PROVERBIOS 15:1 (RV60)

¿Alguna vez te has maravillado de cómo puedes conducir
un coche, a menudo con solo una mano? (Aunque ¡está
claro que nadie admitirá jamás que lo hace!) A menudo
son piezas muy pequeñas las que controlan una máquina
entera. La Biblia dice que así es como funciona nuestra
lengua. ¿Has advertido lo fácil que es controlar un entorno
o un ambiente no solo con lo que dices, sino también con
el volumen y el tono de tus palabras?

¿Eres culpable de reaccionar ásperamente cuando
alguien se dirige a ti con enfado o de forma injusta? No
te preocupes, le pasa a todo el mundo. El problema de
responder de forma desagradable es que esto provoca
más enfado, con lo que la situación se convierte en
un ciclo vicioso que es difícil de romper. ¿Eres capaz
de permitir que Dios te recuerde en estas situaciones
que responder al enfado con suavidad puede calmar la
situación? Descansa en el Espíritu Santo para que él te dé
palabras calmadas y sabias, y fíjate en cómo Dios puede
traer paz en situaciones complicadas.

*Espíritu Santo, guíame en mis conversaciones e incluso
en mis enfrentamientos con los demás. Siento haber
reaccionado con aspereza y haber dicho lo que no debía a
las personas que me rodean. Dame palabras suaves y un
corazón dulce.*

Fiel en lo poco

Su señor le respondió: «¡Hiciste bien, siervo bueno y fiel!
En lo poco has sido fiel; te pondré a cargo de mucho más.
¡Ven a compartir la felicidad de tu señor!».
MATEO 25:21 (NVI)

Es muy fácil sentirnos descontentas con nuestras vidas.
Tenemos la sensación de que deberíamos estar haciendo
más con nuestra formación, nuestros hijos, nuestras carreras
o con otras responsabilidades. Miramos los éxitos de los
demás y nos preguntamos por qué parece que nosotras no
hayamos conseguido tanto. Seguimos esperando el día en
el que nuestro jefe nos ascienda, o nuestros hijos consigan
grandes cosas, o finalmente alcancemos un nivel de ingresos
donde podamos ser felices.

Cuando Jesús contó la parábola del sirviente fiel al cual le
fueron confiadas las responsabilidades de su amo, Jesús
decidió centrarse en lo bien que el siervo actuó con las
pocas cosas que se le dieron. ¿Qué tienes tú por delante
hoy, esta semana o este año? Puede que no parezca
mucho, pero Jesús te está pidiendo que seas fiel con lo
que sea que te haya sido confiado. Si eres fiel en estas
pocas cosas, Dios te invita a regocijarte con él. Y será
entonces cuando verás que él te dará más.

*Padre celestial, siento haberte pedido demasiadas cosas y
demasiado rápido. Permíteme ser diligente y conformarme
con las pocas cosas que me has confiado ahora mismo.
Ayúdame a experimentar tu voz y a estar preparada para
las mayores responsabilidades que tú puedes concederme.*

¿Montañas o tacones?

Jehová el Señor es mi fortaleza, el cual hace mis pies
como de ciervas, y en mis alturas me hace andar.
HABACUC 3:19 (RV60)

Eso de hacerte andar en tus alturas no se refiere a ir en
tacones ¡sino a escalar montañas! Dios no te va a hacer
andar incómoda: ¡para nada! Está claro que nos gusta
ponernos de gala de vez en cuando, pero todas sabemos
que hay que dejar los tacones atrás cuando llega el
momento de ponernos a andar en serio.

Cuando necesites fuerzas, el Señor Dios estará ahí para
ayudarte. Como si fuéramos un ciervo, queremos ser
capaces de atravesar los malos momentos con gracia
y escalar las montañas con paso firme. No queremos
vernos sobrepasadas por el cansancio y, desde luego, no
nos gustaría ir tropezando a cada paso que damos para
superar nuestras dificultades. ¿Necesitas la fuerza de Dios
hoy? En vez de calzarte los tacones, piensa en todas las
montañas que tienes por delante y recuerda que la gracia
de Dios estará a tu lado para ayudarte a escalarlas.

*Señor Dios, sé hoy mi fuerza. Tengo algunas cosas difíciles
a las que enfrentarme y quiero soportar las subidas con
paso firme y elegante. Confío en que tú guías todos y cada
uno de mis pasos.*

La oveja necesita a su pastor

Yo soy el buen pastor; el buen pastor
su vida da por las ovejas.
JUAN 10:11 (RV60)

¡Estaría bien que la Biblia nos comparara con un animal
más elegante que una oveja! Aun así, vernos a nosotros
mismos como ovejas es una buena analogía. Las ovejas
son uno de esos animales que dependen de un pastor
para sobrevivir. Necesitan que las dirijan hacia el agua y
la comida, que les proporcionen refugio y que alguien las
proteja del peligro.

Jesús dijo que *él* es el buen pastor, y es bueno
recordarnos a nosotros mismos que lo necesitamos con
desesperación. Sin Jesús estamos perdidos. Sin Jesús
estamos hambrientos. Sin Jesús estamos desprotegidos.
Jesús estuvo dispuesto a entregar su vida para salvarte,
guiarte y protegerte. Él promete andar contigo porque él
es un buen pastor. Confía hoy en su bondad.

*Jesús, gracias por entregar tu vida para que yo pudiera
ser salva. Por favor, guíame hoy como me has estado
guiando cada día. Confío en que tú proveerás para mí y me
protegerás. Ayúdame a conocer tu bondad mientras me
guías, mi buen pastor.*

Su Espíritu en nosotros

*Porque no nos ha dado Dios espíritu de cobardía,
sino de poder, de amor y de dominio propio.*
2 TIMOTEO 1:7 (RV60)

Cuando nos acercamos a Cristo, él pone su Espíritu dentro de nosotros. Y el Espíritu del Señor es un espíritu de libertad, de amor, de poder y de valentía. Ya no tenemos ningún derecho a considerarnos personas temerosas. No podemos denominarnos personas tímidas. No podemos actuar con falta de amor hacia los demás. Porque todas y cada una de estas cosas van directamente en contra del Espíritu que ahora mora en nosotros.

Como pueblo de Dios, debemos avanzar hacia adelante para vivir una vida que sea la expresión visible del Dios invisible. Nos ha sido dado poder absoluto para amar, ser valientes y razonar con inteligencia. Lo único que tenemos que hacer es rendir nuestra propia voluntad a Dios para que su Espíritu pueda moverse con libertad en nosotros. Entonces veremos cómo nuestra propia vida, y las vidas de aquellos que nos rodean, acaban siendo transformadas.

Gracias, Dios, por poner tu Espíritu dentro de mí. Tú me has dado tu poder, tu amor y una mente fuerte para hacer tu voluntad y darte gloria. Ayúdame a ser sensible a tu Espíritu para poder representarte bien a lo largo de mi vida.

Él es fiel

> Pues todas las promesas de Dios se cumplieron en Cristo con un resonante «¡sí!», y por medio de Cristo, nuestro «amén» (que significa «sí») se eleva a Dios para su gloria.
>
> 2 CORINTIOS 1:20 (NTV)

Nos es muy fácil poner en entredicho la fidelidad de Dios. A pesar de habérnosla demostrado una y otra vez a lo largo de la historia, seguimos preguntándonos si esta vez acudirá a nuestro rescate.

Pero la realidad es que, llueva o haga sol, cantes con alegría o llores a raudales, él sigue siendo fiel. Da igual el tiempo que esperes, él permanece. Él nunca te dará la espalda y nunca olvidará las promesas que te ha hecho. Él te ve. Él te ve en las noches en las que, a pesar de estar agotada y a punto de rendirte, decides inclinar la cabeza y bendecir su nombre. Él te ve cuando estás al borde de un ataque de nervios y lloras, orando con desesperación. Él te ve y te comprende.

Señor, dame la fuerza para esperar en tus promesas y para nunca perder la fe en tu fidelidad.

Su valentía se convierte en la mía

Ya te lo he ordenado: ¡Sé fuerte y valiente!
¡No tengas miedo ni te desanimes! Porque el Señor tu
Dios te acompañará dondequiera que vayas.
JOSUÉ 1:9 (NVI)

¿Qué quiere decir esto de que te manden ser valiente? A menudo pensamos en la valentía como si fuera un rasgo innato de nuestro carácter. O eres una persona audaz o no lo eres. Y, si somos completamente sinceros, pocos de nosotros realmente nos sentimos valientes. Hay muchas cosas que nos asustan. Le tenemos miedo al fracaso, a la muerte, a lo desconocido e incluso a la insignificancia. No nos sentimos intrépidos cuando nos enfrentamos a la oposición o a las dificultades, e incluso aquellos de nosotros que han decidido intentar ser valientes pueden cambiar de opinión rápidamente en según qué circunstancias.

La clave para obedecer esta orden es comprender que, cuando nos convertimos en seguidores de Jesucristo, su valentía se convierte en la nuestra. A través de su gracia y en su poder somos valientes. Somos capaces de enfrentarnos a los obstáculos de nuestras vidas con fuerza y decisión porque tenemos a un Dios poderoso que anda delante y detrás de nosotros.

Señor, recuérdame constantemente que puedo ser fuerte y valiente porque tú estás conmigo. No tengo nada a lo que temer porque tú me has revestido con tu coraje. Cuando empiezo a sentirme asustada y abrumada, tráeme a la mente tu poder y tu gracia para mí.

Crecer en amor

> Y al vivir en Dios, nuestro amor crece hasta hacerse perfecto. Por lo tanto, no tendremos temor en el día del juicio, sino que podremos estar ante Dios con confianza, porque vivimos como vivió Jesús en este mundo.
>
> 1 JUAN 4:17 (NTV)

Amar es difícil. Implica sacrificar nuestras propias prioridades por las de otro. Va en contra de los instintos naturales de nuestra carne. En nosotros y por nosotros mismos, el amor no es nuestra reacción natural ni nuestra respuesta hacia las personas que nos rodean. Debemos crecer en amor, y solo podemos aprender a hacerlo del Dios que es amor por naturaleza.

Sin Dios, somos incapaces de amar de verdad. Podemos intentar con todas nuestras fuerzas ser personas que aman a los demás, pero tarde o temprano fallaremos si no tenemos el corazón de Dios en nosotros.

Señor Dios, quiero ser una representante de tu corazón para el mundo. Sé que todavía no soy perfecta en amor. Necesito ver a los demás a través de tus ojos para poder amarlos de una forma tan perfecta como lo haces tú. Quítame este corazón de piedra y dame un corazón de carne, que lata con tu amor por este mundo y por todas las personas que lo habitan.

Una esperanza que no decepciona

Si lo haces, serás recompensado;
tu esperanza no se frustrará.
PROVERBIOS 23:18 (NTV)

A todos nos han decepcionado muchas veces en nuestra vida. La verdad pura y dura es que siempre que deseamos algo, nos arriesgamos a frustrarnos y decepcionarnos. Todos hemos aprendido esta lección por las malas demasiadas veces, así que es natural que nos preparemos para la decepción cuando soñamos con algo.

Pero hay una esperanza que nunca se pierde. Da igual cuánto tiempo estemos esperando o lo distante que nos pueda parecer el cumplimiento de nuestra esperanza: si depositamos nuestra fe en Dios, no nos decepcionaremos. Algún día veremos claramente el resultado de nuestra fe en este reino venidero. La confianza que hemos puesto en sus promesas será recompensada y nuestros corazones no serán decepcionados.

Señor Jesús, gracias porque tú cumplirás la esperanza que tengo puesta en ti. Muchas cosas y personas en mi vida me han decepcionado, pero sé que contigo esto no pasará. Gracias porque mi corazón está a salvo contigo.

Soy tuya

Nos predestinó para ser adoptados como hijos suyos por medio de Jesucristo, según el buen propósito de su voluntad, para alabanza de su gloriosa gracia, que nos concedió en su Amado.

EFESIOS 1:5-6 (NVI)

Independientemente de lo que la vida te dé o te quite, una cosa es segura: eres hija de Dios y nada puede cambiar esa verdad. Él pagó un altísimo precio por tu alma. Te sientas digna o no de su amor, estás envuelta en él.

Él es un buen Padre. Le encanta ser bueno contigo. Él habita en tu alabanza y disfruta de tus oraciones. Hay muchísimo poder en comprender tu identidad como hija de Dios. Cuando hoy pienses en la bondad de Dios, recuerda que su corazón es para ti. No hay nada bueno en él que tú no hayas recibido también a través de su Hijo.

Gracias, Dios, por ser un buen Padre para mí. Gracias porque soy uno de los tuyos: soy tu hija y nada puede cambiar eso. Ayúdame a no dudar de tu amor, sino a andar en el poder de saber quién soy en ti.

La amabilidad es siempre la respuesta

> Por el contrario, sean amables unos con otros, sean de buen corazón, y perdónense unos a otros, tal como Dios los ha perdonado a ustedes por medio de Cristo.
> EFESIOS 4:32 (NTV)

Debemos ir con cuidado de no juzgar a los demás demasiado rápidamente basándonos en nuestra percepción limitada. No podemos asumir cosas sobre las personas a partir de lo que hemos oído o de lo poco que hemos podido observar. La realidad es que nos resulta imposible conocer la historia completa de aquellos que nos rodean. No podemos saber las pérdidas que han sufrido o las dificultades a las que se han enfrentado. Nunca podremos conocer completamente el estado de otro corazón humano.

Tratarnos con amabilidad entre nosotros es muy importante, porque la amabilidad siempre es justa. La amabilidad siempre es adecuada para cualquier persona en cualquier circunstancia. Apresurarnos a juzgar es una forma segura de perdernos la panorámica completa y nos hará actuar de forma incorrecta. Pero si somos amables al instante con cualquier persona, nuestras acciones siempre serán las adecuadas.

Llena mi corazón de amabilidad hacia los demás, Señor. Elimina el deseo de juzgar a los otros. Ablanda mi corazón y dame compasión para no criticar con aspereza a aquellos cuyas historias no he leído. Hazme amar de inmediato al otro, sin formarme opiniones al momento.

Guíame por un terreno sin obstáculos

Enséñame a hacer tu voluntad, porque tú eres
mi Dios. Que tu buen Espíritu me guíe por un
terreno sin obstáculos.
SALMO 143:10 (NVI)

Andar ante Dios por el camino recto puede parecer una tarea imposible. Justo cuando empezamos a sentirnos santos, sucumbimos a la tentación y caemos. Ahí es cuando se nos recuerda de golpe nuestra naturaleza humana y nuestra necesidad abrumadora de Dios.

No sabemos cómo hacer la voluntad de Dios de inmediato tras ser salvos; tenemos que aprenderlo. No empezamos a andar de forma natural en sus caminos; él tiene que dirigirnos. Lo más bello de la salvación es que nadie espera que hagamos ninguna de estas cosas por nosotros mismos. Dios pone su Espíritu dentro de nosotros y nos dirige con rectitud por un terreno sin obstáculos. La vida cristiana santificada solo es posible cuando nos rendimos por completo a la gracia de Dios, las enseñanzas de Jesucristo y la guía del Espíritu Santo.

Gracias, Dios, porque tú no esperas que yo viva una vida justa por mis propias fuerzas. Necesito tu gracia y tú la das con abundancia. Gracias por enseñarme y guiarme en cada paso del camino, para que yo pueda darte la gloria y el honor que te corresponden.

Cuánto consuelo

> Pues, cuanto más sufrimos por Cristo, tanto más
> Dios nos colmará de su consuelo por medio de Cristo.
> 2 CORINTIOS 1:5 (RV60)

La vida está llena de belleza, de esperanza y de promesas. Pero la vida también trae consigo decepción, dolor y fealdad. Si no has sufrido, no has vivido. Así son las cosas. Puedes hacerte la valiente y pasar por el dolor sin inmutarte, pero la realidad es que incluso los más fuertes necesitan un lugar en el que bajar la guardia, llorar, lamerse las heridas, dar rienda suelta a sus sentimientos y recibir consuelo.

Nuestro Dios no es altivo o distante. Él vivió una vida como nosotros, en esta tierra, y sintió el mismo dolor. No hay nadie que te pueda consolar mejor que alguien que ha pasado exactamente por lo mismo que tú, sufriendo lo mismo. Cristo es nuestro consuelo. Cuando pasamos por problemas y tristeza, él es nuestro alivio. Él nos atrae hacia sí y nos abraza; nos escucha. Desahógate con él y cuéntale tus alegrías y tristezas.

Señor Jesús, sé que cuando acudo a ti en mi dolor, tu consuelo irá mucho más lejos y me sanará mucho más rápidamente que el de cualquier otra persona. Necesito que tú seas mi lugar de refugio. Cuando sufro, recuérdame que acuda primero a ti antes que a cualquier otra persona o cosa.

Preciosa

Entregué a otros a cambio de ti. Cambié la vida de ellos
por la tuya, porque eres muy precioso para mí. Recibes
honra, y yo te amo.
ISAÍAS 43:4 (NTV)

¿Sabes cuán preciosa es tu vida para Dios? Hemos oído
millones de veces que él amó tanto al mundo que envió
a su Hijo para morir por nosotros, pero ¿realmente
comprendemos cuán desesperadamente nos desea? ¿Con
cuánta pasión nos busca?

El amor de Dios es la fuerza más poderosa de todo el
universo y está centrada en ti. Su amor puede cubrir
cualquier pecado que hayas cometido o que cometerás.
Él siempre está listo para volver a atraerte hacia sí. Nunca
permitas que la vergüenza te aleje de su amor. Da igual lo
lejos que creas estar, jamás serás un caso perdido.

*Señor Jesús, gracias porque tu amor no es solo algo de lo
que hablas, sino algo que demostraste cuando moriste por
mí. Tú pagaste por amor el máximo precio y nunca te lo
podré agradecer lo suficiente. Ayúdame a saber cuánto me
amas realmente para que yo pueda ayudar a los demás a
conocer este tremendísimo amor.*

El agua no es tierra firme

> Entonces Pedro lo llamó: —Señor, si realmente eres tú, ordéname que vaya hacia ti caminando sobre el agua.
> —Sí, ven —dijo Jesús. Entonces Pedro se bajó por el costado de la barca y caminó sobre el agua hacia Jesús.
> MATEO 14:28-29 (NTV)

¿Alguna vez has dado un paso con «fe ciega» y has dicho que sí a algo completamente alocado que Dios te ha pedido? El valle de la decisión puede ser largo y complicado, así que cuando finalmente damos el paso de decir que sí, puede que esperemos que todo acabe por salir como queremos casi al momento de acabar de cruzarlo.

Pero cuando Dios te llama a salir de la barca y a caminar sobre el agua con él, no puedes esperar que haya tierra firme bajo tus pies. El agua nunca será como un suelo asfaltado. Entonces, ¿por qué nos sorprenden las olas enfurecidas que en cualquier momento nos pueden barrer? Las circunstancias de la vida nunca serán algo controlado. Nuestros planes jamás saldrán bien sin ningún tipo de dificultad. Al fin y al cabo, estamos intentando andar sobre el agua. Pero, si tenemos los ojos fijos en los suyos, podremos cruzar incluso por las aguas más bravas como si de tierra firme se tratara.

Señor, haz que mantenga la mirada puesta en ti, para que cuando salga en fe como respuesta a tu llamado, ande por las aguas más complicadas como si mis pies estuvieran sobre tierra firme.

Él oye

> Esta es la confianza que tenemos al acercarnos
> a Dios: que, si pedimos conforme a su voluntad,
> él nos oye. Y, si sabemos que Dios oye todas nuestras
> oraciones, podemos estar seguros de que ya tenemos
> lo que le hemos pedido.
> 1 JUAN 5:14-15 (NVI)

A veces puede parecernos que Dios está muy, muy lejos: un hombre elusivo en los cielos, tan por encima de nosotros que de ningún modo podría estar interesado en nuestra vida diaria. En comparación, nuestros deseos y peticiones son tan pequeños que parece que no valga la pena acudir a él para que nos ayude.

Pero él es un Dios que ama a sus hijos. Quiere que seamos felices, que nos sintamos plenos. Cuando nos acercamos con nuestros deseos y necesidades, ¡él nos escucha de verdad! La próxima vez que sientas que tus peticiones son demasiado poco importantes como para acudir a Dios, recuérdate a ti misma que él siempre está escuchándote. Aunque puede que no te responda de la forma que esperas, él estará ahí, a tu lado, dispuesto a oírte.

Dios, lléname de tu presencia hoy. Sé que tú me amas y que quieres lo mejor para mí. Gracias porque, cuando te pido algo, tú me oyes y me respondes.

Cautiva del miedo

Cuando te acuestes, no tendrás temor, sino que te acostarás, y tu sueño será grato. No tendrás temor de pavor repentino, ni de la ruina de los impíos cuando viniere, porque Jehová será tu confianza, y él preservará tu pie de quedar preso.
PROVERBIOS 3:24-26 (RV60)

El miedo colapsa nuestra mente, causando pensamientos de ansiedad y noches enteras sin dormir. ¿Cómo vamos a pagar las facturas de este mes? ¿Me va a dar malas noticias el médico? Nuestros familiares necesitan ayuda, nuestros amigos están sufriendo y nosotros somos incapaces de solucionar la situación.

Cuando el miedo invade nuestros pensamientos, las palabras de consuelo y sabiduría de Dios pueden ser barridas de nuestra mente. Pero, si aprendemos a confiar completamente en él, él calmará nuestros temores y tranquilizará nuestros corazones desbocados. Podemos actuar sin miedo porque nuestra confianza está en Dios y sus promesas.

Señor Jesús, ayúdame a no ser cautiva del miedo hoy. Libérame de la invasión del terror y asegúrame que tú eres mi refugio. Tú cubres con amor cada una de mis necesidades; puedo descansar en ti.

Especial de verdad

Pero ustedes son linaje escogido, real sacerdocio,
nación santa, pueblo que pertenece a Dios, para
que proclamen las obras maravillosas de aquel que los
llamó de las tinieblas a su luz admirable.
1 PEDRO 2:9 (NVI)

Todos queremos creer que somos especiales. La mayoría
de nosotros hemos crecido con personas que nos decían
que lo éramos, y es agradable pensarlo. Pero, con el paso
del tiempo, miramos a nuestro alrededor y nos damos
cuenta de que, en realidad, somos como cualquier hijo de
vecino. Las dudas empiezan a filtrarse en nuestra mente;
nos hacen cuestionarnos y dañan nuestra confianza en
nosotros mismos.

Mucho antes de que estuvieras siquiera en el vientre de tu
madre, fuiste elegida y señalada como alguien especial. Tú
fuiste escogida para ser propiedad especial de Dios, y eso
es maravilloso.

*Gracias, Dios, por verme especial. Hoy me regocijo al
pensar esto. Tú me sacas de la oscuridad de lo ordinario y
me llevas a la luz de lo extraordinario. Tú me has elegido a
propósito y me amas.*

Con paso seguro

El Señor dice: «Yo te instruiré, yo te mostraré el camino
que debes seguir; yo te daré consejos y velaré por ti».
SALMO 32:8 (NVI)

Si alguna vez has tomado de la mano a un niño pequeño,
habrás notado cómo se aferraba a ti para equilibrarse. Y, si
tropezaba, te era fácil mantenerle en pie. Con este sencillo
acto de sujetarle la mano, tanto tú como el niño tienen la
confianza de que el pequeño no va a darse de bruces.

Del mismo modo, cuando nos comprometemos a
seguir el camino de Dios, lo que estamos haciendo es,
básicamente, tomarle de la mano. A él le encanta el hecho
de que caminemos con él. Incluso en los momentos en
los que tropezamos, él nos sujetará con firmeza y nos
infundirá la confianza necesaria para seguir andando.

*Señor, he tropezado y a veces ando con paso inseguro
en mi caminar contigo. Dame la confianza de que a ti te
encanta mi compromiso, aunque este a veces pueda ser a
trompicones. Acepto tu mano y sigo andando, confiando
en que tú evitarás que yo caiga.*

Tentación

Grande es nuestro Señor, y muy poderoso; su
entendimiento es infinito.
SALMO 147:5 (LBLA)

Cuando te acercas a Dios para pedirle ayuda para resistir
a la tentación o perdón por un pecado que has cometido,
¿te sientes avergonzada? ¿Sientes que Dios es incapaz de
comprender cómo puede ser que hayas vuelto a caer en
lo mismo de nuevo?

Sabemos que Jesús fue tentado a pecar cuando estaba
aquí, en la tierra, pero también sabemos que jamás cedió
ante el pecado. Y puesto que él experimentó la tentación,
siente también una gran compasión hacia nosotros
cuando luchamos con el deseo de pecar.

*Jesús, ¡tú comprendes mi tentación de pecar porque
tú fuiste tentado del mismo modo! Gracias por ser mi
abogado y comprender lo difícil que es resistir la tentación.
Dios, te pido tu misericordia y gracia en mis intentos de
someterme a ti y huir del pecado.*

Sin límites

Una y otra vez pusieron a prueba la paciencia de Dios
y provocaron al Santo de Israel. No se acordaron de su
poder ni de cómo los rescató de sus enemigos.
SALMO 78:41-42 (NTV)

¿Te cuesta encontrar un lugar en el que encajar? ¿Estás
buscando cuál es tu propósito? ¿Tienes la sensación de
que has cambiado y de que el propósito que pensabas
que Dios tenía para ti es ahora completamente distinto?
Puede ser todo muy complicado, ¿verdad? Cuando
creemos que nuestro propósito no está claro, podemos
olvidarnos fácilmente de la capacidad de Dios.

Y es que, amiga, la capacidad de Dios no tiene fin. Servimos
a un Dios sin límites. Él nos dice que, en él, todo es posible.
No te hace falta tener confianza en lo que puedes hacer,
sino solo en lo que él puede cumplir a través de ti. Él es
capaz de hacer cualquier cosa, y sus planes para ti van
mucho más allá de lo que puedas pensar.

Dios, abre mi corazón y mi mente a la plenitud de tu amor.
Gracias por tu propósito en mi vida. Ayúdame a andar de
modo que cumpla con este propósito.

Confianza innegable

> [...] Y les aseguro que estaré con ustedes siempre,
> hasta el fin del mundo.
> MATEO 28:20 (NVI)

¿Alguna vez has oído una historia personal que te haya hecho romper a llorar? ¿Has visto en alguna ocasión a alguien superar obstáculos casi imposibles sin dejar de aferrarse a Jesús? ¿Te quedaste asombrada o tuviste la confianza de que tú reaccionarías del mismo modo ante una tragedia o una situación difícil? Nuestra forma de responder cuando nuestros sueños se rompen es increíblemente importante en nuestro camino espiritual. Sin importar cómo nos sintamos, nuestra responsabilidad es tener una fe y una confianza completas en que Dios está con nosotros, caminando a nuestro lado, sujetándonos la mano.

Somos llamados a amarle incluso cuando parece que él no está ahí. Somos llamados a serle fieles incluso cuando parece que él no nos sea fiel. Y él es fiel. Confiar en Dios es agradarle. Él se encarga del resto del trabajo por nosotros. ¿No es maravilloso?

Dios, me enfrento a una circunstancia difícil y sé que tendré que aferrarme a ti con más fuerza. Ayúdame acudir a ti en los momentos complicados. Tu amor es realmente el mejor remedio.

Déjale espacio

Él debe tener cada vez más importancia y yo, menos.
JUAN 3:30 (NTV)

Imagina cómo sería tu vida si lo único que hicieras fuera adquirir posesión tras posesión. A no ser que queramos aparecer en un *reality* televisivo muy popular sobre personas que tienen demasiadas cosas, para poder tener cosas nuevas debemos deshacernos de las cosas viejas. No vamos a comprarnos un armario mayor, sino que elegiremos qué ropa vamos a donar. No construiremos un garaje más grande, sino que venderemos nuestro coche o furgoneta para comprarnos un modelo más nuevo y mejor.

Así que, del mismo modo, cuando aceptamos el sacrificio de Cristo y el Espíritu Santo entra a vivir en nuestros corazones, debemos dejarle espacio. Los antiguos hábitos deben dar paso a nuevas formas de actuar, inspiradas y renovadas. Las cosas como los celos, la amargura y la inseguridad deben ser empaquetadas y eliminadas para que la gracia, el perdón y la confianza puedan entrar. A medida que él tenga cada vez más importancia en nuestro interior, nuestra forma anterior de comportarnos irá disminuyendo.

Espíritu Santo, ayúdame a dejarte todo el espacio de mi corazón. No quiero guardarme ningún rincón para mí. Reconozco la necesidad de hacer limpieza. Sé que, si lo hago, tú traerás belleza a mi corazón.

Marzo

Con Cristo estoy juntamente
crucificado, y ya no vivo yo, mas
vive Cristo en mí; y lo que ahora
vivo en la carne, lo vivo en la fe
del Hijo de Dios, el cual me amó y
se entregó a sí mismo por mí.

Gálatas 2:20 (RV60)

Un momento de consuelo

> Él nos consuela en todas nuestras dificultades para que nosotros podamos consolar a otros. Cuando otros pasen por dificultades, podremos ofrecerles el mismo consuelo que Dios nos ha dado a nosotros.
>
> 2 CORINTIOS 1:4 (NTV)

Una joven estaba sentada con la cabeza inclinada mientras las lágrimas le corrían por las mejillas y el dolor y el peso de la pérdida la atenazaban. Acudió al Señor en busca de ayuda, del mismo modo que un niño llora para que su madre acuda. El consuelo del Señor le llegó casi de inmediato. Fue como si alguien le hubiera quitado un peso físico de encima, y un soplo de esperanza la embargó.

¿Estás pasando por un tiempo de duelo? Quizá has perdido una parte muy importante de tu vida: un trabajo, una amistad o un ser querido. Eclesiastés nos dice que hay tiempo para llorar y tiempo para reír, tiempo para entristecerse y tiempo para bailar. En los pocos años que pasamos en este planeta experimentaremos temporadas de gran gozo y momentos en los que necesitamos el consuelo y la paz de Dios más que el aire que respiramos. ¿Puedes recibir hoy este consuelo? Llegará el día en el que Dios usará tu sufrimiento para llevar ánimos y esperanza a los demás.

Te estoy muy agradecida porque, en mi momento de tristeza, tú me ofreces consuelo. Te pido que alivies el dolor de mi corazón y que lo recibas, Señor, en el nombre de Jesús.

Esperando al amanecer

Y los redimidos de Jehová volverán, y vendrán a Sion
con alegría; y gozo perpetuo será sobre sus cabezas; y
tendrán gozo y alegría, y huirán la tristeza y el gemido.
ISAÍAS 35:10 (RV60)

El pecado y la tristeza de la vida pueden hacer que esta
parezca una noche inacabable, en la que esperamos
constantemente el amanecer de la llegada de Cristo.
En la noche más oscura no siempre ayuda saber que él
volverá *algún* día, porque *este* momento está lleno de
desesperación.

Para ti, su amada, él ofrece consuelo. No pierdas la
esperanza. ¡Él vendrá a buscarte! Puede ser duro
porque parece que está tardando mucho, pero él está
preparando un lugar para ti. No se ha olvidado de ti en
esta larga noche; tu dolor le es conocido. ¡Mantén la
mirada puesta en él! ¡Pronto oirás su voz! Él también ansía
que llegue este momento.

*Gracias, Jesús, por la promesa de tu retorno. Cuando
me aseguras que algún día te veré, te abrazaré y podré
contemplar en tu belleza, las dificultades se hacen mucho
más soportables.*

Una devoción que nos sobrepasa

¡Siempre cantaré acerca del amor inagotable del Señor!
Jóvenes y ancianos oirán de tu fidelidad. Tu amor
inagotable durará para siempre; tu fidelidad es tan
perdurable como los cielos.

SALMO 89:1-2 (NTV)

Dios no nos falla en su gran poder y fidelidad; nunca
nos da por perdidos y jamás nos abandona a nuestra
suerte. Independientemente de nuestras circunstancias
o debilidades, su amor por nosotros permanece sólido
e inmutable. Su devoción por sus hijos supera la de
cualquier padre. No tiene ningún límite y nada podrá
cambiar jamás esta devoción por nosotros.

Esta verdad supone una satisfacción abrumadora;
cuando tal devoción se ha visto demostrada, ¿qué otra
cosa podría atraer nuestras miradas? ¿En qué otro lugar
podríamos posar los ojos para encontrar tal belleza
y pureza si no es en el rostro de Jesús? Maravillados,
reconocemos que sus ojos están fijos en los nuestros: nos
ve preciosos, un premio que vale la pena. No podemos
merecer su mirada ni escapar a ella. Somos imperfectos,
pero él es inamovible en su amor por nosotros.

*Gracias, Padre, por tu devoción completa hacia mí. Tu
amor es mío y podré disfrutarlo para siempre. Ayúdame a
permanecer en ese amor.*

Levanta el velo

Pero, cada vez que alguien se
vuelve al Señor, el velo es quitado.
2 CORINTIOS 3:16 (NVI)

Incluso tras aceptar a Cristo como nuestro Salvador, a menudo seguimos construyendo muros en nuestros corazones. Nos esforzamos por amarle con cada átomo de nuestro ser, pero puede que fallemos a la hora de entregarnos por completo a él. Es como si la parte más humana de nosotros sintiera que, al conservar ese último rinconcito, nos protegemos y somos libres para ser quien preferimos ser.

La verdadera libertad se experimenta cuando nos rendimos, cedemos y nos entregamos por completo. Él quiere retirar ese velo que nos impide ver completamente toda la belleza que tiene preparada para nosotros.

Dios, levanta mi velo. Llévate hasta la última parte de mí que se ha estado resistiendo a ti. Quiero experimentar la libertad completa que tú me has entregado tan gloriosamente.

Saca a relucir la belleza

Por tanto, también nosotros, que estamos rodeados de una multitud tan grande de testigos, despojémonos del lastre que nos estorba, en especial del pecado que nos asedia, y corramos con perseverancia la carrera que tenemos por delante.

HEBREOS 12:1 (NVI)

Dios nos ofrece alivio para cualquier atadura que tengamos. De verdad. Nuestro Padre puede tomar cualquier error que hayamos cometido en el pasado y sacar a relucir la belleza de ese error. No tenemos por qué ser tan duros con nosotros mismos. No hace falta que nos sintamos atrapados, pensar que hemos fallado o aferrarnos con tanta fuerza a nuestro error como para no poder ver el gozo de nuestras circunstancias actuales.

Vuelve tu rostro hacia Dios y permítele romper esas ataduras. Él puede tomar esa experiencia y convertirla en una fuente de empatía y humildad hacia los demás. Observa cómo se van rompiendo las cadenas y cómo puedes irte muchísimo más ligera.

Dios, me cuesta dejar de aferrarme a los errores que he cometido en el pasado. Te agradezco tu promesa de redención. Hoy decido perdonarme a mí misma, porque tú ya me has perdonado.

Eres bella

Toda tú eres bella, amada mía;
no hay en ti defecto alguno.
CANTARES 4:7 (NVI)

Los estereotipos existen porque en ellos hay cierta verdad, como sería el caso de un grupo de chicas que deciden ponerse a comparar sus imperfecciones y a decir que son feas mientras aseguran a sus amigas que ellas sí que son preciosas. A todas nos han contado situaciones así. Todas las hemos vivido. ¿Tú aceptas y acoges a la mujer que ves en el espejo o la analizas, la criticas y la juzgas?

Vamos a oír lo que el Novio dice de nosotros. Vamos a creer en las palabras de ánimo de los demás y vamos a silenciar la voz en nuestro interior que nos dice que no somos bellas. Esa voz es una mentira. La Palabra de Dios es la verdad y él dice que somos preciosas.

Señor, admito que me cuesta verme preciosa a veces. Hoy elijo mirarme a mí misma y sonreír, por mucho que me cueste. Te pido que, cuando lo haga, tú me muestres cómo me ves y me ayudes a creerlo en mi corazón.

En los días soleados... y en los lluviosos

Cuando te vengan buenos tiempos, disfrútalos; pero,
cuando te lleguen los malos, piensa que unos
y otros son obra de Dios, y que el hombre nunca sabe
con qué habrá de encontrarse después.
ECLESIASTÉS 7:14 (NVI)

Es fácil sentirse feliz en un día soleado, cuando todo va bien, los pájaros cantan y la vida va a pedir de boca. Pero ¿qué pasa cuando llega la lluvia, recibimos malas noticias o el día, simplemente, se nos hace muy difícil?

Dios quiere que sintamos alegría en los buenos momentos. Él ha creado todos y cada uno de nuestros días. Y somos llamados a regocijarnos en todos, sean buenos o malos. La felicidad está determinada por nuestras circunstancias, pero el gozo verdadero viene cuando podemos encontrar el lado bueno de las cosas en nuestros peores momentos: cuando somos capaces de alabar a Dios pase lo que pase. No sabemos qué nos depara el futuro aquí en esta tierra, pero podemos alegrarnos en el conocimiento de que nuestra eternidad será bellísima.

Dios, no quiero que mi felicidad esté determinada por mis circunstancias. Ayúdame a encontrar el gozo verdadero en ti. Dame una satisfacción profunda y duradera en cada día, que vaya más allá de la comprensión humana.

Faros

> Ustedes son la luz del mundo. Una ciudad en lo alto de una colina no puede esconderse. Ni se enciende una lámpara para cubrirla con un cajón. Por el contrario, se pone en la repisa para que alumbre a todos los que están en la casa.
>
> MATEO 5:14-15 (NVI)

Los faros se construyeron por un buen motivo. Durante cientos de años han alumbrado con su luz en puertos de todo el mundo, guiando a los barcos con seguridad hacia la costa. La premisa es simple: poner una luz bien alta, allá donde pueda verse fácilmente.

Jesús es la luz del mundo. Es una luz que no está hecha para ocultarse, sino para ponerla en alto, donde todos puedan verla fácilmente. Y, como seguidores de él, somos llamados a mostrar esta luz con fuerza, de modo que los demás puedan verla por sí mismos. No la escondemos, sino que iluminamos con valentía el camino hacia Cristo.

Dios, ayúdame a no ocultar mi luz. Dame la valentía para que mi fe sea una fuente de luz para todo aquel que me vea. Quiero brillar con fuerza para que otros puedan salir de la oscuridad y unirse a mí en tu maravillosa luz.

Ora creyendo que lo recibirás

¿Cómo que si puedo? Para el que cree, todo es posible.
MARCOS 9:23 (NVI)

Cuando oras, ¿lo haces con valentía o tus oraciones son débiles? Es como si tuviéramos miedo de molestar a Dios con nuestras peticiones. «¡Ay! Más me vale no molestarlo demasiado o quizá al final acabe por no responder a nada de nada». ¿Algo así, verdad? Así que nos dirigimos a él con cierta vacilación: «Amado Señor, si es tu voluntad, estaría muy bien que…», «Padre, sé que tienes muchas cosas por hacer, pero me encantaría que…».

Basta ya de oraciones débiles. El Señor ya conoce tu corazón. Confía en que él puede hacer lo que le estás pidiendo. No hay necesidad de ir con cuidado con el Padre que tanto te ama. Jesús mismo lo dijo. Avanza con valentía en la fe y empieza por tu vida de oración.

Señor, ayúdame a superar mi falta de fe. Quiero creer que todo es posible porque creo en ti.

Reconstruida

¡Alabado sea el Señor! ¡Qué bueno es cantar alabanzas a
nuestro Dios! ¡Qué agradable y apropiado! Él sana a los de
corazón quebrantado y les venda las heridas.
SALMO 147:1, 3 (NTV)

Ya sea que estés sufriendo y arrastrando dolor por abusos
o tragedias pasadas, o si se trata de algo más reciente,
corre hacia aquel que sana. No hay requisito o petición
que sea demasiado para él: te reconstruirá.

Puede que esto implique esfuerzo. Necesitarás una
comunión constante con él para tener presente su poder
sanador, pero él te volverá a recomponer hasta que estés
otra vez entera. Almas rotas, cuerpos rotos, relaciones
rotas… Recuerda su poder en estos momentos y no le
des la espalda.

*Dios Padre, necesito de tu poder sanador. Suelto todo
aquello a lo que me aferro y te pido que sanes mis heridas.*

El deseo de tu corazón

Deléitate en el Señor, y él te concederá
los deseos de tu corazón.
SALMO 37:4 (NTV)

¿Qué deseabas más que nada en el mundo cuando eras pequeña? Quizá tener un poni o ser una princesa eran las cosas más maravillosas que eras capaz de imaginar. ¿Y qué ansías ahora? ¿En qué han cambiado tus sueños como adulta?

Todos hemos oído que a Dios le encanta responder a nuestras oraciones y concedernos nuestros deseos. Entonces, ¿deberíamos esperar que nos diera todo aquello que queremos? Estudia el versículo anterior y fíjate en particular en la primera parte. *Cuando Dios se convierte en el mayor deleite de nuestras vidas, él nos concede los deseos de nuestro corazón.* Pero, si lo que nos alegra es el éxito económico, unos abdominales bien marcados o unos hijos que ganen trofeo tras trofeo, él no promete nada. Eso no quiere decir que sean cosas que no debemos desear: simplemente, Dios no necesariamente estará interesado en concedérnoslas.

Dios, ayúdame a hacer que tú seas mi mayor deleite y placer en esta vida. Quiero que mis deseos sean tus deseos. Quiero que mi corazón sienta tu corazón.

Cansada, muy cansada

El Señor dirige los pasos de los justos; se deleita
en cada detalle de su vida. Aunque tropiecen, nunca
caerán, porque el Señor los sostiene de la mano.
SALMO 37:23-24 (NTV)

¿Alguna vez has estado tan agotada que ni siquiera sabías
si serías capaz de dar un paso más? Tu agenda es un
torbellino de actividades programadas. Tienes los días
llenísimos y cada hora está reservada para esto o para
aquello; te cuesta encontrar siquiera un solo minuto para
ti. Estás agotada hasta no poder más y cada día te dejas
caer en la cama, completamente exhausta.

Hay alguien que está listo para agarrarte si caes. Puede
que trastabilles a lo largo de tu atareadísimo día, pero
él jamás te permitirá caer de bruces cuando encuentres
un tropiezo. ¡Dios se deleita en ti! Si se lo pides, él guiará
cada uno de tus pasos. Él te tomará con entusiasmo de la
mano y te dirigirá.

*Dios, ¡te ruego que guíes mis días! Estoy cansada y necesito
tu energía para poder superar todo lo que me depara el día
de hoy. Ayúdame a tomar tu mano y a permitirte dirigirme
cada día, confiando completamente en que tú me darás la
fuerza que necesito.*

Elige la sabiduría

¡Alegres son los que me escuchan, y están atentos a mis
puertas día tras día, y me esperan afuera de mi casa!
Pues todo el que me encuentra, halla la vida
y recibe el favor del Señor.
PROVERBIOS 8:34-35 (NTV)

La palabra «sabiduría» se usa cientos de veces en la Biblia.
Una y otra vez se nos instruye a tener buen juicio, a tomar
decisiones sensatas y a ser prudentes y cautelosos.

El rey Salomón decidió pedirle a Dios que le diera
sabiduría a lo largo de su tiempo como líder de Israel.
Debido a esto, Dios lo honró y lo bendijo.

Dios, ¡hoy elijo la sabiduría! Estoy atenta a tus puertas.
Sé que ahí es donde se encuentra la verdadera felicidad.

Animar para lograr el premio

Que el Dios que infunde aliento y perseverancia les conceda vivir juntos en armonía, conforme al ejemplo de Cristo Jesús.
ROMANOS 15:5 (NVI)

¿Alguna vez te has fijado en las animadoras en un evento deportivo? Sonrientes, vivaces, enérgicas, gritando para animar al equipo al que aman. Lo que no vemos es lo que puede haber debajo de todos estos ánimos. Todo el mundo tiene sus problemas. Y, aun así, ahí están, fielmente devotas a su equipo: son conscientes del premio que les espera al final.

Vamos a animarnos del mismo modo unos a otros en nuestra fe. Imagina el gozo de nuestro Abba Padre cuando nos ve alentándonos unos a otros en alabanza y amor, a pesar de las circunstancias por las que podamos estar pasando. Hay mucho por ganar en la relación con otros creyentes, ya sea a la hora de dar o de recibir. Y el premio que nos espera al final es la eternidad. No hay nada mejor.

Dios, muéstrame formas en las que puedo animar a los demás. Sé que tu corazón se alegra cuando me ves entregando mi tiempo y mis talentos, ¡y eso hace que todavía valga más la pena!

Que gane Dios

Las palabras veraces soportan la prueba del tiempo,
pero las mentiras pronto se descubren.
PROVERBIOS 12:19 (NTV)

No te creas las mentiras. Hay un enemigo ahí fuera que
quiere robar, matar y destruir. Una de las formas más
potentes que tiene de hacer esto es llenando nuestros
corazones con falsedades sobre nosotras mismas que
creemos que son verdad. Esas mentiras inundan nuestras
mentes de odio, así que cuando nos vemos en el espejo
empezamos a odiar también lo que vemos. «Con lo fea
que soy, no me merezco nada bueno en mi vida. He
vuelto a meter la pata, ¿para qué voy a volver a intentar
levantarme?».

Estos pensamientos hacen llorar al Padre. ¡Él nos ama!
Él nos ha tejido y nos ha creado; él nos ha escogido.
Atesora cada cosa que hacemos, y en el nombre de Jesús
podemos reprender al enemigo para que estas mentiras
ya no nos llenen la cabeza ni nos invadan el corazón.

*Jesús, levanta el velo de mis ojos para que pueda ver con
claridad. Muéstrame las mentiras que estoy creyendo y
que son destructivas. Sé que tú me amas y que quieres
verme andar en la verdad.*

Confiadas a pesar de nuestra ineptitud

No es que pensemos que estamos capacitados para
hacer algo por nuestra propia cuenta. Nuestra aptitud
proviene de Dios.
2 Corintios 3:5 (NTV)

Ya sea al llegar con tu recién nacido a casa tras el hospital,
al hacer tu primera presentación importante en el trabajo o
simplemente al preparar por primera vez la cena de Navidad,
probablemente habrá habido al menos una ocasión en tu
vida en la que te habrás dicho: «No tengo ni idea de lo que
estoy haciendo. No estoy preparada para esto». Así que,
¿qué hiciste en esos momentos? Seguramente sonreíste, te
lanzaste de cabeza y lo hiciste lo mejor que pudiste.

A medida que nos hacemos mayores vamos viendo cuán
incapaces somos realmente. Pero, por suerte, también
advertimos que no pasa nada. Ser capaces de admitir
nuestros defectos y permitir que el Padre sea nuestra
fuerza supone una gran libertad. Nos pida lo que nos
pida, estamos confiadas a pesar de nuestra ineptitud.
Puede que no seamos capaces, pero Dios está más que
preparado para llevar sus planes a cabo a través de
nosotras. Lo único que necesitamos es tragarnos nuestro
orgullo y permitirle dirigirnos.

*Señor Dios, quiero aceptar tu aptitud como si fuera la mía,
para que mis sueños y mi llamado puedan verse cumplidos.
Me trago mi orgullo y te pido que seas tú quien me dirija.*

Rinde tu corazón

Oh, hijo mío, dame tu corazón; que tus ojos
se deleiten en seguir mis caminos.
PROVERBIOS 23:26 (NTV)

En las noticias vemos a un ejército que ha perdido la
guerra y que, después, se ha rendido a su enemigo. El
fugitivo finalmente se ha entregado a la policía tras una
larga persecución. Quizá te sea más cercana la experiencia
de alguien que se ha rendido ante la adicción. Así que,
ante todos estos ejemplos, ¿tenemos que sentirnos
bien al rendirnos ante Dios? Ponernos en una situación
vulnerable puede inspirarnos temor. ¿Acaso «rendirse» no
significa ser derrotado, doblegarse?

Pues sí; significaría esto si Dios fuera nuestro enemigo.
Pero como él está con nosotros y no contra nosotros,
rendirse significa una cosa completamente distinta.
Significa «libertad». Rendirse también significa
abandonarnos a Dios y dejar de resistirnos a él, aceptando
sus planes y su voluntad perfecta para nuestras vidas. En
cuanto le entregamos nuestros corazones, ya no tenemos
que seguir luchando.

*Padre, ayúdame a recordar que tus planes son perfectos
y que tu voluntad para mí es la paz. Rindo a ti mi corazón
por completo y dejo de luchar para seguir adelante. Y te
confío mi corazón porque eres bueno.*

Una decisión consciente

Hoy te he dado a elegir entre la vida y la muerte,
entre bendiciones y maldiciones. Ahora pongo al cielo
y a la tierra como testigos de la decisión que tomes.
¡Ay, si eligieras la vida, para que tú y tus descendientes
puedan vivir!
DEUTERONOMIO 30:19 (NTV)

¿Querrías que alguien te amara en contra de su voluntad?
Si forzaran o le pagaran a alguien para que te quisiera
pero tú supieras que su amor no es genuino, ¿disfrutarías
de ese tipo de amor?

Tenemos la capacidad consciente de elegir si amaremos
o no a Dios. Él no nos obliga a amarlo ni nos fuerza a
seguirlo. La libertad que debemos elegir es el regalo más
maravilloso y el más terrible que nos ha sido dado.

*Dios, elijo la vida. Sé que tienes cosas maravillosas
esperando para mí si respondo a tu amor. Te alabo con
todo lo que soy.*

Libertad sin complicaciones

He disipado tus transgresiones como el rocío,
y tus pecados como la bruma de la mañana.
Vuelve a mí, que te he redimido.
ISAÍAS 44:22 (NVI)

Complicamos demasiado la libertad en la vida cristiana.
Intentamos encontrar una forma de humanizar la
obra redentora de la cruz con legalismos porque,
simplemente, somos incapaces de comprender el
carácter sobrenatural de Dios.

Puede ser difícil comprender la gracia completa que nos
ofreció en el Calvario precisamente porque somos incapaces
de dar este tipo de gracia Pero cuando Dios dice que él ha
olvidado nuestros pecados y que somos nuevas criaturas, lo
dice de verdad. Dios es amor y el amor no guarda un registro
con todas las ofensas del otro. Nada nos puede apartar de
este amor. La salvación rasgó el velo que nos separaba de la
santidad de Dios. Esa obra completa no puede disminuirse ni
borrarse con nada que nosotros hagamos.

*Gracias, Dios, porque la libertad es realmente sencilla. La
belleza de tu evangelio está resumida en el mismísimo
concepto de la gracia, inmerecida y concedida sin límites.
Y yo la acepto hoy.*

Mi recompensa

> Y guiaré a los ciegos por camino que no sabían, les haré
> andar por sendas que no habían conocido; delante de
> ellos cambiaré las tinieblas en luz, y lo escabroso en
> llanura. Estas cosas les haré, y no los desampararé.
> ISAÍAS 42:16 (RV60)

La primavera es un tiempo de renacimiento y renovación,
una recompensa por haber conseguido superar el largo,
frío y desolado invierno. Algunas partes del mundo llevan
semanas disfrutando de jardines primaverales repletos
de color, floreciendo con fragancia. En otras regiones, la
fría nieve todavía se está deshaciendo y los bulbos más
tempranos aún tienen que lograr abrirse paso a través
del duro suelo. Ya sea por encima de la superficie o por
debajo de ella, la resurrección está en todo lo que nos
rodea, recompensándonos con nueva vida y vitalidad. La
resurrección es un regreso de la esperanza, de la luz que
brilla en la oscuridad, de nuestro premio glorioso.

Isaías 42:16 comparte una promesa que no puede
sernos arrebatada. Él ha conseguido su gloria y nosotros
compartiremos su recompensa: ¡la muerte no puede
conquistar ni robar nuestra herencia! Por lo tanto, podemos
confiar y creer en Jesucristo, nuestra esperanza. ¡No hay
nada más magnífico y más digno de nuestras expectativas!

*Dios, te doy las gracias por el regalo de la salvación. Haz
que el pecado que me ha estado estorbando se derrita
como la nieve de invierno. Creo que el día de hoy estará
lleno de promesas y de vida.*

La necesidad de respirar

Desde mi angustia clamé al Señor,
y él respondió dándome libertad.
SALMO 118:5 (NVI)

Hay días en los que parece que nos falta el aire, ¿a que sí? Presionada en todos los frentes con necesidades, obligaciones, expectativas y compromisos, te preguntas no solo cómo vas a conseguir hacerlo todo, sino siquiera si serás capaz. ¿Cuándo tendrás un momento para respirar?

El libro de Salmos está lleno de este tipo de presiones, a menudo en forma de ejércitos enemigos que perseguían con furia al rey David para matarle. ¿Y cuál era su respuesta en cada ocasión? La oración. Qué imagen más maravillosa: ¡la libertad! Lleva tus presiones al Señor y nota cómo desaparecen; siente todo lo que te rodea y fíjate en cómo aumenta tu esperanza. Toma aliento con aquel que te dio la vida.

Dios, tú ves las presiones de mi día a día. Quiero detenerme y recobrar el aliento contigo en tu libertad. Y solo entonces desaparecerá el estrés y llegará la paz.

Permanece en mí

Yo soy la vid verdadera, y mi Padre es el viñador. Todo sarmiento que en mí no da fruto, lo quita; y todo el que da fruto, lo poda para que dé más fruto. Yo soy la vid, vosotros los sarmientos; el que permanece en mí y yo en él, ése da mucho fruto, porque separados de mí nada podéis hacer.

JUAN 15:1-2, 5 (LBLA)

Jesús ofrece una ilustración maravillosa y estimulante. Él es la vid, Dios es el viñador y nosotros somos los sarmientos. Todos sabemos que el trabajo del viñador es increíblemente importante. Una planta nunca dará tanto fruto como cuando hay alguien que la cuida con esmero.

Dios dice que la única cosa que necesitamos para dar fruto es permanecer en la vid. Es una tarea sencilla y fácil. Si permanecemos en la vid, él promete que nos nutrirá y sostendrá. También promete podarnos, pero no para que nos quedemos pequeños, sino para que podamos producir incluso más fruto.

Padre, saber que tú quieres siempre lo mejor para mí me facilita someterme voluntariamente a tu poda. Ayúdame a permanecer en ti para que tú puedas hacer todo lo necesario para que yo siga dando frutos.

Trabajar con propósito

Todo lo que hagas, hazlo bien, pues cuando
vayas a la tumba no habrá trabajo ni proyectos ni
conocimiento ni sabiduría.
ECLESIASTÉS 9:10 (NTV)

Cada mañana es una nueva oportunidad para volcar todo
lo que eres en tu trabajo, ya sea dentro o fuera de casa.
Deberías entregarte en cuerpo y alma a lo que haces.
Puede que no te guste el lugar en el que estás en la vida,
pero este es el día que tienes por delante… ¡así que
sácale todo el provecho!

No siempre nos gustan las tareas que se nos asignan o
el trabajo que debemos hacer. Independientemente del
lugar en el que estés y de lo que tengas que hacer, hazlo
lo mejor que puedas. Si no lo intentas, no verás ninguna
recompensa: el trabajo duro nos produce una sensación
de satisfacción y alegría.

*Dios, ayúdame a darlo todo en cada oportunidad que
se me presente hoy. Incluso si no me gusta lo que estoy
haciendo, te doy las gracias por haberme llamado a este
lugar; tú me ayudarás a trabajar con propósito.*

Nuestro Padre celestial

Los ojos del Señor ESTÁN SOBRE LOS JUSTOS, Y SUS OÍDOS,
ATENTOS A SUS ORACIONES.
SALMO 34:15 (NVI)

¿Sabemos en la profundidad de nuestro corazón que nuestras oraciones son escuchadas, tanto los gritos de ayuda como los suaves susurros de agradecimiento? Él conoce cada uno de nuestros pensamientos incluso antes de que se formen en nuestra mente. Este es el Padre que nos creó. Este es el Abba que nos llama por nuestro nombre. Somos sus hijos amados.

Debemos dejar que la verdad llegue hasta lo más hondo de nuestros corazones y se quede ahí, envuelta en agradecimiento. Su Palabra es verdad y él nos dice una y otra vez que responderá a nuestra oración porque confiamos en él. Ya sea con canciones, acciones, pensamientos o palabras, él se deleita al oír nuestras oraciones.

Dios, realmente es asombroso que te deleites al escucharme. Me cuesta siquiera imaginar que prestes oídos a lo que te estoy diciendo porque realmente estás interesado en mi corazón. Qué Dios más maravillosamente bueno eres.

Pedir ayuda

Levanto la vista hacia las montañas,
¿viene de allí mi ayuda? ¡Mi ayuda viene del Señor,
quien hizo el cielo y la tierra!
SALMO 121:1-2 (NTV)

Según el tipo de persona que seas puede que no se te dé demasiado bien pedir ayuda. Hay a quienes les gusta ser los que ayudan: les encanta servir a los demás porque así se sienten capaces y útiles. Después hay aquellos que prefieren aceptar la ayuda de los demás tan pronto como se la ofrecen. Ninguno es mejor que el otro; ambos tienen sus cosas positivas.

En las distintas etapas de la vida, puede que a aquellos que siempre quieren ayudar les toque recibir ayuda. A veces esto cuesta de aceptar y tenemos que ir con cuidado de no permitir que el orgullo tome el control. Pedir ayuda forma parte de ser vulnerable; es ese momento en el que lo dejamos todo a un lado y decimos: «No puedo hacer esto yo sola». Dios ha puesto a personas muy capaces en nuestras vidas y a quienes les encanta ayudar, pero no sabrán que necesitas una mano si no se lo pides.

Padre, muéstrame si, por mi tozudez, no quiero pedir ayuda. Confío en que tú pondrás a personas en mi vida que podrán compartir mis cargas y permitirme ayudarles con la suya.

Correr riesgos

Tu palabra es una lámpara que guía mis pies
y una luz para mi camino.
SALMO 119:105 (NTV)

Habrá momentos en los que surgirán oportunidades que nos sorprenderán. Puede que de repente se nos presente algo que nos dé un poco de miedo. Lo consideramos una oportunidad porque vemos la ventaja que puede tener en algún momento más adelante. Comprendemos que podría suponer tanto un regalo para nuestra vida como una situación bastante complicada, o una transición antes de que llegue la recompensa.

Para avanzar a través de lo desconocido es necesario ser valiente, y no siempre andamos sobradas de coraje. A través del poder de la oración y valorando las cosas positivas y negativas de la oportunidad, con suerte llegaremos a un punto en el que nuestro corazón sienta esa paz que hemos estado buscando. Y eso hace que aceptar la oportunidad nos resulte mucho más fácil. Puede que todavía no te sientas valerosa con la decisión que has tomado, pero puedes confiar en la paz que sientes en el corazón. Y eso ya es ser valiente.

Dios, ayúdame a buscar tu sabiduría y paz para abordar cada nueva oportunidad que surja. Tú sabes cuáles debo aprovechar y cuáles debo dejar pasar. Confío en que tu paz me guiará.

Apartada

Pues la piedra era muy grande. Pero, al fijarse bien, se
dieron cuenta de que estaba corrida.
—No se asusten —les dijo—. Ustedes buscan a Jesús el
nazareno, el que fue crucificado. ¡Ha resucitado! No está
aquí. Miren el lugar donde lo pusieron.
MARCOS 16:4, 6 (NVI)

La mayoría de nosotros sabemos que Jesús fue levantado
de entre los muertos. Siempre que oímos esto, sabemos
que forma parte de la historia de Jesús. Pero ¿alguna vez
hemos meditado realmente en la verdad de esta frase?
¡Jesús fue levantado de entre los muertos! Así que, desde
luego, podemos confiarle nuestra vida.

Muchas veces dudamos del amor de Dios hacia nosotros.
Lo apartamos a un lado e intentamos hacerlo todo por
nosotros mismos. Dudamos de su verdad y de su poder
de sanación. Ni siquiera pensamos que lo podemos
hacer todo a través de él. Pero, sin que nos parezca una
contradicción, aceptamos fácilmente que Jesús murió y
volvió a levantarse. ¡Si él es capaz de hacer eso, también
nosotros podremos superar nuestras pruebas!

*Gracias por el recordatorio, Jesús, de que la piedra fue
apartada. Yo lo creo y creo que todas tus promesas son
verdad. ¡Tú me amas! Puedo confiarte todos aquellos
detalles que he estado intentando tener bajo mi control.*

Sin miedo a envejecer

Es por esto que nunca nos damos por vencidos.
Aunque nuestro cuerpo está muriéndose,
nuestro espíritu va renovándose cada día.
2 Corintios 4:16 (NTV)

Envejecer forma parte de la vida. Resulta gracioso que el envejecimiento parezca empezar muy lentamente y después, a medida que avanza la vida, es cada vez más rápido. Sería fácil desanimarnos si valoráramos nuestra experiencia de envejecer puramente por lo que vemos en el espejo. Si lo hiciéramos así, quizá empezaríamos a temer u odiar este proceso.

Si permanecemos en el Señor, envejecer significa que también maduramos. Crecemos en fuerza y gracia en nuestro conocimiento de él. Quizá no tenemos el mismo aspecto que antaño, pero ahora ya nadie nos marea de aquí para allá. Crecer y hacerse mayor al lado de Jesús tiene muchos beneficios. No estamos hechos para ser siempre jóvenes. Somos seres eternos que existirán para siempre y, por eso, no debemos despreciar la idea de hacernos mayores. Dios nos está preparando para el peso eterno de una gloria más allá de toda comparación.

A medida que me hago mayor, Dios, dame tu perspectiva;
en ese aspecto, el mundo no me hace ningún favor.
Recuérdame que la madurez es eternamente bella y que
este mundo es solo temporal.

Anegada en amor

El amor nunca se da por vencido, jamás pierde
la fe, siempre tiene esperanzas y se mantiene
firme en toda circunstancia.
1 CORINTIOS 13:7 (NTV)

Todo el mundo comete errores, así que sé amable contigo misma. Sé amable con la persona que ves en el espejo, aquella que puede que no creas que es digna de amor. Dios te ama, con todos tus defectos. Él te ve a través de los ojos de un Padre que ama sin condiciones ni expectativas.

Podemos aprender mucho del amor de nuestro Padre celestial. Es importante que nos esforcemos tanto como podamos para ver más allá de la situación que tenemos delante. Podemos elegir buscar lo mejor en nosotros y en los demás, dando gracia y amando incondicionalmente a través de todas las circunstancias.

Gracias, Padre, por tu amor que nunca falla. Incluso aunque cometo errores, tú ves más allá y sigues deleitándote en mí. Ayúdame a aprender de tu ejemplo.

La carta

> Oh pueblo mío, confía en Dios en todo momento; dile lo
> que hay en tu corazón, porque él es nuestro refugio.
> SALMO 62:8 (NTV)

Siempre es bueno tener un confidente: alguien a quien
poder contárselo todo sin miedo al rechazo o a la crítica.
Para los cristianos, Dios se ofrece para ser esa persona.
En Segunda de Reyes vemos una historia que ilustra esta
verdad. El rey Ezequías de Judá era un rey que temía
a Dios y que buscaba agradarlo. Su enemigo, el rey de
Asiria, empezó una campaña para infundirle miedo,
riéndose de su fe en Dios. Cuando Ezequías recibió una
carta en la que el rey de Asiria amenazaba con aniquilar
a todo su pueblo, el rey de Judá tomó esa carta y la abrió
ante el Señor. Ezequías se desahogó ante Dios y le suplicó
que los librara, y Dios milagrosamente los rescató.

Nuestro Dios está esperando a que le abramos
nuestros corazones y nos desahoguemos con él.
Adelante; escribe todo lo que te preocupa y te carga,
y muéstraselo al Señor. Él es nuestro refugio. Él se
encargará de nuestras preocupaciones y desvelos, y
nos ocultará en un lugar seguro.

*Gracias, Señor, por tu invitación a desahogarme contigo.
Aquí están mis cargas: las rindo a tus pies y te las confío.*

La súplica en la mañana

> Por la mañana, Señor, escuchas mi clamor;
> por la mañana te presento mis ruegos,
> y quedo a la espera de tu respuesta.
> SALMO 5:3 (NVI)

El día amanece nublado y lúgubre, pero las tareas que tienes por delante no le prestan ninguna atención al tiempo. Un día sigue a otro, y a otro, y este no promete nada distinto. El trabajo, la enfermedad y los problemas económicos siguen ahí, esperándote desde que te levantas. Quizá fue en una mañana como esta en la que David le suplicó esto al Señor:

> Atiende, Señor, a mis palabras; toma en cuenta mis gemidos. Escucha mis súplicas, Rey mío y Dios mío, porque a ti elevo mi plegaria.
> SALMO 5:1-2 (NVI)

Qué consuelo más tremendo es saber que, por muy gris que sea el momento, no nos toca a nosotros preocuparnos o solucionarlo. En vez de eso, podemos contarle nuestras necesidades al Padre, entregarle nuestra carga y seguir adelante con nuestra vida. La espera no es pasiva; es activa a medida que avanzamos por nuestro día confiando en la fidelidad de Dios.

Oh Señor, esta mañana te entrego todas mis necesidades y cargas. Me levanto para enfrentarme al día sabiendo que tú me has oído y que dirigirás mis pasos.

Abril

Deléitate en el Señor,

y él te concederá los deseos

de tu corazón.

Entrega al Señor todo lo que haces;

confía en él, y él te ayudará.

Salmo 37:4-5 (NTV)

La fidelidad de Dios

Acerquémonos, pues, a Dios con corazón sincero y con la plena seguridad que da la fe, interiormente purificados de una conciencia culpable y exteriormente lavados con agua pura. Mantengamos firme la esperanza que profesamos, porque fiel es el que hizo la promesa.

HEBREOS 10:22-23 (NVI)

Dios es bueno y conoce todas tus necesidades. Él es fiel y anhela mostrarte más de su gloria y su belleza. Prepara tu corazón para decir sí a su llamada. Confía en su fidelidad. Persigue su gozo.

Tu amor le complace porque él se deleita en ti. Él entona canciones, notas y estribillos sobre ti por aquí y por allá mientras tú estás sobre esta tierra, esperándole. Un día terminará esta canción y, cuando la oigas por completo, irás corriendo a sus brazos. Pero, hasta que llegue ese día, confía en su fidelidad. *Mantén firme la esperanza que profesas* porque tienes la *plena seguridad que da la fe;* tu corazón ha sido lavado y tú eres pura.

Dios, has demostrado de muchas maneras tu fidelidad en mi vida. Gracias por tu sacrificio, que me ha lavado y me ha dado esperanza.

Gracia suficiente

Pero Dios es tan rico en misericordia y nos amó tanto
que, a pesar de que estábamos muertos por causa de
nuestros pecados, nos dio vida cuando levantó a Cristo
de los muertos. (¡Es solo por la gracia de Dios que ustedes
han sido salvados!) [...] Dios los salvó por su gracia
cuando creyeron. Ustedes no tienen ningún mérito en
eso; es un regalo de Dios. La salvación no es un premio
por las cosas buenas que hayamos hecho, así que ninguno
de nosotros puede jactarse de ser salvo.

EFESIOS 2:4-5, 8-9 (NTV)

No hay mejor enseñanza sobre la gracia maravillosa de
Dios que sus propias palabras. Cuando el impacto de
su gracia te ha salvado, estas palabras tienen un efecto
especialmente potente y conmovedor. No hemos hecho
nada pero, aun así, lo tenemos todo. Estábamos muertos,
pero ahora tenemos vida. No hemos pagado con dinero,
carne o esclavitud. Simplemente hemos creído.

No podemos presumir de nuestra salvación, pero
sí que podemos cantar con el corazón henchido de
agradecimiento por este regalo maravilloso. Cantar
mucho, y con fuerza, porque la gracia es el único regalo
que necesitaremos. Y podemos compartirla sin perder
siquiera un ápice de nuestra porción. Se multiplica una y
otra vez, siempre que estemos dispuestas a extenderla
a los demás. Sabemos sin lugar a duda que su gracia es
suficiente para nosotros. ¡Lo ha sido desde el mismísimo
momento en el que creímos!

*Gracias, Dios, por tu regalo inmerecido de la gracia. Estoy
maravillada ante ti.*

Andar con honor

Entonces el nombre de nuestro Señor Jesús será honrado por la vida que llevan ustedes, y serán honrados junto con él. Todo esto se hace posible por la gracia de nuestro Dios y Señor, Jesucristo.

2 TESALONICENSES 1:12 (NTV)

Los premios honoríficos se suelen entregar a aquellos que alcanzan la excelencia en un campo concreto. Se los honra por su rendimiento musical, atlético, académico o profesional. A algunos se los reconoce por su inteligencia o valentía excepcionales. Y con razón. Pero si el honor solo se concede por un logro excelente, ¿cómo vamos a ser nosotros considerados honorables con nuestras pobres habilidades?

El secreto de vivir una vida que honra a Dios se encuentra en depender tremendamente del hecho de que su gracia nos cubre. No nos complicamos la vida. Hacemos lo que sabemos que es correcto. No cedemos. No buscamos los brillantes premios honoríficos del mundo. Y, cuando nos equivocamos, admitimos con humildad nuestro error, aceptamos el perdón de Dios y seguimos andando por el camino estrecho.

Dios, ningún premio honorífico vale la pena si no es para traerte honor a ti. Soy tan humana y tú eres tan perfecto que no puedo siquiera empezar a estar a la altura de la excelencia que tú exiges. Pero, por tu gracia, tú me has capacitado y me consideras digna.

Esperanza en Dios

Que el Dios de la esperanza los llene de toda alegría y paz
a ustedes que creen en él, para que rebosen de esperanza
por el poder del Espíritu Santo.
ROMANOS 15:13 (NVI)

«Espero que hoy no llueva». «Espero que me haya
ido bien en el examen final». «Espero que no se haya
olvidado de nuestro aniversario». «Espero que me den
un ascenso». Pocas de las cosas que esperamos buscan
una satisfacción duradera. Incluso cuando conseguimos
lo que queríamos, lo que hacemos es pensar en lo que
vendrá a continuación. Tenemos que esperar otra cosa. Y,
aunque no es malo esperar estas cosas, la verdad es que
todas nos decepcionan si no las obtenemos; aun así, la
satisfacción que implican es solo temporal.

La única cosa que podemos esperar y que tiene un valor
duradero es nuestra eternidad con el Señor. ¡Y eso sí que
es emocionante! Piensa en una vida sin miedo, dolor,
culpabilidad, pena, enfermedad, pérdida, rechazo o
muerte. Piensa en una abundancia de amor, gozo, paz,
bondad y belleza. Si decidimos poner nuestra esperanza en
Dios, no seremos decepcionados. Nuestras expectativas
serán *sobrepasadas*. Y eso sí que no sucede a menudo.

Dios, veo que la esperanza que ponemos en las cosas
terrenales solo es temporal. En vez de eso, deposito mi
esperanza en la recompensa eterna de vivir para siempre
contigo. ¡Es muchísimo más emocionante!

La Palabra está viva

Pues la palabra de Dios es viva y poderosa. Es más
cortante que cualquier espada de dos filos; penetra entre
el alma y el espíritu, entre la articulación y la médula del
hueso. Deja al descubierto nuestros pensamientos y
deseos más íntimos.

HEBREOS 4:12 (NTV)

¿Alguna vez has abierto la Biblia en una página al azar y te
has quedado fascinada porque el pasaje te va como anillo al
dedo para la situación por la que estás pasando? Y entonces,
en la iglesia, tu pastor utiliza el mismo versículo como la base
de su sermón. Unos días más tarde, mientras conduces,
la letra de una canción de alabanza que estás escuchando
vuelve a hablarte de lo mismo. Es como si Dios hubiera
puesto un foco sobre ti y estuviera dirigiendo a todo el
mundo que te rodea para animarte, orientarte y enseñarte.
Su Palabra está viva y es poderosa, ¡desde luego!

La Palabra de Dios es un regalo maravillosamente
esclarecedor. Él nos la entregó para nuestra edificación,
educación e inspiración. Estés en la situación que estés,
la Palabra de Dios tiene la respuesta. Ya sea que te estés
alejando de Dios o corriendo hacia sus brazos, estés
pletórica o en duelo, por muy confundida o segura que te
sientas, la Palabra de Dios tiene la solución.

*Dios, gracias por tu Palabra, viva y poderosa. Gracias por
utilizarla para hablarle a mi vida, para darme esperanza y
ánimos cuando más lo necesito.*

Una persona de integridad

Enséñame tus decretos, oh Señor; los cumpliré hasta el fin. Dame entendimiento y obedeceré tus enseñanzas; las pondré en práctica con todo mi corazón. Hazme andar por el camino de tus mandatos, porque allí es donde encuentro mi felicidad.

SALMO 119:33-35 (NTV)

Las apasionantes aventuras hollywoodienses poco tienen que ver con la realidad. Excepto, quizá, en el hecho de que cuentan con un héroe como protagonista. Porque los héroes sí que existen. Nos sirven el café o sacan a pasear a su perro por nuestra calle. Quizá incluso tú eres una heroína. Para ser un héroe no hace falta demasiado: solo tienes que estar en el lugar correcto y en el momento adecuado. ¡Ah! Y, por supuesto, también tienes que hacer lo correcto. Eso es lo que distingue a un héroe: los héroes hacen lo que está bien.

Los héroes dejan a un lado sus propios deseos e intereses. Tienen integridad, cosa que quiere decir que hacen lo que para la mayoría de las personas supondría demasiado tiempo, riesgo o esfuerzo. El salmo de David es como un juramento, un decreto para los héroes de todas partes, donde promete actuar con integridad, siguiendo la rectitud y la bondad de Dios. ¿Y cómo puedes ser tú una heroína? Pues aprendiendo los mandamientos de Dios y obedeciéndolos.

Dios, muéstrame lo que significa andar con integridad. Me comprometo a andar en tu camino, consciente de que tú me pondrás en el lugar correcto y en el momento adecuado. La obediencia a ti siempre acaba por llevar al gozo.

El juez

Porque el nombre de Jehová proclamaré. Engrandeced a nuestro Dios. Él es la roca, cuya obra es perfecta, porque todos sus caminos son rectitud; Dios de verdad, y sin ninguna iniquidad en él; es justo y recto.

DEUTERONOMIO 32:3-4 (RV60)

Ser juez es una responsabilidad muy seria; si alguna vez te ha tocado este papel en un concurso artístico para niños, puede que lo sepas bien. Cada niño, emocionado y sonriente, te presenta su papel emborronado, hecho con amor, cubierto de gruesas pinceladas, purpurina y alegres monigotes. *¿Y cuál es el mejor?* ¿Quién será capaz de elegir a un ganador y, automáticamente, crear a un perdedor?

Por suerte, Dios es grande y perfecto, dos de las cualidades que debe tener un juez. Solo él está cualificado para juzgar a la humanidad. Solo él puede traer justicia con su mano poderosa, y esta será eterna. Como él es fiel y sin ningún tipo de maldad, podemos descansar tranquilos. Y ten fe también en esto: *su obra es perfecta.* Sus obras de compasión, amor, sanación y gracia son perfectas. Y su justicia es perfecta. Él hará que, algún día, todo acabe de forma justa.

Dios, admito que me resulta difícil esperar a que llegue tu justicia. Hay momentos en los que quiero tomármela por mi mano y juzgar desde mi comprensión humana. Ayúdame a confiar en que tu juicio es perfecto.

No me alejaré

Todas las damas de honor se levantaron y prepararon sus lámparas. Entonces las cinco necias les pidieron a las otras: «Por favor, dennos un poco de aceite, porque nuestras lámparas se están apagando». Sin embargo, las sabias contestaron: «No tenemos suficiente para todas. Vayan a una tienda y compren un poco para ustedes». Pero durante el lapso en que se fueron a comprar aceite, llegó el novio. Entonces las que estaban listas entraron con él a la fiesta de bodas y se cerró la puerta con llave.

MATEO 25:7-10 (NTV)

En los días previos al retorno de Jesús, muchos creyentes se alejarán. Los que no estén preparados para el dolor, el sufrimiento y el sacrificio de aquellos días abandonarán la verdad. Su fe, cuando pasen por las duras pruebas, fallará. Sus lámparas se apagarán. Es una advertencia para todos nosotros.

Empieza a llenar tu lámpara con el aceite de la fe ahora mismo para que, cuando llegue la hora en la que Jesús vuelva, tú no te alejes. Solo por fe podremos conseguir superar aquella noche; la fe es el aceite que mantiene encendida la lámpara. Nuestra perseverancia depende de lo preparados que estemos. ¿Has ido guardando suficiente aceite para aquella larga noche? ¿O tendrás que alejarte, desprevenida, antes de que vuelva el novio? Por fe, y solo por fe, ¡no te alejarás!

Dios, elijo llenar mi lámpara (¡y muchas vasijas más!) con el aceite de la fe para que, aunque la noche sea larga, mi aceite no se acabe. No quiero alejarme de ti cuando los tiempos sean difíciles.

Mi primer amor

Has sufrido, y has tenido paciencia, y has trabajado arduamente por amor de mi nombre, y no has desmayado. Pero tengo contra ti, que has dejado tu primer amor. Recuerda, por tanto, de dónde has caído, y arrepiéntete, y haz las primeras obras; pues si no, vendré pronto a ti, y quitaré tu candelero de su lugar, si no te hubieres arrepentido.

APOCALIPSIS 2:3-5 (RV60)

Todo lo que necesitamos eres tú, Señor. ¿Qué nos puede ofrecer el mundo que no sea perecedero? ¿Qué nos puede dar que soporte el fuego purificador de Dios? Cuando pasamos por pruebas, todo lo demás acaba por desaparecer. Nuestra salvación no nos puede ser quitada. El amor de Dios hacia nosotros no puede ser saciado.

¿Te acuerdas de los primeros días en los que anduviste con Jesús? ¿De cómo se abrieron tus ojos al entendimiento y tu corazón se rompió ante tanto amor? ¿De cómo alzaste las manos y doblaste las rodillas en arrepentimiento? Dios quiere eso. Echa de menos la desesperación que tenías por él, la concentración con la que leías su Palabra y el gozo que encontrabas en la oración. Su amor por ti no ha disminuido. ¿Puedes volver a encontrar tu primer amor?

Dios, quiero que seas mi primer amor. Quiero recordar el amor que tuve por ti al principio y andar en él. Tú eres realmente todo lo que necesito.

Dios decide cuándo

Porque en esa esperanza fuimos salvados. Pero la
esperanza que se ve, ya no es esperanza. ¿Quién espera
lo que ya tiene? Pero si esperamos lo que todavía no
tenemos, en la espera mostramos nuestra constancia.
ROMANOS 8:24-25 (BAD)

Es difícil esperar para... Bueno, para todo. Podemos
tener de inmediato casi cualquier cosa que nos apetezca.
A veces, esperar más de dos días para recibir un pedido
por correo nos parece demasiado. Quizá podamos poner
las cosas un poco en perspectiva si pensamos en cómo
se vivía hace cientos o miles de años: el correo tardaba
meses en llegar, todo se hacía a medida y solo te traían la
comida a casa si venía acompañada de invitados de fuera
del pueblo. Nos hemos vuelto bastante impacientes, ¿no?

Cuesta esperar el momento que Dios tiene para cada cosa.
Incluso cuando esperamos cosas *buenas*, creemos que
no deberían tardar tanto. Para salir de viaje misionero,
empezar a trabajar en un ministerio, dirigir un grupo
pequeño o casarte con la persona adecuada... ¿Acaso no
quiere Dios estas cosas para nosotros tarde o temprano?
Confiar en que Dios te concede las cosas en su momento
implica que crees que él no dejará que se te pase una
oportunidad, excepto si no quiere que la experimentes.

Padre, admito que me cuesta esperar para cualquier cosa.
Ayúdame a ser paciente y a confiar en que tú me darás
todo lo que necesito, cuando lo necesito.

¿Libres para....?

Les hablo así, hermanos, porque ustedes han sido llamados a ser libres; pero no se valgan de esa libertad para dar rienda suelta a sus pasiones. Más bien sírvanse unos a otros con amor.

GÁLATAS 5:13 (NVI)

¿Qué harías si tuvieras un día de libertad total? Todas tus obligaciones, limitaciones y compromisos desaparecen. ¿Te irías a un *spa*? ¿Saldrías de compras hasta que te dolieran los pies? ¿Montarías la fiesta del siglo? Si somos sinceros, seguramente a la mayoría de nosotros se nos han pasado por la cabeza este tipo de cosas.

Nuestro desafío como hijos del Todopoderoso es ver la libertad de otra forma. Pablo avisa a los gálatas de que deben considerar la libertad que tienen por el sacrificio de Cristo no como una licencia para hacer lo que quieran, sino para alcanzar a los demás. Libres de las restricciones de la ley del Antiguo Testamento, ahora ya no tenemos que preocuparnos de ser puros o de que nuestros vecinos lo sean. Ahora somos libres para suplir las necesidades que vemos a nuestro alrededor y para amar abierta y libremente a los demás.

Señor, enséñame cuál es la mejor forma en la que puedo servir a los demás. Ayúdame a usar mi libertad no para permitirme mis propios deseos egoístas, sino para entregarme a los que me rodean.

Nueva vida

Bueno es Jehová para con todos,
y sus misericordias sobre todas sus obras.
SALMO 145:9 (RV60)

¿Alguna vez te has quedado despierta en la cama por la noche pensando en los pecados de tu pasado y castigándote por decisiones que tomaste hace años? Si es así, no estás sola. Podemos ser muy duros con nosotros mismos, exigiéndonos casi la perfección.

Pero ¡buenas noticias! En cuanto aceptamos a Cristo como nuestro Salvador, somos hechos nuevos. No hay necesidad de seguir reprochándonos las decisiones que tomamos en el pasado. Él ha borrado nuestros pecados y nos ha hecho limpios. No tenemos que vernos desde nuestro antiguo punto de vista: ¡nuestra vida vieja ha desaparecido y ha empezado otra nueva!

Señor, te entrego todo mi pasado. Ayúdame a perdonarme a mí misma por mis anteriores errores y a ser consciente de que tú me has hecho nueva. Hoy quiero andar en esta libertad.

Perfecta

> Pues su divino poder nos ha concedido todo
> cuanto concierne a la vida y a la piedad, mediante el
> verdadero conocimiento de aquel que nos llamó
> por su gloria y excelencia.
> 2 PEDRO 1:3 (LBLA)

Todos somos profundamente conscientes de nuestras propias debilidades. Conocemos todos nuestros defectos demasiado bien, y nos marcamos como objetivo hacerlos desaparecer. Pero, por mucho que nos esforcemos, nunca podremos alcanzar la perfección.

A pesar de que muchos de nosotros somos conscientes de que nunca seremos perfectos, seguimos presionándonos de forma absurda. Ya sea con una tarea, nuestra personalidad o nuestra relación con Cristo, podemos frustrarnos fácilmente cuando buscamos la perfección pero no logramos alcanzarla. Pero si permitimos que el perfeccionismo sea lo que impulsa nuestras acciones, ahogaremos nuestro propio potencial y limitaremos nuestra efectividad.

Dios, tú me das la libertad de no ser perfecta. Tu poder se hace todavía más perfecto cuando se muestra sobre mi debilidad. Gracias porque, cuando yo me equivoco, tú tomas las riendas.

Gracia sobre gracia

Pues de su plenitud todos hemos recibido,
y gracia sobre gracia.
JUAN 1:16 (LBLA)

¿Sabes aquellos días en los que todo va sobre ruedas? Te
ha quedado el pelo maravilloso, haces una de tus tareas a
la perfección (ya sea una presentación al cliente, una hoja
de cálculo o conseguir que los gemelos se duerman a la
vez), le alegras el día a alguien con las palabras adecuadas
y entonces llegas a casa y está la cena preparada. Es una
bendición tras otra, gracia sobre gracia.

Ser hija del Todopoderoso nos permite tener esta
maravillosa sensación cada día, incluso en situaciones
normales o difíciles. Su amor es tan pleno y su gracia tan
infinita que, cuando su Espíritu vive en nosotros, incluso
una rueda pinchada puede parecerte una bendición.
¡Nuestro estatus como amados hijos del Rey lo garantiza!

*Dios, hoy veo la gracia que has derramado y te doy las
gracias por ella.*

El espíritu está dispuesto

Porque yo sé que en mí, es decir, en mi carne,
no habita nada bueno; porque el querer está presente
en mí, pero el hacer el bien, no.
ROMANOS 7:18 (LBLA)

Señor, sé qué es lo que tengo que hacer pero, simplemente, no me alcanzan las fuerzas. Probablemente nos habrá pasado esta frase por la cabeza en más ocasiones de las que nos gustaría admitirlo. No nos gusta reconocer que, a veces, no somos capaces de tomar la decisión correcta.

Pablo comprendía el conflicto interno al que nos enfrentamos a la hora de hacer lo correcto. Como nuevas creaciones en Cristo, existe en nosotros un deseo de hacer el bien; aun así, como parte de un mundo caído, nuestra naturaleza es también egoísta. ¿En qué dirección andaremos? Podemos optar por nuestro deseo de hacer lo correcto o por nuestras ganas de complacernos a nosotros mismos. Cuanto más dirijamos nuestra mente por el camino correcto, más fácil nos resultará andarlo.

Por encima de todo, Dios, ayúdame a recordar que el poder de Cristo me da fuerzas y que debo descansar en él para seguir tomando las decisiones adecuadas; a través de tu gracia podré superar este momento.

Vulnerabilidad

Dios se opone a los orgullosos,
pero da gracia a los humildes.
SANTIAGO 4:6 (NVI)

Algunos de los cambios más importantes (y que acaban siendo más maravillosos) de nuestras vidas vienen de momentos de vulnerabilidad: ponemos las cartas sobre la mesa y dejamos que otra persona sepa realmente cuán importante es para nosotros. Pero para ser vulnerable hace falta un ingrediente clave: la humildad. Y a veces la humildad puede ser un trago amargo.

¿A que en ocasiones nos es más fácil hacer ver que no ha habido ningún conflicto que enfrentarse al hecho de que hemos cometido un error y le hemos hecho daño a otra persona? No siempre es fácil humillarnos y luchar para terminar y resolver una discusión, especialmente cuando esto implica admitir nuestros fallos. ¿Quién eres tú cuando te enfrentas a un conflicto? ¿Evitas pedir perdón para guardar la compostura? ¿Tu orgullo se interpone y te impide ser vulnerable, o estás dispuesta y lista para humillarte y restaurar tu relación con los demás?

Dios, tú dices que concedes tu sabiduría y tu favor al humilde. Hoy yo me humillo para poder restaurar una relación. Muéstrame exactamente cómo lo tengo que hacer.

Todas las cosas son posibles

Y me ha dicho: Bástate mi gracia; porque mi poder se perfecciona en la debilidad. Por tanto, de buena gana me gloriaré más bien en mis debilidades, para que repose sobre mí el poder de Cristo.

2 Corintios 12:9 (RV60)

En medio de las situaciones difíciles, hay días en los que estamos tan agotados que sentimos que a duras penas podemos dar un paso más. El simple pensamiento de cocinar algo o, simplemente, de salir de la cama, nos parece casi imposible. Y ya no hablemos de responder con amabilidad cuando alguien dice o hace alguna tontería. O de ese proyecto que tendríamos que haber terminado hace dos semanas. Ni siquiera se nos pasa por la cabeza ir a ese evento al que tanto nos apetecía asistir. Es que ya no *podemos* más.

La buena noticia es que Dios no espera que seamos capaces de hacer todo esto. De hecho, ni siquiera quiere que lo hagamos. Cuando nos permitimos ser débiles en aquellos momentos en los que nos embarga el dolor, le damos a Dios la oportunidad de mostrar su fuerza. Y él aprovechará esta oportunidad cada vez que se la demos. No tenemos que ser capaces, sino solo estar dispuestos: Dios se encargará de todo lo demás.

Señor, te entrego todas estas tareas que hoy me parecen imposibles. Dame descanso en mi debilidad y concédeme la fuerza que necesito para hacer lo que tengo que hacer. Ayúdame también a decir que no a las cosas que pueden esperar.

Él es real

> Su divino poder, al darnos el conocimiento de aquel
> que nos llamó por su propia gloria y excelencia, nos ha
> concedido todas las cosas que necesitamos para vivir como
> Dios manda. Así Dios nos ha entregado sus preciosas y
> magníficas promesas para que ustedes, luego de escapar
> de la corrupción que hay en el mundo debido a los malos
> deseos, lleguen a tener parte en la naturaleza divina.
>
> 2 PEDRO 1:3-4 (NVI)

Las pruebas de autenticidad a menudo se hacen aplicando
algún tipo de fuerza o de sustancia a lo que se está
examinando. Para determinar si algo está hecho de oro
puro hay varias formas. Quizá la más sencilla es frotar el
oro sobre cerámica sin esmaltar: el color de la marca que
quede en la cerámica determinará la autenticidad del oro.
El oro de verdad deja una marca dorada, pero el falso
dejará rasguños negros. Es una analogía muy directa, ¿no?

En algún momento de nuestras vidas pasaremos por una
prueba de autenticidad. Puede que pasemos por varias, y
a diario. ¿Qué marca dejaremos cuando nos enfrentemos
a estas pruebas, cuando nos topemos con las dificultades?
Si somos cristianos auténticos, la marca que dejaremos
será dorada: la verdadera marca de Cristo.

*Dios, tú eres real y eres bueno. Nos has dado un ejemplo
de cómo seguir siendo auténticos en un mundo lleno
de fraudes y de engaños. Gracias por tus maravillosas y
preciosas promesas. Hoy resistiré en tus fuerzas.*

Acerquémonos con confianza

Así que acerquémonos con toda confianza al trono de
la gracia de nuestro Dios. Allí recibiremos su misericordia
y encontraremos la gracia que nos ayudará
cuando más la necesitemos.
HEBREOS 4:16 (NTV)

Imagínate que entras en el Palacio de Buckingham sin que
nadie te vea ni te prohíba pasar, sin llamar ni anunciarte,
y que sacas una silla y te sientas al lado de Su Majestad,
la reina de Inglaterra. «Vaya día que he tenido. No me ha
salido nada bien y encima el coche me hace un ruidito
rarísimo. ¿Me podrías echar una mano?».

¡Es una imagen que roza lo absurdo! Hay un protocolo
para ver a la realeza, con reglas que deben seguirse, sin
mencionar a los guardias armados que protegen cada
rincón. Pero hay un trono real al que podemos acercarnos
sin miedo o sin guardar la etiqueta. No hay guardias,
billetes para entrar, cerrojos ni restricciones. En este
trono está sentado el Dios de toda la creación, ansioso
por oír cómo te ha ido el día.

Dios, me acerco a tu trono de gracia y elevo mi voz a ti. Sé
que te encanta mi compañía y que quieres oír lo que quiero
decirte. Te pido que suplas todas mis necesidades y que me
guíes de la forma que sabes que es mejor para mí.

El Dios compasivo

Compasivo y clemente es el Señor, lento para la ira y
grande en misericordia.
SALMO 103:8 (LBLA)

Piensa en los israelitas cuando vagaban por el desierto:
Dios los había rescatado de la esclavitud y andaba delante
de ellos en una columna de fuego, cubriendo cada una
de sus necesidades y protegiéndolos. ¿Y qué le dieron a
cambio? Quejas.

Escucha los salmos de David, el hombre según el corazón
de Dios, en los que él deposita sus cargas a los pies de Dios,
alabando su majestad y poder. Pero ¿qué hizo David cuando
quiso algo que no podía tener? Robar, matar y mentir.

Pablo, que vivió una vida dedicada a predicar su amado
evangelio a personas de todos los lugares, compartió el
asombroso regalo de la gracia de Dios tanto a judíos como
a gentiles. Pero ¿quién era antes de su conversión? Un
asesino y perseguidor de cristianos empujado por el odio.

Dios ama a sus hijos, sean cuales sean sus pecados, su pasado
y sus errores. Este amor ha sido derramado sobre nosotros
de forma considerada y paciente. No se nos trata como
mereceríamos, sino según su tremendo amor por nosotros.

*Dios, gracias por tu compasión y misericordia. ¡Tú me
has perdonado y me amas con abundancia! Ayúdame a
meditar en esto hoy.*

Sin miedo

En esa clase de amor no hay temor, porque el amor perfecto expulsa todo temor. Si tenemos miedo es por temor al castigo, y esto muestra que no hemos experimentado plenamente el perfecto amor de Dios.
1 JUAN 4:18 (NTV)

El miedo asoma la cabeza de muchas formas: puede ser la araña que te espera en la bañera, el elevado puente que debes cruzar para ir a tu parque favorito o el fuerte ruido que se oye por la ventana de tu habitación en medio de la noche. El miedo puede atenazarte, paralizarte o aterrorizarte. Y, para otros, puede ser lo que los motiva a conquistar su debilidad.

Los seguidores de Jesús también tenían algo que les producía temor: ¿qué iba a pasar el día del juicio final? ¿Era la muerte de Jesús suficiente para cubrir sus pecados por completo y garantizarles la eternidad en los cielos? Juan dice que estos temores son miedo al castigo. Pero no hay lugar para el temor al lado del amor perfecto y, si permanecemos en el amor de Jesús, entonces el amor perfecto mora en nosotros. El miedo tendrá que lanzar la toalla.

Jesús, sé que no debo tener miedo a ninguna cosa porque tú lo superaste todo en la cruz. Puedo descansar tranquila en tu amor perfecto, ahora y por toda la eternidad.

22 DE ABRIL

Andar confiada

Sé tú mi roca de refugio adonde pueda
yo siempre acudir; da la orden de salvarme,
porque tú eres mi roca, mi fortaleza.
SALMO 71:3 (NVI)

Ese día había mucho movimiento en el parque: madres
con los carritos de sus bebés, corredores resoplando
por los senderos, niños con bates y guantes de béisbol
dirigiéndose a los campos abiertos y parejas paseando,
tomadas de la mano, bajo las frondosas ramas de los
árboles. Si observas con atención, puedes averiguar
muchas cosas de una persona. Lo más revelador es su
postura. Aquel hombre sentado en el banco, encorvado,
parece desanimado. Una corredora levanta la cabeza hacia
el sol, esperanzada, mientras que los ojos de una madre no
dejan de mirar de un lado a otro con nerviosismo.

Se ve muy claramente si nuestras esperanzas han
acabado hundiéndose en las arenas movedizas y no
encontramos paz, consuelo ni refugio protector ante lo
que nos angustia. Se nos arruga la frente, andamos sin
rumbo y nos estrujamos las manos con fuerza. Hemos
perdido la confianza. ¿Qué ves cuando te miras en el
espejo? ¿Arrugas de preocupación o de tanto reír? ¿Se te
nublan los ojos de la ansiedad o te brillan con ilusión? ¿Te
sientes insegura o confiada? Dios es la roca sobre la que
puedes plantar con firmeza todas tus esperanzas.

Padre, levanto a ti mis ojos hoy y ando con confianza. Tú
eres la única esperanza y seguridad que necesito.

Constancia en medio del cambio

Se desató entonces una fuerte tormenta, y las olas azotaban la barca, tanto que ya comenzaba a inundarse. Jesús, mientras tanto, estaba en la popa, durmiendo sobre un cabezal, así que los discípulos lo despertaron. —¡Maestro! —gritaron—, ¿no te importa que nos ahoguemos? Él se levantó, reprendió al viento y ordenó al mar: —¡Silencio! ¡Cálmate! El viento se calmó y todo quedó completamente tranquilo. —¿Por qué tienen tanto miedo? —dijo a sus discípulos—. ¿Todavía no tienen fe?
MARCOS 4:37-40 (NVI)

A veces tardamos en adaptarnos a los cambios de cada situación. Los marineros necesitan tiempo para conseguir tener «piernas de mar»; los escaladores descansan para adaptar sus pulmones a los cambios de altitud y los buceadores vuelven poco a poco a la superficie para regular la presión. Incluso adaptarnos al cambio horario nos puede llevar algo de tiempo.

Durante su tiempo con Jesús, los discípulos tuvieron que adaptarse rápidamente a situaciones radicales. Una niña resucita, la magra comida de un niño se multiplica y un demonio es arrojado a una piara de cerdos que acaban por lanzarse por un precipicio. ¿Crees que podrían haberse levantado por la mañana lo suficientemente preparados para ver tales cosas? Parece que los discípulos jamás acabaron por adaptarse del todo a la imprevisibilidad de la vida con Jesús. ¿Y tú?

Dios Padre, independientemente de los cambios a los que me enfrente, puedo andar con la confianza de que tú estás conmigo. Tú estás preparado para todo; eres firme en la tormenta y no permitirás que me ahogue.

Encontrar contentamiento

No lo digo porque tenga escasez, pues he aprendido a contentarme, cualquiera que sea mi situación. Sé vivir humildemente, y sé tener abundancia; en todo y por todo estoy enseñado, así para estar saciado como para tener hambre, así para tener abundancia como para padecer necesidad.

FILIPENSES 4:11-12 (RV60)

La clave para conseguir el contentamiento en medio de las pruebas es confiar en que tus necesidades serán suplidas. La confianza elimina este abanico que va de «ahora la vida es buena» hasta «ahora la vida es mala». Con la confianza puesta en Jesús, todo lo que se vive en su fuerza es contentamiento. Todo es satisfacción. Todo es un cumplimiento de su promesa de que seguirlo nos dará justo lo que necesitamos.

El contentamiento crece en medio del desasosiego. Encontramos el gozo a pesar de los problemas con los que nos topamos por todas partes. Una vida de fe que prospera en medio de las ruinas. El consuelo que encontramos si confiamos en el Padre para todo. No necesitamos las trampas y el brillo de lo temporal. Ya sea que lo tengamos todo o no tengamos nada, lo entregamos todo a cambio de lo eterno.

Dios, dame fuerzas para soportar mi recorrido por esta vida gracias a la esperanza y la promesa de mi existencia eterna. Creo que tú suplirás todas mis necesidades. Confío en que tú me darás contentamiento hoy.

Por el buen camino

Muéstrame, oh Jehová, tus caminos; enséñame tus sendas. Bueno y recto es Jehová; por tanto, él enseñará a los pecadores el camino. Encaminará a los humildes por el juicio, y enseñará a los mansos su carrera.
FILIPENSES 4:11-12 (RV60)

Un GPS no es nada comparado con Dios. Usamos satélites porque queremos saber adónde vamos, cuánto tardaremos en llegar y cuántos kilómetros tendremos que recorrer en nuestro viaje. Aun así, nuestras vidas no cuentan con coordenadas que puedan usarse en las guías digitales de hoy en día. Solo nuestro amoroso y fiel Dios nos dirige en la dirección en la que realmente tenemos que ir. Él *enseña a los pecadores*, que aprenden con humildad a ser *buenos y rectos*.

Si sigues las indicaciones del mundo, este puede decirte que gires a la izquierda… y meterte de cabeza en un pantano embarrado. Los satélites no son tan precisos como las instrucciones perfectas de Dios. Si guardamos su pacto y sus testimonios, no nos desviaremos del camino correcto. Con Dios, tanto el camino como el destino valen la pena. Si guardamos su pacto y sus testimonios, recibiremos las promesas que él nos da en su Palabra.

Dios, haz que no me aparte del camino correcto. Gracias por tu fidelidad hacia mí. Si me alejo, tú me guías suavemente de vuelta y me restauras para que vuelva a tener una buena relación contigo.

Ser valiente

> Así que seguimos orando por ustedes, pidiéndole a
> nuestro Dios que los ayude para que vivan una vida digna
> de su llamado. Que él les dé el poder para llevar a cabo
> todas las cosas buenas que la fe los mueve a hacer.
>
> 2 TESALONICENSES 1:11 (NTV)

El coraje a menudo se asocia con actos de valentía que
desafían la experiencia humana normal: lanzarse a las llamas
para salvar a un niño, saltar a un río de aguas embravecidas
para rescatar a alguien o perseguir a un ladrón para
recuperar un bolso robado. Pero la valentía no siempre
parece tan heroica. Ser valiente es no ceder terreno cuando
tienes ganas de echarte a correr; es decir que sí a algo que
sientes que Dios te está diciendo que hagas a pesar de no
estar del todo segura de poder conseguirlo.

El coraje puede ser decirle a alguien que no quieres oír sus
opiniones negativas sobre otros. Puede ser compartir tu
testimonio en una habitación llena de gente… o con solo
una persona. A veces hace falta valor simplemente para
salir de casa. Si ponemos nuestra confianza y esperanza
en Dios, él nos dará el coraje necesario para hacer todas
las tareas que nos encomienda. Y si eso incluye hacer algo
heroico, ¡genial! Pero no subestimemos la importancia de
andar con valentía también en las cosas pequeñas.

Señor, hay muchas cosas en la vida para las que tengo
que andar con valentía. Algunas son pequeñas y otras,
heroicas. Infúndeme el coraje necesario para cada
situación, para poder dar gloria a tu nombre.

Depender de Dios

Sean fuertes y valientes. No teman ni se asusten ante esas naciones, pues el Señor su Dios siempre los acompañará; nunca los dejará ni los abandonará.
DEUTERONOMIO 31:6 (NVI)

Muerte e impuestos. Se dice que estas son las dos cosas seguras en esta vida. Eso sin mencionar a ese vecino que se olvida de devolverte el taladro (otra vez), la luz de reserva del depósito parpadeando cuando llegas tarde a trabajar (otra vez) y la espontánea y alegre visita que llama a la puerta cuando todavía estás en pijama a las 3 de la tarde (otra vez). ¡Está claro que la imprevisibilidad es algo que también tendremos con seguridad en esta vida!

Cada situación imprevisible, cada decepción, retraso e interrupción nos permite aferrarnos, con más confianza, a la fidelidad de Dios. Él es la roca sólida sobre la que podemos plantar los pies con firmeza. Él es constante y leal, y nos pide que confiemos en sus promesas. Dios nos manda que no tengamos miedo ni nos dejemos aterrorizar; si eso no fuera posible, no nos lo pediría. Él nos asegura que siempre estará con nosotros, vayamos donde vayamos. Si no fuera así, no nos lo prometería.

Gracias, Señor, porque cuando la vida es impredecible yo puedo seguir dependiendo de ti. Tú siempre estas cerca de mí. Ayúdame a aferrarme a ti cuando todo lo demás está temblando.

Mantén el rumbo

¿No saben que en una carrera todos los corredores
compiten, pero solo uno obtiene el premio? Corran, pues,
de tal modo que lo obtengan. Todos los deportistas
se entrenan con mucha disciplina. Ellos lo hacen para
obtener un premio que se echa a perder; nosotros, en
cambio, por uno que dura para siempre.
1 CORINTIOS 9:24-25 (NVI)

Los corredores son seres humanos que han conseguido
dominar la escurridiza habilidad del autocontrol. Cuentan
con la fuerza de voluntad para superar el dolor físico y
el cansancio. Tienen la resistencia necesaria para seguir
corriendo a pesar de los músculos agotados, la falta de
aliento y los pies de plomo. Tienen la habilidad de seguir
adelante con el plan. Así que lo hacen.

Correr esta carrera es el mayor desafío de tu vida.
Necesitas autocontrol, motivación y resistencia. Necesitas
someterte al entrenamiento: ponerte la ropa de deporte
cada día, atarte bien las zapatillas y no desviarte del
rumbo. ¡Decídete a correr la carrera para ganar!

*Dios, ayúdame a ver la vida a través de tus ojos. Haz que
esto me motive para mantener el rumbo. Aleja de mí las
cosas que me estorban a la hora de ponerme las zapatillas
y salir a correr.*

Calma mi corazón

Cuando cruces las aguas, yo estaré contigo; cuando cruces los ríos, no te cubrirán sus aguas; cuando camines por el fuego, no te quemarás ni te abrasarán las llamas.
ISAÍAS 43:2 (BAD)

Cuando se abren las puertas del hospital y no estamos seguros de las noticias que vamos a recibir, Dios es compasivo. Cuando el jefe nos dice que vayamos a su despacho y el despido es una posibilidad real, Dios es tierno. Cuando volvemos a casa tarde por la noche y descubrimos que han robado o destruido nuestros bienes más preciados, Dios nos consuela. A Dios le importamos profundamente.

Hay quien ve a Dios como un ser distante, vengativo o condenador. Otros creen que es tierno, amable y atento. Hay veces en las que las circunstancias pueden ser abrumadoras. La ansiedad nos invade por completo y nos sentimos solos y aislados. Pero no permitas que las dudas arraiguen en tu corazón; él es un Dios a quien le importas profundamente, que te ama completamente y que permanece fiel, siempre a nuestro lado en los momentos de dificultad. Aunque nuestras penas nos puedan sobrepasar, él es el consuelo que necesitamos.

Dios, decido tomar tu mano, que me ofreces en amor, y notar ese tacto que tanto me consuela. Soy consciente de tu fidelidad. Haz que esta calme mi corazón. Tú estás conmigo y no me ahogaré ni seré consumida por el fuego. Me aferro a tus promesas hoy.

Mi confianza

Porque mis pensamientos no son vuestros pensamientos,
ni vuestros caminos mis caminos, dijo Jehová. Como son
más altos los cielos que la tierra, así son mis caminos más
altos que vuestros caminos, y mis pensamientos más que
vuestros pensamientos.

ISAÍAS 55:8-9 (RV60)

En momentos de guerra, los estrategas aprovechan el
terreno elevado como ventaja. Ver el campo de batalla
desde arriba es la mejor forma de formular el plan de
ataque para sus tropas. Antes del uso de los satélites y de
la visión térmica, solo se podía ver aquello que quedaba a
ras de suelo, con lo que los estrategas se veían obligados
a utilizar cualquier información que les proporcionaran
los mapas y los espías para predecir los movimientos del
enemigo y posicionar a sus hombres.

Nuestras vidas, de una forma similar, se benefician de
contar con un punto de vista más elevado. Cuando nos
alzamos por encima de estas circunstancias y dejamos
de ver la vida desde nuestra perspectiva ansiosa, ávida y
agobiada para empezar a ver las cosas como Dios las ve, la
batalla de la vida deja de ser tan intimidante y las promesas
de la eternidad empiezan a perfilarse ante nuestros ojos.

*Dios, sé que tienes un plan para mi vida, pero a veces me
cuesta verlo. Ayúdame a apartar la vista de todas mis
dificultades, a elevar los ojos y a creer que tú me dirigirás
con seguridad a la victoria.*

Mayo

ESTO SIGNIFICA QUE TODO EL QUE
PERTENECE A CRISTO SE HA CONVERTIDO
EN UNA PERSONA NUEVA. LA VIDA
ANTIGUA HA PASADO; ¡UNA NUEVA VIDA
HA COMENZADO!

2 CORINTIOS 5:17 (NTV)

Consuelo

Mas tú, oh Señor, eres escudo en derredor mío,
mi gloria, y el que levanta mi cabeza.
SALMO 3:3 (LBLA)

Imagínate a una chica joven corriendo en una carrera. Arranca la carrera de una forma espectacular después del disparo de salida. Consigue abrirse paso hasta situarse al frente en cuestión de segundos y marca un ritmo con el que cuesta competir. Pero, ya en la última vuelta, cuando no le queda nada para llegar a la línea de meta, tropieza. Intenta recuperar el equilibrio desesperadamente, pero es demasiado tarde. Se da de bruces contra el suelo. Con valentía se pone en pie de un brinco y corre a toda prisa los últimos metros para terminar la carrera. Queda en cuarto lugar.

Cabizbaja, con las rodillas en carne viva y la vista empañada por las lágrimas, se dirige hacia su entrenador. Él le levanta suavemente la barbilla hacia el sol y le limpia las lágrimas que le corren por las mejillas. A la joven le empieza a temblar el labio inferior, pero el entrenador le asegura que todo va a salir bien. Que la vida está llena de momentos difíciles que nos toman por sorpresa, pero que también está repleta de segundas oportunidades. «No te rindas», le dice, «yo no te abandonaré».

Dios, las veces en las que me he rendido, he huido, he perdido el rumbo o he tropezado y caído, tú no me has abandonado. Cuando acudo a ti cabizbaja, tú me levantas la cabeza, me miras profundamente a los ojos y me susurras tiernas palabras de compasión que me llegan a los lugares más profundos del corazón. Soy realmente afortunada.

Coraje sobrenatural

Mi ardiente anhelo y esperanza es que en nada seré
avergonzado, sino que con toda libertad, ya sea que yo
viva o muera, ahora como siempre, Cristo será exaltado
en mi cuerpo.
FILIPENSES 1:20 (NVI)

Se trata de una afirmación bastante atrevida y que
quedó ejemplificada en la vida de Vibia Perpetua, una
noble casada y mártir cristiana que murió a los 22 años
en la Roma del siglo III. Perpetua fue arrestada por
su profesión de fe en Cristo y la amenazaron con una
espantosa ejecución si no renunciaba a su fe. Tenía
razones de peso para hacerlo como, por ejemplo, ¡un hijo
al que todavía no había destetado!

El martirio de los primeros cristianos no solo implicaba una
muerte por la profesión de fe, sino que iba acompañado
de humillaciones y torturas infligidas en la arena, con
espectadores celebrando el fallecimiento de las víctimas.
Aun así, Perpetua mostró una tremenda fortaleza en sus
momentos finales. Lee su historia y tendrás que admitir
que es imposible que tal valentía surja de forma natural en
el ser humano: su valor tuvo que provenir de Dios.

*Señor, eso de tener coraje, ser valiente, mantenerse firme…
no sé hasta cuándo podré conseguirlo. Necesito de tu fuerza
sobrenatural para ayudarme a andar a través de mis difíciles
circunstancias. Sé que tú me escuchas y que me ayudarás.*

Mi libertador

Puse en el Señor toda mi esperanza; él se inclinó
hacia mí y escuchó mi clamor.
SALMO 40:1 (NVI)

Dios nos ama con un amor tan dispuesto a sacrificarse
que escapa a nuestra comprensión humana, sobrepasa
a nuestro egoísmo humano y humilla a nuestro orgullo
humano. A través del sacrificio de su único Hijo,
Jesucristo, la humanidad fue librada del destino de
separación eterna de Dios.

Cuando estamos separados, oprimidos y desesperados,
Él nos oye llorar. Cuando nos sentimos olvidados y
desesperados, él nos consuela en nuestra soledad. Y
cuando, debido a nuestro propio pecado, nos volvemos
malvados y depravados, él nos limpia de todo lo ofensivo
que hay en nosotros y nos hace dignos de gloria.

Gracias, Señor, por escucharme y por venir a rescatarme.
Tú me has librado. Tú me mantienes firme y segura. Haz
que hoy la canción de mi corazón sea un mensaje que
llegue a muchos.

Todas las cosas bellas

Dios hizo todo hermoso en su momento,
y puso en la mente humana el sentido del tiempo,
aun cuando el hombre no alcanza a comprender la obra
que Dios realiza de principio a fin.
ECLESIASTÉS 3:11 (NVI)

Probablemente todos hemos oído a un hombre mayor declarar que su mujer es todavía más bella que el día en que se casaron. Y seguramente pensamos que le harían falta unas gafas. Lo que no somos capaces de comprender en nuestra sociedad, obsesionada por el aspecto y los retoques, es que el tiempo realmente sí que hace que las cosas sean más bellas. Para ser más precisos, el tiempo nos da una mejor perspectiva de cuál es la verdadera definición de la hermosura. Pasar tiempo con aquellos a los que amamos nos da un atisbo de lo profunda que es la belleza del interior. Así que, aunque el aspecto exterior vaya deteriorándose, hay una belleza tremendamente abundante en el interior.

La Palabra de Dios dice que él hace todas las cosas hermosas en su momento. *Todas* las cosas. Sea cual sea la situación a la que te enfrentes ahora, hay en ella el potencial de crear belleza en ti. Perseverancia, humildad, gracia, obediencia… Todas estas cosas son hermosas. Pero hay más. ¡La belleza que Dios crea en nosotros no se puede describir completamente en términos humanos! Hay una hermosura eterna por encontrar.

Dios, cuando me enfrento a desafíos, quiero correr hacia ti y sentarme en tu presencia. Cuando permanezco ahí, reflejo tu carácter. Ayúdame a permitir que las dificultades en la vida se conviertan en un catalizador de la belleza real.

Confiada en la roca

Por medio de Cristo, han llegado a confiar en Dios.
Y han puesto su fe y su esperanza en Dios,
porque él levantó a Cristo de los muertos
y le dio una gloria inmensa.
1 PEDRO 1:21 (NTV)

Manteniendo el equilibrio al borde de un precipicio, una escaladora se aferra a las cuerdas. Muy por debajo las olas rompen contra las rocas, salpicándole los pies de espuma. La joven mira hacia arriba, a su guía, plantado con firmeza y agarrando con fuerza la cuerda, y después observa la anilla de reunión clavada en la roca. Con un impulso decidido, sus piernas la lanzan hacia adelante, al vacío, y desciende hacia el mar.

Por supuesto, ella confía en el guía. La firmeza de su agarre, sus años de experiencia, su habilidad y su conocimiento del terreno la han convencido completamente de que podrá bajar en rapel con seguridad hasta el fondo del acantilado. Pero es en la roca, agujereada por la anilla de reunión que tiene clavada, donde ella deposita realmente su fe. La roca no fallará, no se romperá y nunca se tambaleará bajo su peso.

Dios, confío en ti. Mientras salto (y a veces tropiezo) por los acantilados de la vida, tú eres mi ancla y mi única esperanza. Puedo brincar fácilmente desde cualquier altura, consciente de que tus fuertes brazos de amor me rodearán. Llegaré a mi destino.

Una fidelidad sin igual

> Tu misericordia, oh Señor, se extiende hasta
> los cielos, tu fidelidad, hasta el firmamento.
> SALMO 36:5 (LBLA)

Pocas historias de amor muestran una fidelidad mayor que la de Oseas, el profeta. Se le encomendó una tarea al parecer bastante injusta: tomar a una prostituta por mujer y comprometerse a amarla. Oseas vio cómo su esposa, la madre de sus hijos, decidía abandonar a la familia y volver a su vida de prostitución. Pero la historia no termina aquí. Oseas salió en busca de su esposa y, tras encontrarla sumida en el desenfreno, *pagó* para poder traerla de vuelta con él a casa: culpable, rota y sucia. Parecería una historia de amor eterno si se hubiera dado de forma natural. Pero la situación resulta todavía más inconcebible si tenemos en cuenta que Oseas era consciente de que todo esto iba a pasar.

Suena bastante familiar, ¿no? Jesús, con la misión que le había confiado su Padre, nos persiguió hasta que decidimos ser *suyos*. Pero parece que somos completamente incapaces de mantenernos apartados de este mundo desastroso. Jesús no se rinde. Vuelve a venir a buscarnos. El precio que pagó para restaurar nuestra relación fue su vida. Lo entregó todo para llevarnos de vuelta a casa. Esto es fidelidad en su máxima expresión.

Dios, ayúdame a no medir tu fidelidad a partir de la poca que tengo yo. La tuya es inacabable. Elijo creer que tú sigues amándome a pesar de mis fallos.

Berrinches

> ¿Qué es lo que causa las disputas y las peleas entre ustedes? ¿Acaso no surgen de los malos deseos que combaten en su interior? Desean lo que no tienen, entonces traman y hasta matan para conseguirlo. Envidian lo que otros tienen, pero no pueden obtenerlo, por eso luchan y les hacen la guerra para quitárselo. Sin embargo, no tienen lo que desean porque no se lo piden a Dios.
> SANTIAGO 4:1-2 (NTV)

Los berrinches se dan en los adultos con tanta frecuencia como en los niños; simplemente, adoptan otra forma. Los niños no han aprendido a dominar sus gritos y patalees de frustración o enfado, mientras que los adultos muestran un comportamiento más contenido. Pero el corazón es el mismo y la reacción surge de las mismas provocaciones.

Santiago va directo a la esencia del pecado. Cuando queremos algo y no lo podemos tener, nos entra una rabieta. ¡La cosa es muy sencilla! Observa a un niño y pronto podrás ver esto en acción. Si te fijas en un adulto, quizá te costará más discernirlo, pero por desgracia esto está en todos nosotros. ¡Gracias, Dios, por tu inacabable provisión de gracia!

Te alabo, Dios, por tu maravillosa gracia, que me extiendes incluso en medio de mis berrinches. Me acerco a ti en busca de tu gracia, que limpia y purifica. Lávame hoy.

Mi libertad

Porque también la creación misma será libertada
de la esclavitud de corrupción, a la libertad gloriosa
de los hijos de Dios.

ROMANOS 8:21 (RV60)

Hay algunos días que empezamos la jornada con alabanzas en los labios y cantándole a Dios en nuestro corazón. La humildad nos cubre como una tela de terciopelo: suave, delicada y gentil. La verdad de Dios retumba en nuestra cabeza: «¡Dios es bueno! ¡Dios es bueno! ¡Soy libre!», y ni toda la oscuridad del mundo entero podría apagar esta estrofa. Pero otros días empiezan trasteando con el botón del despertador para tener cinco minutos más de sueño, ignorando la ocasión de reunirnos con él en la silenciosa tranquilidad de la mañana. El orgullo se vuelve nuestro escurridizo compañero, exigente, amargo y feo, y nos preguntamos si algún día seremos capaces de disfrutar de Dios otra vez. Nos sentimos atados.

Estos altibajos deberían parecernos ya bastante familiares, pero ¿algún día llegaremos a acostumbrarnos a vivir una vida santa que coexiste con nuestra carne? Un día glorioso, la carne dará paso a la libertad y ya no tendremos que convivir con ella. Solo quedará lo santo. Solo quedarán las alabanzas de nuestros labios y la canción de nuestro corazón, el cantar eterno de su bondad y el roce suave del terciopelo cuando nos sentemos ante su trono celestial.

Dios, sé que tú quieres que yo descanse en tu presencia.
Eres fiel y tierno. Cuando paso tiempo contigo, no necesito
esconderme. Puedo ser exactamente quien soy y decir lo
que necesito decir. Gracias.

El amigo perfecto

Mira que estoy a la puerta y llamo.
Si alguno oye mi voz y abre la puerta,
entraré, y cenaré con él, y él conmigo.
APOCALIPSIS 3:20 (NVI)

Dios te creó para que tuvieras una relación con él, igual que creó a Adán y Eva. Él se deleita en tu voz, tu risa y tus ideas. Él ansía la comunión contigo. Cuando la vida se pone difícil, ¿corres a él con tus frustraciones? Cuando estás abrumada por la tristeza o la aflicción, ¿acudes a él para entregarle tu dolor? En medio del enfado o la frustración, ¿le pides a él que te libere? Él es un amigo que nos ofrece todo esto (¡y mucho más!) en misericordia y amor. Él es digno de nuestra amistad.

La amistad que nos ofrece es un regalo de un valor incalculable. No hay nadie como él; de hecho, no hay nadie tan digno de nuestra comunión como el Dios todopoderoso, nuestro Creador y Redentor. Entrena tu corazón para que acuda siempre en primer lugar a Dios con tu dolor, tu gozo, tu frustración y tu emoción. ¡Su amistad nunca te decepcionará!

Dios, tú eres el amigo perfecto. Si pienso en todo lo que necesito en una amistad, sé que lo puedo encontrar en ti. Gracias porque tu amistad sobrepasa todas mis expectativas.

Él me da gracia

Pero él da mayor gracia. Por esto dice: Dios resiste a los
soberbios, y da gracia a los humildes.
SANTIAGO 4:6 (RV60)

Quizá has oído historias de personas que sufren tragedias
o desgraciadamente tú misma has tenido que pasar
por una. Sea lo que sea, si te hubieran dicho que tú te
encontrarías en este tipo de situación, seguramente
hubieras pensado: «Es imposible. Yo jamás podría superar
esto de ninguna manera». Y tendrías razón. No serías
capaz. ¿Y por qué? Pues porque todavía no habrías
recibido la gracia necesaria para poder hacerlo.

¿Realmente creemos que las personas que pasan por
tragedias y acaban saliendo fortalecidas son muy distintas
a nosotras? ¿Que, de algún modo, son sobrehumanas?
Pues no, no lo son. Simplemente tuvieron que llegar a un
punto en el que reconocieron su necesidad desesperada
de la gracia de Dios en sus circunstancias… y pidieron que
les fuera concedida.

*Gracias, Señor, porque no me pides que pase por las
temporadas de dificultades yo sola. Tú me das tanta
gracia como necesite para cada situación. Ayúdame a
ser lo suficientemente humilde como para admitir que
necesito tu ayuda y que no puedo superar por mí misma
las adversidades.*

Mi guía

> Todas las sendas de Jehová son misericordia
> y verdad, para los que guardan su pacto y sus testimonios.
> SALMO 25:10 (RV60)

Hay una tira cómica de *The Family Circus* en la que le piden a uno de los hijos que saque la basura. En la imagen se ve entonces el embrollado y errático recorrido que sigue el niño hasta llegar a su destino final. Salta por encima de los sofás y pasa a través de las ventanas, bajo la carretilla, alrededor de los árboles y entre sus hermanos; todo para llegar al contenedor de basura que lo espera fuera de casa.

A veces nuestras vidas pueden ser algo parecido: impredecibles, ilógicas e incoherentes. Los cambios en nuestro trabajo, matrimonio, familia o iglesia pueden hacer que el camino parezca irracional, desigual y confuso. Pero Dios nos ha hecho la promesa de una senda que no cambia jamás si guardamos su pacto. Si examinamos nuestras vidas a través de nuestra perspectiva humana limitada, el camino parece confuso. ¡Pero la guía de Jesucristo es eterna!

Dios, tú has elegido mi camino y has puesto mis pies sobre él. Sé que es un camino de amor y fidelidad. Confío en ti incluso cuando mi camino parece desvanecerse. Aunque pueda resultar algo incómodo a veces, sigo confiando en ti; tú eres perfecto y eres bueno.

Sanador

Y Jesús le dijo: Hija, tu fe te ha sanado;
vete en paz y queda sana de tu aflicción.
MARCOS 5:34 (LBLA)

Aquella mujer de en medio de la multitud llevaba
sufriendo más de una década. Se había gastado todo el
dinero en médicos pero, en vez de hallar sanación, estaba
peor que nunca. Tenía una sola esperanza, y alargó la
mano hacia Jesús cuando este pasaba a su lado en medio
de la gente. Ella creía que con solo tocar su manto (¡ya ni
siquiera su santa mano!) conseguiría la sanación que tanto
deseaba. En la breve (pero preciosa) respuesta de Jesús
vemos qué siente su corazón hacia ella: «Hija, ¡me encanta
tu fe! Has venido al lugar correcto para recibir sanación; lo
sé todo sobre ti, sobre el dolor que has sufrido. Como has
creído en mi amor por ti, ahora eres sanada. Ve en paz».

A menudo nos obsesionamos con cuidar de nuestras
propias heridas para conseguir superar un día más. Puede
que sean físicas, emocionales, mentales o espirituales,
y quizá hemos intentado sanarlas de todas las formas
posibles. En vez de ello, ¿por qué no decidimos dirigirnos
a aquel que puede curarnos por completo?

Padre, tú conoces mis cargas. Creo que tú eres bueno y
que me puedes sanar. Pongo mi fe en ti y te pido que me
vuelvas a hacer una persona completa.

Él es mi esperanza

Cuentas con una esperanza futura,
la cual no será destruida.
PROVERBIOS 23:18 (NVI)

Abraham creyó en lo que Dios le había prometido. Sus circunstancias hacían que fuera totalmente ridículo pensar que él pudiera tener un hijo. A efectos prácticos era como si ya hubiera muerto sin herederos. Su propia esposa se rio ante la idea de que ella, una mujer de noventa años, con el cuerpo envejecido y estéril, pudiera amamantar a su propio hijo. Y aun así, Dios lo había dicho; el mismo Dios que puede devolver la vida incluso a los muertos y crear de la nada cosas que todavía no existen.

La esperanza empieza con las promesas de Dios. Si las dudas, la desesperación o el desánimo amenazan con invadir tu alma, cobra aliento. Tenemos un Dios que ya ha pronunciado palabras de vida y que ciertamente nos revivirá y llevará en sus brazos. La esperanza es creer en la Palabra de Dios y confiar en que todo lo que él ha dicho es verdad.

Dios, tú eres el ancla en la que confío. Tengo la certeza de que tú harás todo lo que has dicho, incluso aquello que parece imposible. Elijo creer que tú cumplirás tus promesas.

Mi inspiración

Los preceptos del Señor son rectos: traen alegría al corazón.
El mandamiento del Señor es claro: da luz a los ojos.
SALMO 19:8 (NVI)

Los niños a menudo le dan vueltas a cómo debe de ser el
rostro de Dios, imaginando qué aspecto tendrá y cómo
sonará su voz. *¡Quiero ver a Dios! ¿Dónde está?* Ay, sí, eso
me pregunto yo, cariño, ¿dónde está? Dios está en la
belleza, presumiendo para que lo veas. Cuando ves algo
bonito, estás viendo la obra de tu papá. Cuando sujetas
a un bebé recién nacido y levantas la mirada y dices,
maravillada, «¡Veo a Dios!», realmente Dios está aquí.

Esta inspiración es un círculo virtuoso. Ante tantos regalos
preciosos (colores vibrantes, explosiones de sabores,
calidez que nos arropa, melodías que nos conmueven y
belleza inimaginable), nuestro corazón no puede evitar
reaccionar en consecuencia. Y nuestra inspiración se
expresa mediante preciosas ofrendas de alabanza para
nuestro Creador. ¡Incluso sus mandamientos, sus leyes
y sus directrices son de inspiración! Sus actos de amor y
sus instrucciones sinceras, que el salmista describe como
rectos y radiantes, nos protegen. Y también nos acercan
más a nuestro Padre y nos dan gozo y luz.

*Dios, me someto en oración a tu liderazgo y a los preciosos
regalos que tienes planeados para mí. Tú eres mi inspiración.
¡Te veo en la hermosura de todo lo que me rodea!*

Me conoce por mi nombre

Oh Señor, has examinado mi corazón y sabes
todo acerca de mí. Sabes cuándo me siento y cuándo
me levanto; conoces mis pensamientos aun cuando me
encuentro lejos. Me ves cuando viajo y cuando descanso
en casa. Sabes todo lo que hago. Sabes lo que voy a decir
incluso antes de que lo diga, Señor.
SALMO 139: 1-4 (NTV)

Hay personas a quienes se les dan fatal los nombres,
especialmente si son tus padres: seguro que alguna vez
se han dirigido a ti mencionando todos los nombres de tu
familia (¡e incluso el del perro!)… ¡y ellos son quienes te
pusieron el nombre!

Puede que miles de personas tengan *tu* nombre o puede
que quizá haya solo un puñado. Sea como sea, esto a Dios
no le afecta: cuando te acercas a él, el Señor no intenta
adivinar tu nombre (a ver si, por suerte, acaba dando con
él). Él sabe exactamente quién eres y por qué acudes a él.
Sabe por qué llevas tanto tiempo alejada de él. Conoce
tu necesidad más profunda, tú herida más dolorosa y tus
pensamientos más oscuros. Y, aun así, te ama.

*Dios Padre, me conoces de verdad. Y, aunque me conoces,
sigues amándome. Gracias por el corazón que tienes por mí.*

Mi gozo

Así que alégrense de verdad. Les espera una alegría inmensa,
aunque tienen que soportar muchas pruebas por un tiempo
breve. Ustedes aman a Jesucristo a pesar de que nunca lo
han visto. Aunque ahora no lo ven, confían en él y se gozan
con una alegría gloriosa e indescriptible.

1 PEDRO 1:6, 8 (NTV)

La vida está llena de pena y dolor. Jesús, a quien la Biblia
describe como varón de dolores y experimentado en
quebranto, conocía bien el duelo y el llanto. Incluso en una
ocasión declaró, en agonía, que se hallaba triste hasta la
muerte. Jeremías lloraba diciendo que su dolor no tenía
remedio y que su corazón estaba destrozado. Pablo llevaba
cargas que sobrepasaban tanto sus propias fuerzas que
perdió la esperanza de salir con vida. Las páginas de Salmos
rezuman con el dolor de David, y Job llegó incluso a decir
que desearía haber muerto al nacer.

¿Puede encontrarse gozo dentro del desgarrador dolor
de la pérdida? La forma más pura del gozo a menudo se
experimenta entre los brazos del dolor. El gozo fluye en
medio de la oscuridad cuando confiamos en los caminos
perfectos de Dios. El gozo es aferrarnos a nuestro Salvador
con el conocimiento de que Jesús sigue siendo quien dice
ser, incluso cuando nuestro dolor parece sobrepasarnos
por completo. El gozo es acudir a la cruz de Cristo para
sostenernos, darnos esperanza y recibir su gracia y
misericordia para los días que nos quedan por delante.

*Dios, ayúdame a experimentar gozo cuando esté
atravesando dificultades. Sé que tú estás conmigo
y que me sostienes en tus brazos.*

Dios es justo

> No respondía cuando lo insultaban ni amenazaba con vengarse cuando sufría. Dejaba su causa en manos de Dios, quien siempre juzga con justicia.
>
> 1 PEDRO 2:23 (NTV)

Nuestros padres tenían razón: la vida no es justa. Probablemente aprendimos esta lección por primera vez cuando no nos pudimos quedar con la mitad más grande de una galleta o cuando uno de nuestros hermanos se fue a algún lugar especial mientras nosotros teníamos que ir a la escuela. A medida que íbamos creciendo, puede que aprendiéramos lecciones más duras sobre lo injusto que puede llegar a ser el mundo: quizá a través de acusaciones erróneas, ascensos denegados o expectativas que no se han cumplido.

Es fácil decepcionarse con la injusticia de la vida. Cuando alguien no nos comprende o nos acusa erróneamente, cuesta mucho no tomárselo a pecho. En esos momentos queremos defender nuestra reputación a capa y espada o desaparecer de la faz de la tierra. Cuando nos enfrentamos a estas situaciones, podemos descansar en el conocimiento de que Dios es justo. Él juzgará a todo el mundo equitativamente.

Gracias, Dios, porque no me hace falta defenderme con convicción ante las personas que me acusan. No dejo mi juicio en manos de un jurado y ni siquiera el mejor abogado puede acusarme de algo que me condene eternamente. Dios, tú conoces mi situación y, lo que es más importante, conoces mi corazón.

Su bondad

El Señor dirige los pasos de los justos; se deleita en cada
detalle de su vida. Aunque tropiecen, nunca caerán,
porque el Señor los sostiene de la mano.
SALMO 37:23-24 (NTV)

Tomar de la mano es un acto precioso cuando se hace
con amor. Puede que le demos la mano a un niño para
cruzar la calle, para ayudar a un anciano desconocido a
bajar del bus o para notar el tacto de la piel de nuestro
amado mientras paseamos por el parque. El simple acto
de tomarnos de la mano durante un momento transmite
seguridad, amabilidad y afecto.

Ahora piensa que la mano de Dios hace lo mismo cuando
la tiende a aquellos que depositan su fe en él. Es evidente
que sus hijos e hijas necesitan la comunión, la orientación
y el consuelo espiritual de la mano de Dios más que la
que pueda ofrecerles cualquier otra. Y podemos tener la
seguridad de que Dios se deleita en tendernos su mano
también a nosotros.

*Padre, hallo consuelo en tu bondad. Tú me diriges con
rectitud. No puedo caer cuando sigo tu dirección, porque
tu tierna mano nunca me soltará.*

Él es amor

Nosotros le amamos a él, porque él nos amó primero. Si
alguno dice: Yo amo a Dios, y aborrece a su hermano, es
mentiroso. Pues el que no ama a su hermano a quien ha
visto, ¿cómo puede amar a Dios a quien no ha visto?
1 JUAN 4:19-20 (RV60)

Los mayores mandamientos de Dios son amarle a él y
amarnos unos a otros. Amarle a él puede ser fácil; al fin y
al cabo, él es paciente y amoroso. Pero la segunda parte
de su mandamiento puede ser complicada, porque implica
amar a esos vecinos entrometidos de la barbacoa del barrio,
a nuestros primos odiosos en la cena de Navidad, a ese
dependiente maleducado en el supermercado o a esos
invitados insoportables que deberían haberse ido hace ya
tres horas.

Amarnos unos a otros solo es posible cuando amamos como
Dios. Cuando intentamos amar desde nuestra humanidad,
el pecado nos lo impide. Obedecer el mandamiento de
amar empieza con el amor de Dios. Cuando advertimos lo
espectacular que es su amor por nosotros, cuando vemos
lo inmerecido, lo inacabable y lo incondicional que es, nos
conmovemos porque no lo merecemos.

*Señor, ayúdame a ser tu representante en este mundo. Sé que
no es fácil, pero quiero seguir tu ejemplo y amar como tú lo
hiciste. Dame la gracia y las fuerzas necesarias para esto.*

Él es todo lo que necesito

Bienaventurado el varón que no anduvo en consejo de malos, ni estuvo en camino de pecadores, ni en silla de escarnecedores se ha sentado; sino que en la ley de Jehová está su delicia, y en su ley medita de día y de noche. Será como árbol plantado junto a corrientes de aguas, que da su fruto en su tiempo, y su hoja no cae; y todo lo que hace, prosperará.

SALMO 1:1-3 (RV60)

Gracias a la dieta moderna de tecnología y redes sociales, las mujeres de hoy en día pueden atiborrarse de enormes raciones de chismorreos, envidia, vanidad y egoísmo. No es que sea una dieta muy nutritiva, pero sí que es seductoramente dulce.

¡Alabado sea Dios por el alimento que nos ofrece! Su Palabra es tan relevante para nosotros hoy en día como lo fue para David hace miles de años. Medita en estas palabras y escucha cómo te llama su voz. Cuando pasamos tiempo con él y leemos su Palabra, él se convierte en el camino hacia el gozo y el deleite. Con su comida producimos un fruto delicioso sin la amenaza de marchitarnos. ¡Prosperamos!

Dios, admito que a veces estoy anémica de tu Palabra. Estoy malnutrida, hinchándome demasiado en este bufé de ocio y redes sociales de la vida moderna. Ayúdame a liberarme de estos hábitos malsanos y a abrazarte cada vez más con cada día que pasa.

Mi paz

> Pero el Consolador, el Espíritu Santo, a quien el Padre enviará en mi nombre, les enseñará todas las cosas y les hará recordar todo lo que les he dicho. La paz les dejo; mi paz les doy. Yo no se la doy a ustedes como la da el mundo. No se angustien ni se acobarden.
>
> JUAN 14:26-27 (NVI)

La paz es algo muy deseado y, a la vez, escurridizo. Cuando parecía que empezábamos a tener la vida controlada, aparece un nuevo desastre. Justo cuando empezábamos a encontrar la calma que tanto necesitaba nuestra mente, nos topamos con una calamidad todavía más difícil. O, lo que es peor, las olas de dificultad vienen una tras otra sin que parezca que vayan a cesar. ¿Alguna vez terminarán nuestros conflictos? ¿Por qué parece que la paz huye de nosotros?

Encontramos todo lo que necesitamos cuando leemos la Palabra de Dios. La paz por la que suplicamos en pancartas y camisetas nunca llegará al mundo; la paz de Jesucristo es la única paz duradera que podemos alcanzar mientras estemos en esta tierra. Como él sabe que nuestra carne es débil, Jesús nos prometió un camino a su Padre incluso en este mundo de dificultades: nuestro defensor, el Espíritu Santo.

Jesús, necesito tu paz. Cuando mi corazón está atribulado y temeroso, solo tú me puedes dar la paz que tanto necesito: aquella paz que nos prometiste hace tanto tiempo porque sabías que la necesitaríamos.

¿Jubilación?

Por tanto, también nosotros, que estamos rodeados de una multitud tan grande de testigos, despojémonos del lastre que nos estorba, en especial del pecado que nos asedia, y corramos con perseverancia la carrera que tenemos por delante. Fijemos la mirada en Jesús, el iniciador y perfeccionador de nuestra fe, quien, por el gozo que le esperaba, soportó la cruz, menospreciando la vergüenza que ella significaba, y ahora está sentado a la derecha del trono de Dios. Así, pues, consideren a aquel que perseveró frente a tanta oposición por parte de los pecadores, para que no se cansen ni pierdan el ánimo.

HEBREOS 12:1-3 (NVI)

La jubilación no existe para aquellos que sirven a Dios. No habrá una pensión espiritual esperándonos para que finalmente podamos relajarnos y permitir que sean otros los que terminen la buena obra de Dios. Puede que tengamos la idea de viajar, centrarnos en un *hobby* o, simplemente, relajarnos y vivir con tranquilidad mientras todos los demás siguen trabajando, ¡pero Dios no deja de utilizarnos!

Nuestras oraciones, testimonios, ánimos, sabiduría y fe jamás quedarán fuera de uso. Darle gloria al reino de Dios es un trabajo a tiempo completo para el que necesitamos fuerzas a largo plazo. Mientras esperamos para disfrutar de esa gloria, los planes de Dios no se ven desbaratados por nuestros cuerpos envejecidos. Se nos anima a seguir sin parar, sin detenernos. Y, cuando terminemos nuestro camino en esta tierra, se nos ha prometido que recibiremos unas bellísimas palabras de aprobación: «Bien hecho, buen siervo y fiel».

Dios, creo en mi corazón que este camino valdrá la pena al final. Sé que tengo que bajar el ritmo y recargar las pilas, y sé que cometeré errores. Pero seguiré manteniendo los ojos puestos en ti. Incluso aunque solo avance unos pocos centímetros cada día, seguiré moviéndome hacia adelante. No quiero agotarme y desanimarme.

Él oye mis oraciones

A ti clamo, oh Dios, porque tú me respondes;
inclina a mí tu oído, y escucha mi oración.
SALMO 17:6 (BAD)

Hay días en los que el mundo nos falla. A duras penas
somos capaces de terminar una frase con coherencia,
y ya ni pensar en poder articular exactamente lo que
necesitamos. El dolor nos ha atrapado y parece haberse
adueñado de nuestra capacidad para pensar, hablar u orar.
Las lágrimas nos corren silenciosamente por las mejillas,
nos duele el corazón y, aun así, no nos salen las palabras.

Anímate. Dios no solo oye tus oraciones cuando te
brotan torpemente de los labios, sino que ya sabe lo que
necesitarás antes de que se lo pidas. Es consciente de
lo que necesitas para poder superar el día de hoy antes
de que tú puedas encontrar las palabras. Y, aunque
finalmente consigas expresar a duras penas lo que te pasa
por la cabeza… da igual. Dios ha escuchado tu corazón.

*Gracias, Dios, porque interpretas mis palabras a través de
mi corazón. Mi mensaje para ti no se pierde por el camino.
Creo que tú me escuchas cuando te llamo;
tú me responderás.*

Provisión

> Debido a nuestra fe, Cristo nos hizo entrar en este lugar de privilegio inmerecido en el cual ahora permanecemos, y esperamos con confianza y alegría participar de la gloria de Dios.
> ROMANOS 5:2 (NTV)

Te pones a la cola, pides el café que tanto necesitas para empezar el día y oyes que el dependiente te dice: «La persona que iba delante de ti ha dejado pagado tu café». Esta generosidad inesperada produce en ti una gratitud que te conmueve, y el día ahora está lleno de la presencia de Dios. Puede que un desconocido haya sido el medio a través del cual has recibido este regalo, pero la inspiración que ha habido tras su acto es inconfundible: Dios.

Dios es el autor de la generosidad y nos provee de todo lo que necesitamos. ¡Fíjate en todo lo que les dio a Adán y Eva y lo poco que exigió a cambio! Ellos estuvieron en su presencia cada día y disfrutaron de una relación auténtica con su Padre. E incluso cuando comieron lo que sabían que no debían comer, Dios les ofreció redención.

Dios, sé que he pecado y que merezco la muerte. ¡Gracias por Cristo, mi abundante provisión! Tú me bendices en cada uno de mis días, lo reconozca o no. ¡Me ofreces tu amor en porciones más que suficientes! Te estoy muy agradecida por tu generosidad.

Limpia de nuevo

Enséñame tus caminos, oh Señor, para que viva de
acuerdo con tu verdad. Concédeme pureza de corazón,
para que te honre.
SALMO 86:11 (NTV)

Si alguna vez has intentado bañar a un perro blanco que
ha decidido salir a retozar por el barro, sabrás que parece
tarea imposible conseguir librarte de toda esa suciedad,
especialmente si al cachorro no le apetece demasiado
someterse a un baño. Con solo que se sentara, quietecito,
y permitiera que su propietario lo limpiara poco a poco,
de forma metódica, seguramente no quedaría ni rastro de
barro. Pero, a menudo, ni el perro ni su propietario tienen
tanta paciencia.

Limpiar el pecado de nuestras vidas puede ser parecido a
esto. Encontrar todas nuestras impurezas y librarnos de
ellas puede ser un proceso lento y doloroso. Y, en ocasiones,
puede parecer directamente imposible. Quizá no queremos
que nos examinen o quizá nos cuesta quedarnos quietos. La
buena noticia es que no tenemos que intentar purificarnos
nosotros mismos. Dejemos que sea Dios quien lo haga. Por
suerte, él es paciente y tiene la solución perfecta: utilizar
el sacrificio de su Hijo para limpiarnos de toda nuestra
suciedad. Hasta el último rincón.

*Señor, confío en que tú limpiarás tiernamente toda mi
suciedad. Hazme otra vez pura. Ayúdame a quedarme
sentada tanto rato como necesites para permitirte hacer
tu obra redentora en mi corazón.*

El propósito de tu corazón

Como aguas profundas es el consejo en el corazón del hombre; mas el hombre entendido lo alcanzará.
PROVERBIOS 20:5 (RV60)

Dios ha puesto un propósito en cada uno de nosotros. Hemos sido hechos para tener un papel importante y precioso en su reino eterno. Cada uno ha sido bendecido con las habilidades y la pasión necesarias para cumplir con los propósitos de Dios, tanto aquí en la tierra como en su reino eterno.

La vida y las circunstancias pueden hacer que perdamos de vista nuestro propósito. Puede que nos dejemos atrapar por la rutina diaria y nos olvidemos de centrarnos en la visión eterna que él ha inspirado en nosotros. Debemos hacer que nuestro objetivo sea descubrir nuestros propósitos únicos, aquello para lo que hemos sido específicamente creados. Cuando entendamos este propósito será cuando empecemos a vivir la vida plenamente, de verdad, tal como Dios la diseñó para nosotros.

Dios, haz que siempre busque cumplir con tu plan para mi vida. No me permitas perder de vista la visión que tienes para mí. Quiero cumplir tus propósitos; quiero estar preparada y dispuesta para que me uses de la forma que tú quieras.

Renovada
en su presencia

Por tanto, arrepentíos y convertíos, para que vuestros pecados sean borrados, a fin de que tiempos de refrigerio vengan de la presencia del Señor.
HECHOS 3:19 (LBLA)

El pecado es agotador. Nos mata de dentro a fuera. No podemos vivir una vida abundante en Cristo si, a la vez, estamos persiguiendo una vida de pecado. La belleza de la salvación y la gracia de nuestro Dios es que lo único que tenemos que hacer es volver a él, arrepentidos, para que nuestros pecados sean borrados.

A medida que nos alejemos de nuestro pecado y volvamos a Dios, iremos encontrando renovación y restauración. Recibiremos gracia para seguir avanzando en el perdón y seremos revestidos con poder para continuar en una vida de rectitud y fuerza para resistir futuras tentaciones. Su sangre nos limpiará, su gracia nos renovará, su poder nos restaurará y su presencia nos vivificará.

Padre celestial, examina mi corazón y convénceme de cualquier pecado que esté desgastando mi espíritu. Límpiame y borra el pecado de mi vida. Reanima mi alma para que pueda vivir esa vida llena de gracia que tú deseas para mí. Gracias por limpiarme y por tu amor.

Crítica inversa

Panal de miel son las palabras agradables,
dulces al alma y salud para los huesos.
PROVERBIOS 16:24 (RV60)

Sabemos que nuestras palabras son poderosas. Somos conscientes de que, con lo que decimos, podemos edificar a alguien o destruirlo. Pero, además de las palabras que decimos directamente a los que nos rodean, también debemos darnos cuenta de que incluso lo que chismorreamos tras las espaldas de otros puede tener un efecto tremendo sobre ellos.

Hablamos constantemente sobre otros; desde los cotilleos que compartimos sobre los famosos hasta cuando les contamos a nuestros amigos una experiencia que hemos tenido con alguien. Estas conversaciones tienden a ser negativas. ¿Qué pasaría si decidiéramos que queremos diferenciarnos radicalmente con nuestras palabras y conversaciones? ¿Y si empezáramos un movimiento para criticar a la inversa y nos dedicáramos a hablar de lo magníficos que son los demás? ¿Y si nos dedicáramos a soñar sobre cómo podríamos ayudar a los demás en vez de intentar ser nosotros mejores? Nuestros corazones y nuestras vidas reflejarían a Jesús mucho más claramente si, simplemente, cambiáramos nuestra forma de hablar sobre las otras personas.

Señor Jesús, ayúdame a dominar mi lengua. Dame el don de las palabras amables. Haz que la bondad fluya fácilmente de mis labios y dame la capacidad de hablar bien de los demás cada día. Quiero aportar dulzura a las almas de aquellos que has puesto en mi vida.

Rectitud en abundancia

¡Siembren para ustedes justicia! ¡Cosechen el fruto del amor, y pónganse a labrar el barbecho! ¡Ya es tiempo de buscar al Señor!, hasta que él venga y les envíe lluvias de justicia.
OSEAS 10:12 (NVI)

Llegará el día en el que veremos a nuestro Salvador cara a cara. Moraremos en la luz de su presencia por la eternidad. Pero, por ahora, aquí en esta tierra, estamos en la etapa de buscarle y preparar nuestros corazones para la gloria que llegará.

Si plantamos la rectitud en nuestras vidas, cosecharemos la recompensa del amor que nunca falla de Cristo. Abrimos la puerta a cada una de las bendiciones que tiene para nosotros con solo abrirle nuestro corazón. Y no podemos plantar las semillas de la rectitud si no hemos preparado nuestro corazón para que esté blando y listo para recibirlas. Si acudimos diariamente a él, doblamos las rodillas, examinamos nuestros corazones y le permitimos que riegue nuestras almas con su Palabra, su amor nos ablandará.

Dios, necesito tu presencia desesperadamente en mi vida. Gracias porque puedo estar ante tu presencia aquí y ahora. Ablanda cualquier dureza que pueda haber en mi corazón, de modo que esté lista para recibir todo lo que tú tienes para mí.

La que creyó

¡Dichosa tú que has creído, porque lo
que el Señor te ha dicho se cumplirá!
LUCAS 1:45 (NVI)

A menudo las promesas son lo que nos ayuda a seguir
adelante. Necesitamos poder esperar algo con emoción:
un lugar al que llegar o una línea de meta que ansiamos
cruzar. Cuando empezamos a perder la fe de llegar a
aquella línea de meta o cuando dudamos de que nuestro
sueño se vaya a cumplir, ahí es cuando vacilamos y
comenzamos a perder el rumbo.

Nuestras creencias tienen muchísimo poder. Piensa
en todas aquellas personas de la Biblia a las que Jesús
dijo: «Tu fe te ha salvado». Dios siempre recompensa
a un corazón que cree. Él es glorificado en la fe de sus
hijos y en la confianza que depositan en sus promesas.
No pierdas de vista lo que te ha prometido. Cree que lo
cumplirá, por muy improbable que te pueda parecer. No
te olvidará. Y te bendecirá por tu fe inquebrantable en él.

*Dios, ayúdame a creer siempre que tú harás que se
cumplan los sueños que me has dado. Deseo tu bendición y
quiero que se me conozca como aquella que nunca perdió
la fe en tu promesa.*

Algo nuevo

«¿Llevaría yo a esta nación al punto de nacer para después no dejar que naciera? —pregunta el Señor—. ¡No! Nunca impediría que naciera esta nación», dice su Dios.
ISAÍAS 66:9 (NTV)

Dios nunca causa dolor sin un propósito. Él no nos permite pasar por una etapa de pérdida y destrucción en nuestras vidas sin preparar un lugar de pacífica restauración más adelante.

Si estás pasando por una temporada de dificultades, aférrate a la promesa de que algo nuevo nacerá de tus tribulaciones. Y, por muy doloroso que sea el proceso o por mucho que sientas que no hay nada que pueda valer la pena a cambio de todas estas dificultades, ten presente que tu Padre celestial ve todas tus aflicciones y te hará renacer.

Gracias, Jesús, porque tú ves mi dolor. Gracias porque prometes no permitir que haya dolor en mi vida sin que eso produzca algo nuevo en mí. Tú eres un Dios que restaura a su pueblo, que vuelve a crearlo y que lo asienta. Ayúdame a confiar en ti incluso en mis etapas de dolor.

Junio

Jehová es mi pastor; nada me faltará.

En lugares de delicados pastos me

hará descansar;

junto a aguas de reposo me

pastoreará.

Confortará mi alma;

me guiará por sendas de justicia por

amor de su nombre.

Salmo 23:1-3 (RV60)

Él restaura mi alma

Todos estaban llorando, muy afligidos por ella. —Dejen de llorar —les dijo Jesús—. No está muerta, sino dormida. Entonces ellos empezaron a burlarse de él porque sabían que estaba muerta. Pero él la tomó de la mano y le dijo: —¡Niña, levántate! Recobró la vida y al instante se levantó. Jesús mandó darle de comer.

LUCAS 8:52-55 (RV60)

¿Sabes de quién eres? Tu padre y tu madre afirman (y con razón) que tú eres su hija, pero ¿reconoces que Jesús es quien te ha restaurado para que seas suya? Él conoce tus entradas y salidas, y cada uno de tus entresijos internos; eres suya.

¡Cuán difícil es entregar nuestras necesidades a las manos del Padre! ¿Acaso nos atrevemos a tener esperanza? Imagínate ver que tu hija ha muerto. Te sientes desesperada por su ausencia cuando, de repente, Jesús llega y afirma que solo está dormida. Tanto el padre como Jesús amaban a la niña y ambos afirmaron que era su hija. Pero solo Jesús gobernó su espíritu y su vida. Su hija oyó su voz y obedeció su orden; ¡se levantó y fue restaurada!

Dios, tú eres fiel a las necesidades más profundas de mi corazón; tú me conoces del derecho y del revés. Hoy escucho tu voz y te pido que renueves mi espíritu.

Rompe todas las cadenas

Esto lo hizo Dios para que todos lo busquen y,
aunque sea a tientas, lo encuentren. En verdad,
él no está lejos de ninguno de nosotros.
HECHOS 17:27 (BAD)

Tenemos la oportunidad de partir de cero: si lo deseamos, podemos empezar de nuevo cada día. Podemos ser transformados completamente y tener un corazón renovado. Básicamente, podemos rehacernos a nosotros mismos con la ayuda, la sanación y la naturaleza transformadora de Cristo. Jesús murió en la cruz para prometernos una vida libre de las ataduras del pecado, de la desesperanza y de cualquier cadena que nos intente atrapar. En Cristo hemos sido liberados.

Necesitamos oír la verdad de la promesa de Cristo para nosotros y detener el ciclo de desánimo, derrota y cautividad al pecado. Lo único que tenemos que hacer es ponernos de rodillas y orar.

Padre Dios, te pido que tu voz llegue por completo a la parte más profunda y triste de mi interior.
Sé que tú quieres cuidarme. Gracias por seguir buscando tener mi corazón.

El Rey

Y debido a que somos sus hijos, Dios envió al Espíritu de su Hijo a nuestro corazón, el cual nos impulsa a exclamar «Abba, Padre». Ahora ya no eres un esclavo sino un hijo de Dios, y como eres su hijo, Dios te ha hecho su heredero.

GÁLATAS 4:6-7 (NTV)

Imagina un precioso castillo blanco asentado sobre la cima de una montaña, alzándose sobre un lago cristalino rodeado de árboles. Opulentas torrecillas y torres se elevan hasta casi tocar los cielos, ofreciendo una vista privilegiada. Los altos muros, la torre de vigilancia y los parapetos abiertos aseguran la máxima protección ante las fuerzas enemigas. En el interior, los techos abovedados y los candelabros de cristal se elevan por encima de largas escalinatas. Bellísimos cuadros y esculturas adornan las paredes, y las risas se oyen por todo el salón.

El Rey aparece. Por un instante tiemblas, insegura de cómo reaccionar. Entonces, mientras él avanza hacia ti con los brazos abiertos de par en par, lo recuerdas todo. «Es mi papá. Y este es mi hogar». Corres tan rápido como puedes y te lanzas a sus brazos, y él te envuelve en su cálido abrazo.

Parece un cuento de hadas, pero esta imagen ni siquiera se acerca al hogar o al Padre que nos esperan. Oro, plata, joyas brillantes, lujo, opulencia, esplendor… Y un amor, gozo y paz tremendos, además de una relación sin fisuras: ¡esta es nuestra herencia! El Rey de todos los reyes nos ha llamado sus hijos. Eso significa que somos realeza y que quiere compartir todo lo que tiene con nosotros.

Padre, te doy las gracias por la herencia que tengo como tu hija. En esta vida hay muchísimos problemas y dolor, pero la promesa de la eternidad contigo, mi majestuoso Rey, hace que todo esto valga la pena.

Mi refugio

> Desde los confines de la tierra te invoco, pues mi corazón
> desfallece; llévame a una roca donde esté yo a salvo.
> Porque tú eres mi refugio, mi baluarte contra el enemigo.
> SALMO 61:2-3 (BAD)

Cuando las heridas emocionales que tanto tiempo llevaban
enterradas vuelven a resurgir, pasan de ser cicatrices del
pasado a convertirse en enormes y candentes llagas nuevas,
abiertas en carne viva. Ninguna venda terrenal puede sanar
por completo este dolor. Necesitamos el toque de Dios,
el bálsamo de su ternura, en nosotros. Duele, pero él es
nuestro escondite seguro: un refugio cuando tenemos
demasiado miedo de pasar por todo este dolor.

Permanecer en su seguridad y dejar la herida abierta es la
parte más difícil. Tenemos que verla, sentirla y permitir que
Dios nos acompañe en todo el proceso de sanación. Y puede
que esto lleve algún tiempo. Pero él es un Padre amoroso,
digno y compasivo, cuyo tratamiento arranca toda infección
y enfermedad para que la herida cicatrice bien. Estamos a
salvo bajo su cuidado; él promete protegernos.

*Señor, creo que soy preciosa para ti. Tú me proteges con
pasión, me eres eternamente fiel y es imposible escapar
a tu amor. Te traigo todo mi dolor, mis heridas, mis
remordimientos y mi llagas para que tú me puedas sanar y
recomponer. Hoy me refugio en tus brazos.*

Él me satisface

Paloma mía, que estás en los agujeros de la peña,
en lo escondido de escarpados parajes, muéstrame tu
rostro, hazme oír tu voz; porque dulce es la voz tuya, y
hermoso tu aspecto.

CANTARES 2:14 (RV60)

El estrés a veces acaba por agotarnos y hay momentos en
los que, simplemente, nos queremos esconder del mundo.
Al acordarnos de aquella barrita de chocolate que tenemos
guardada en la despensa puede que nos escabullamos
para, precisamente, hacer eso: distraernos con este
consuelo, dulce pero temporal, que nos ayuda a aflojar un
poquito el ritmo aunque solo sea durante unos instantes.

Puede que nos pase exactamente lo mismo con Dios.
Quizá estamos sobrepasados por sus ministerios, o hace
demasiado que no buscamos su perdón, o llevamos
mucho tiempo sin abrir su Palabra y dejamos de conocerlo
como deberíamos. En vez de correr hacia él, huimos de él
y buscamos otras formas de suplir nuestras necesidades.
Pero no podemos escondernos de su mirada y él, en
amor, nos llama para que acudamos.

Dios, no puedo escapar a tu amor por mí y tampoco
quiero intentarlo. Elijo dejar atrás la falsa seguridad
que me ofrecen los agujeros de la peña, los escondrijos
y las despensas con chocolate, para poder sentir el
placer de tu amistad.

Mi mantita

En paz me acuesto y me duermo, porque solo tú,
Señor, me haces vivir confiado.
SALMO 4:8 (NVI)

¿Alguna vez te has pasado horas (o minutos que parecían horas) buscando frenéticamente al Señor Mantita, a Toby o a Ovejita para intentar calmar los sollozos inconsolables del niño que berrea tumbado en el suelo? Ay, el maravilloso objeto protector. El silenciador mágico. La paz instantánea. A medida que los niños se hacen mayores, intentamos que dejen atrás todos estos objetos que los hacen sentir seguros: las mantitas que ya se están quedando harapientas, los ositos de peluche a los que se les ha caído un ojo o los chupetes sin goma por morder. La mayoría de los niños no están de acuerdo en que se sentirán bien sin la seguridad de estas cosas… y no les falta razón.

Piensa en todos aquellos momentos en los que has pasado por pruebas y te has visto completamente desorientada. ¿A dónde vas para sentirte segura? El mejor lugar al que puedes acudir es Dios. Él es nuestra seguridad y nos da la fuerza que necesitamos para seguir adelante. Y debemos sentirnos perdidos cuando no lo tenemos cerca. Cuando él está justo a nuestro lado, compartiendo la almohada en la noche oscura, sentado a nuestro lado en el coche o quizá observándonos mientras trabajamos en el escritorio, tenemos la sensación de que todo va a salir bien.

Señor Dios, solo a ti acudo para encontrar seguridad. No hay ningún lugar mejor donde hallarla.

Siempre bajo control

No se inquieten por nada; más bien, en toda ocasión, con oración y ruego, presenten sus peticiones a Dios y denle gracias. Y la paz de Dios, que sobrepasa todo entendimiento, cuidará sus corazones y sus pensamientos en Cristo Jesús.

FILIPENSES 4:6-7 (NVI)

El buzón de sugerencias del consejero escolar estaba repleto de las ideas de sus jóvenes estudiantes, desde algunas ingeniosas y razonables (como sustituir las luces fluorescentes con miles de lucecitas de Navidad) hasta otras más imaginativas pero poco prácticas (como poner toboganes gigantes en todos los pasillos). Pero todas y cada una de ellas se leyeron en voz alta durante las reuniones semanales de personal. Las ideas de los niños nunca disminuyeron en cantidad ni en intensidad; ellos creían que su escuela podía ser mejor que ninguna otra y que su consejero escolar no solo respetaba sino que valoraba sus opiniones.

A consecuencia de esto, los estudiantes también se acercaban al consejero con sus problemas personales y le explicaban sus fallos en el campo de fútbol, sus peleas con sus mejores amigos, sus exámenes suspendidos de geometría y sus rivalidades entre hermanos. La puerta de su oficina estaba siempre abierta y los asientos no pasaban demasiado rato vacíos. ¿Qué era lo que les ofrecía a estos jóvenes corazones y mentes? ¿Cuál era el secreto para poder darles serenidad en medio de estos años tan agitados? Él imitaba el ejemplo marcado por Dios, nuestro gran consejero, quien escucha nuestras preocupaciones y nos protege con su paz.

Padre, tú eres el método que siempre me da resultados: tú inclinas tu oído a mis ansiedades, mis deseos, mis frustraciones y mi alabanza. Gracias por valorar mis peticiones. Quiero ser más como tú.

Sangre, sudor y lágrimas

[…] Cantaré yo a Jehová, porque se ha magnificado grandemente; ha echado en el mar al caballo y al jinete. Jehová es mi fortaleza y mi cántico, y ha sido mi salvación. Este es mi Dios, y lo alabaré; Dios de mi padre, y lo enalteceré.

ÉXODO 15:1-2 (RV60)

¿Alguna vez has mirado los Juegos Olímpicos y te has maravillado ante la increíble fuerza y disciplina que tienen los atletas? ¿Te quedas asombrada ante el tremendo talento que les ha concedido Dios? Al mirar las entrevistas a menudo surge la típica pregunta: «¿De dónde sacas las fuerzas? ¿Y la motivación?». Para la vida diaria, aunque no sea un deporte olímpico, también hace falta motivación para lograr superar la sangre, el sudor y las lágrimas antes de recibir la medalla de oro que nos espera. Moisés, tras la victoriosa huida ante los ejércitos del Faraón, ensalza la fuente de su fortaleza en los versículos anteriores.

¿Te enfrentas a una prueba de talla olímpica? ¿Te preguntas dónde encontrarás las fuerzas suficientes para superarla? ¿Te parece una locura absoluta que Dios pueda ayudarte a llegar al final… y que lo hará? Recuerda que él es tu fuerza y tu canción; confía en que su poder es tuyo y alábalo porque él es digno.

Dios, solo tú tienes la fuerza que necesito para poder superar esta dificultad. Tú eres mi apoyo una y otra vez. Confío en ti, te doy las gracias y te exalto.

Bien cimentada

Arráiguense profundamente en él y edifiquen toda la vida
sobre él. Entonces la fe de ustedes se fortalecerá en la
verdad que se les enseñó, y rebosarán de gratitud.
COLOSENSES 2:7 (NTV)

Sus hermanos se reían al verlo trabajar arduamente, día
sí y día también, mientras ellos holgazaneaban por ahí.
Habían tardado bien poco en construir sus casas y a ellos
les parecía que estaban perfectamente. Hasta que llegó
el lobo, con sus soplidos… Conocemos bien esta historia,
y también la lección que la acompaña: tómate el tiempo
necesario para hacer las cosas bien, de modo que cuando
lleguen los problemas, estarás protegida. Edifica con
buenos materiales y tendrás algo que resistirá incluso a la
tormenta más virulenta.

Dios es la roca sobre la cual podemos construir con
confianza. No solo tenemos la seguridad de sus firmes
cimientos, sino que promete bendecirnos si moramos en
él. La lluvia, las inundaciones y los vientos pueden venir,
pero él nos protegerá en cada tormenta con verdades
que reforzarán nuestra fe. Y, finalmente, lo veremos
triunfando sobre el pecado y la oscuridad, y nuestro
corazón rebosará agradecimiento.

*Dios, ayúdame a regocijarme en medio de las tormentas.
Mientras el viento aúla a mi alrededor, haz que mi fe sea
cada vez más fuerte. Nada podrá ser capaz de tumbar mi
casa si la construyo sobre tus fuertes cimientos.*

La viga maestra

¿A quién tengo en el cielo sino a ti? Si estoy contigo, ya nada quiero en la tierra. Podrán desfallecer mi cuerpo y mi espíritu, pero Dios fortalece mi corazón; él es mi herencia eterna.
SALMO 73:25-26 (NVI)

Si te planteas hacer reformas en tu casa, es importante saber dónde están las vigas y paredes maestras. Si decidimos derribar un tabique por aquí y otro por allá para ganar más espacio, puede que esto acabe por dañar al resto de la estructura. Cuando un edificio se derrumba por una mala construcción, unos cimientos mal puestos o una carga excesiva, puedes apostarte lo que quieras a que las vigas y las paredes maestras han tenido algo que ver.

Las vigas maestras pueden ser como aquellas personas en nuestras vidas a las que admiramos. A las que amamos. A las que respetamos. De las que dependemos. A veces acaban cayendo, y puede que no advirtamos lo mucho que nos apoyamos en ellas hasta que esto pasa. Cuando alguien así se derrumba, quizá nos cueste mucho recuperarnos. Puede que dejen a su paso un reguero de destrucción. Dios es la única viga maestra en la que te puedes apoyar con la certeza de que nunca se moverá, se doblará o se hundirá.

Padre, cuando el mundo a mi alrededor parece haberse hundido y me encuentro buscando algo firme a lo que aferrarme, decido agarrar tu mano. Tú eres firme y estable, y tu amor es seguro.

Mi todo

Cuando pienso en todo esto, caigo de rodillas y elevo una oración al Padre, el Creador de todo lo que existe en el cielo y en la tierra. Pido en oración que, de sus gloriosos e inagotables recursos, los fortalezca con poder en el ser interior por medio de su Espíritu. Entonces Cristo habitará en el corazón de ustedes a medida que confíen en él. Echarán raíces profundas en el amor de Dios, y ellas los mantendrán fuertes. Espero que puedan comprender, como corresponde a todo el pueblo de Dios, cuán ancho, cuán largo, cuán alto y cuán profundo es su amor. Es mi deseo que experimenten el amor de Cristo, aun cuando es demasiado grande para comprenderlo todo. Entonces serán completos con toda la plenitud de la vida y el poder que proviene de Dios.

EFESIOS 3:14-19 (NTV)

Todos tenemos días grises. Cuando nos encontramos sumidos en la melancolía, siempre es de ayuda oír la voz de un amigo, especialmente si nos lleva exactamente al sustento que tanto necesitamos. La oración de Pablo, dirigida a aquellos que necesitaban desesperadamente oír las promesas de vida en Jesucristo, es una oración también para ti.

Órala para ti y para tu amigo, para tu vecino o para tu compañero de trabajo. Ora hasta que notes que las raíces se arraigan y se refuerzan en amor. Ora una y otra vez hasta que este conocimiento te inunde por completo: ¡él es todo lo que necesitas! Ora estas palabras hasta que la plenitud del amor de Dios por ti acabe por superar tu melancolía.

Dios, me aferraré a esta oración hasta que tu vida y tu poder despejen las nubes y brillen con fuerza sobre mí. Tú eres todo lo que necesito. Puedo confiar en ti para todo.

El consuelo

Bendito sea el Dios y Padre de nuestro Señor Jesucristo,
Padre de misericordias y Dios de toda consolación.
2 CORINTIOS 1:3 (RV60)

Todos hemos sufrido pérdidas en nuestras vidas; unos más
que otros. En aquellos momentos en los que estamos de
duelo por la pérdida de una persona amada, un trabajo o
incluso por la rotura de una relación, es bueno reconocer
que el dolor es incómodo. No podemos disimular que nos
sentimos enfadados, decepcionados, extremadamente tristes
o solos. Aun así, podemos llevar estas emociones a nuestro
Padre celestial y pedirle que alivie nuestro dolor.

Las Escrituras dicen que Jesús es el Padre de misericordias y
que él puede consolarnos en nuestros problemas. Él puede
darnos paz, gozo y el consuelo de estar en su presencia
en todos y cada uno de nuestros días. Él puede traer a
otros para que nos ayuden. Su Palabra puede dar vida a
nuestros corazones. Dios nos consuela de muchas formas.
Y entonces, algún día, podremos compartir este consuelo
con otros que necesitan experimentar la presencia de Dios
en los momentos difíciles.

*Dios, te traigo todas estas emociones y te pido que compartas
conmigo mis sentimientos de pérdida. Permíteme sentir tu
presencia para saber que no estoy sola. Ayúdame a consolar a
aquellos que me rodean y que lo necesitan, del mismo modo
que tú me has consolado a mí.*

Un recordatorio que debes tener presente

Juzguen con verdadera justicia; muestren amor y compasión los unos por los otros. No opriman a las viudas ni a los huérfanos, ni a los extranjeros ni a los pobres. No maquinen el mal en su corazón los unos contra los otros.

ZACARÍAS 7:9-10 (NVI)

Antaño, cuando la gente no podía fiarse de escribir una lista o de ponerse un recordatorio en el móvil, las personas a veces se ataban un cordel alrededor del índice para que les recordara que debían acordarse de algo. Ese cordel se convirtió en un símbolo para recordar.

Las Escrituras están llenas de recordatorios de que debemos mostrar misericordia y compasión con los necesitados. Dios tuvo que seguir recordándole a su pueblo que debían cuidar de las viudas, huérfanos, extranjeros y pobres. Puede que hoy tengas que hacer muchísimas cosas y siempre tendrás formas de recordarte que debes hacerlo. ¿Por qué no buscas un símbolo para acordarte de los menos afortunados? Si hoy sientes que necesitas un poquito de ayuda, ¿por qué no le pides a Dios que te traiga a la mente a alguien que esté pasando necesidad?

Amado Señor, gracias por recordarme hoy que hay personas en este mundo que son menos afortunadas que yo. Enséñame formas en las que puedo mostrarles compasión. Necesito tu misericordia y compasión, de modo que esté preparada para amar a otros igual que tú me amas a mí.

Convencida de su amor

Por lo cual estoy seguro de que ni la muerte, ni la vida, ni ángeles, ni principados, ni potestades, ni lo presente, ni lo por venir, ni lo alto, ni lo profundo, ni ninguna otra cosa creada nos podrá separar del amor de Dios, que es en Cristo Jesús Señor nuestro.

ROMANOS 8:38-39 (RV60)

El amor en términos humanos puede acabar siendo muy condicional. Mostramos amor cuando nos sentimos bien con alguien o cuando una persona se ha ganado nuestro respeto y confianza. Pero nos cuesta más mostrar amor hacia personas que nos han traicionado y decepcionado, o incluso desobedecido. La ira, el dolor y el orgullo pueden separarnos fácilmente de los demás.

El amor auténtico de Dios nos ha sido demostrado a través de Jesucristo. Sabemos que él entregó su vida por toda la humanidad y que su sacrificio no fue únicamente para quienes lo merecieran. Para aquellos de nosotros que hemos decidido aceptar su gracia, podemos estar *convencidos* de que nada nos podrá separar de su amor. Nada.

Tu Padre celestial te ama, completa e incondicionalmente.

Gracias, Jesús, por mostrarme tu amor a través de tu sacrificio por mí. Sé que soy perdonada y sé que soy amada. Ayúdame a caminar convencida de que nada me podrá separar de tu amor.

Aumenta mi amor

Esto es lo que pido en oración: que el amor de ustedes abunde cada vez más en conocimiento y en buen juicio, para que disciernan lo que es mejor, y sean puros e irreprochables para el día de Cristo.

FILIPENSES 1:9-10 (NVI)

Puede que digamos una y otra vez que Dios nos ama, pero a veces puede que nos lleve tiempo o que nos haga falta una revelación personal para comprender realmente la profundidad de su amor. La Biblia dice que Dios es amor y que, por lo tanto, cuanto más comprendamos a Dios, más comprenderemos su amor. A medida que conozcas mejor el favor que Dios mostró hacia ti y hacia los demás, él te dará discernimiento y orientación para saber qué es lo mejor para tu vida.

¿Estás luchando con algunas decisiones? ¿Te cuesta aceptar que Dios tiene lo mejor para ti? Permítete empaparte de la profundidad del amor redentor de Cristo. Y, después, ten presente que él quiere que imitemos su amor. Así es como sabemos lo que es mejor: cuando tomamos decisiones basándonos en nuestro amor hacia Jesús y hacia los demás.

Señor Dios, hay muchísimas cosas que no sé o no comprendo de ti. Pero sí sé que eres amor. Aumenta mi conocimiento de la profundidad de tu amor. Ayúdame a discernir lo que es mejor para mi vida, imitando el amor que tú me has mostrado.

Más que suficiente

Y poderoso es Dios para hacer que abunde en vosotros
toda gracia, a fin de que, teniendo siempre en todas las
cosas todo lo suficiente, abundéis para toda buena obra.
2 CORINTIOS 9:8 (RV60)

La mayoría de nosotros no sentimos que tengamos mucho
que ofrecer, especialmente en cuanto a dinero, recursos
o tiempo. ¿Recuerdas la historia de la viuda que solo tenía
suficiente harina y aceite para preparar una última comida
para ella y su hijo? Cuando el profeta Elías le pidió que
le hiciera pan con lo poco que tenía, ella se preocupó. Y
seguramente tú también habrías reaccionado igual.

Lo que a menudo olvidamos cuando Dios nos pide que
le entreguemos algo es que él ya nos ha dado los medios
necesarios. Lo único que Dios espera de nosotros es que
estemos dispuestos a participar en su buena obra. Puede que
creamos que la abundancia es tener riquezas de sobra, pero
eso implicaría tener más de lo que necesitamos. Si Dios te pide
tu tiempo, entonces puedes asumir que él te ha dado más.
Si te pide tu dinero, es que te ha dado más que suficiente. La
viuda acabó recibiendo una abundante bendición gracias a su
disposición a entregar aquello que tenía, y Dios se ocupó de
que jamás volviera a pasar necesidad.

Señor, gracias por darme más que suficiente de todo.
Quiero estar dispuesta a compartir lo que tú me has dado
y creer que tú te asegurarás de que yo reciba bendiciones
abundantes. Te doy todo lo que tengo.

Elegida

El Señor Soberano me ha dado sus palabras
de sabiduría, para que yo sepa consolar a los fatigados.
Mañana tras mañana me despierta y me abre el
entendimiento a su voluntad.

ISAÍAS 50:4 (NTV)

Es fácil preguntarse si tenemos un papel significativo en el reino de Dios. Nos cuestionamos nuestra propia utilidad porque nos sentimos débiles, inconstantes e incapaces de representar al perfecto Salvador del mundo. Pero Dios nos da la oportunidad de enseñar a otros. Él llena nuestra boca con las palabras necesarias para dar vida. Puede que nosotros mismos, por nosotros mismos, seamos débiles e inadecuados, pero el Señor ha compensado nuestras incapacidades más que de sobras.

Dios te ha elegido para que seas su mensajera: las manos, los pies y la boca que traen su gloria a los demás. Él sabe que no eres perfecta, pero él te está perfeccionando en cada momento a través de su gracia y su amor redentor. Aprende con ansia de él y sírvele con pasión. Tu huella será más grande de lo que crees.

Gracias, Jesús, por elegirme para dejar mi huella en este mundo para ti. Gracias por los dones que me has entregado. Ayúdame a ser fiel a la hora de enseñar a los demás lo que he aprendido de tu amor.

Completa confianza

Me gozo de que en todo tengo confianza en vosotros.
2 CORINTIOS 7:16 (RV60)

Hay algunas cosas en nuestras vidas que podemos colocar pulcramente en su cajita y organizar en compartimientos bien diferenciados entre sí. Sabemos cómo encaja cada una de estas cosas en nuestros planes. Pero hay otras cosas que, independientemente de lo mucho que intentemos dominarlas, nunca podremos tener completamente atadas. La vida y todas sus circunstancias imprevistas y caóticas nos puede dejar tendidas en el suelo y destrozar incluso los planes más perfectos. En un solo instante podemos perder el control que llevamos toda la vida intentando mantener.

Nunca podemos depositar la confianza en nuestra propia capacidad para mantener el control. Solo si tenemos una confianza completa en Dios y abandonamos nuestras propias ideas preconcebidas podremos tener un gozo real en esta vida. Intentar controlar lo incontrolable es tan agotador como imposible. Nunca podremos andar del todo en libertad si no rendimos nuestra necesidad de liberarnos a nosotros mismos.

Dios, quiero el gozo y la libertad que tú me darás al depositar mi confianza completa y total en tu capacidad para encaminarme y dirigir el resultado de mi vida. Necesito que me guíes. No puedo tomar mis decisiones en esta vida sin ti.

Afirma tu corazón

Tened también vosotros paciencia, y afirmad vuestros
corazones; porque la venida del Señor se acerca.
SANTIAGO 5:8 (RV60)

Puede que hayamos decidido algo mentalmente y que
tengamos toda la intención del mundo de cumplirlo,
pero entonces nuestro corazón se siente atraído por otra
cosa y perdemos toda nuestra determinación. El corazón
humano cambia fácilmente. Lo impulsan las emociones
y los deseos. Las distracciones del mundo intentarán
robarnos la concentración. Y es por eso por lo que, como
hijos de Dios que se están preparando para la venida de
Cristo, debemos plantar nuestros corazones firmemente
en esta verdad, afirmándonos en su Palabra, en amor.

Si tú mantienes tu mente fija en la promesa de Dios y tu
corazón está afirmado en la esperanza de la eternidad,
entonces cualquier otro propósito perderá su atractivo.
La realidad de la grandeza que te espera superará
completamente la atracción de lo que te está distrayendo.
Afírmate con fuerza en la Palabra de Dios, memorizando
sus versículos y meditando en la verdad, para que tu
propósito divino domine siempre tu corazón.

*Señor Dios, escribe tu Palabra en mi corazón. Pon tu
verdad continuamente en mi mente. Afírmame con
fuerza en tu presencia, para que nada pueda distraerme e
intentar apartar mi corazón de ti.*

Su obra, no la mía

Dios es tan rico en gracia y bondad
que compró nuestra libertad con la sangre de su Hijo
y perdonó nuestros pecados.
EFESIOS 1:7 (NTV)

Cuando bajamos la guardia, nos quitamos las máscaras y abrimos realmente nuestros corazones y mentes ante Dios, no podemos evitar sentirnos expuestos ante su mirada. Él sabe todo lo que hemos dicho, todo lo que hemos pensado y todo lo que hemos hecho. Pero, cuando nos veamos así de vulnerables, debemos ser conscientes de que da igual lo que hayamos hecho ese día, esa semana o ese año… A sus ojos somos, simplemente, sus amados.

En nuestra humanidad, nos cuesta comprender la verdad de que no hay nada que podamos hacer para que Dios nos ame más o menos. Esta verdad (que en teoría debería resultarnos significativamente liberadora) acaba por asustarnos. Somos conscientes de que es algo que escapa completamente a nuestro control. Lo bonito es que la gracia siempre será su obra, no la nuestra.

Padre celestial, gracias por tu gracia. Gracias porque da igual lo que haya hecho: tú solo verás la redención de tu Hijo cuando me mires. Gracias por la gracia que no puedo comprender y por un amor que me envuelve con tanta fuerza.

Poderosas palabras

Luego agregó: «Hijo de hombre, que todas mis palabras penetren primero en lo profundo de tu corazón. Escúchalas atentamente para tu propio bien».
EZEQUIEL 3:10 (NTV)

Hay mucho poder cuando acallamos nuestra mente y escuchamos la voz de Dios cuando nos habla directamente. Debemos aprender a reconocer su voz por encima de cualquier otro sonido. Dios tiene el poder y la capacidad de hablarnos en cualquier situación y circunstancia.

Desde el principio de los tiempos Dios ha empezado obras poderosas con una palabra poderosa. Cuando esperamos para oír sus palabras, nos preparamos para que él haga esas obras en nosotros y a través de nosotros.

Señor, quiero ser alguien que hace obras poderosas para tu reino. Sé que no puedo hacerlas sin las palabras de tu boca. Hazme escucharte de modo que absorba tu Palabra y sea cambiada por ella.

En pie hasta el final

Señor, tú eres mi Dios; te exaltaré y alabaré tu nombre
porque has hecho maravillas. Desde tiempos antiguos tus
planes son fieles y seguros.

ISAÍAS 25:1 (NVI)

Servimos a un Dios que al final, cuando todo haya caído
y todo haya cambiado, seguirá en pie. En medio de
nuestro sufrimiento, confusión y desesperación,
contamos con la promesa permanente de servir a aquel
que siempre será mayor.

En esta vida es fácil desanimarse pero, si cambiamos
nuestra forma de ver las cosas y lo ponemos todo en
perspectiva con un Salvador victorioso, nos podemos
enfrentar a cualquier cosa con gran confianza y paz.

*Gracias, Señor, porque en ti puedo tener la confianza de que
al final obtendré la victoria, por enormes que me puedan
parecer los obstáculos a los que me enfrento. Ayúdame a
caminar como alguien que sabe que su victoria es segura,
confiando completamente en el Salvador que la ha
conseguido en mi lugar.*

Sin castigo

No nos castiga por todos nuestros pecados;
no nos trata con la severidad que merecemos.
SALMO 103:10 (NTV)

Merecemos la muerte, el castigo y el alejamiento de Dios debido a nuestro pecado. Pero, a través de la gracia de la salvación, tenemos vida, recompensa y relación con Dios. Aunque el diablo nos condena debido a nuestro pecado y nos hace pensar que hemos perdido el favor de Dios, el Espíritu Santo nos convence de nuestro pecado y nos lleva al arrepentimiento y a un favor todavía mayor.

No hay ninguna condenación para nosotros en Cristo Jesús, porque él murió para quitar nuestro pecado, nuestra culpa y nuestra vergüenza.

Gracias, Jesús, porque debido a tu muerte en la cruz puedo presentarme sin mancha ante el Dios todopoderoso. Te pido que me hagas ser sensible a la suave convicción del Espíritu Santo y que me ayudes a superar la dura condena del diablo: estoy en Cristo y soy una nueva criatura, sin culpa ni vergüenza.

¿Crees esto?

Y todo aquel que vive y cree en mí,
no morirá eternamente. ¿Crees esto?
JUAN 11:26 (RV60)

A través de toda la Escritura se nos promete claramente la vida eterna a través de Cristo. Pero la pregunta de este versículo sigue siendo enormemente conmovedora: «¿Crees esto?». ¿Crees de verdad, de todo corazón, que vivirás para siempre en el cielo con Cristo?

Estamos acostumbrados a promesas que se incumplen a diario. La falacia humana hace que nos sintamos escépticos y ansiosos. Pero la preciosa verdad es que servimos a un Dios que nunca se desdecirá de su pacto con nosotros. Nuestra esperanza de vida eterna está sellada cuando depositamos nuestra confianza en Cristo.

Gracias, Padre celestial, por la vida eterna que me has dado a través de tu Hijo. Creo en ti y en lo que me has prometido. Calma mis miedos y fortalece mi fe. Permíteme vivir mi vida en ti, descansando en tu fuerza y en tu gran amor.

Mis logros

Señor, tú nos concederás la paz; en realidad,
todo lo que hemos logrado viene de ti.
ISAÍAS 26:12 (NTV)

Cuando echamos la mirada atrás, meditando sobre
nuestras vidas, recordamos lo que hemos conseguido
con cierta sensación de orgullo. Todos hemos tenido que
escalar nuestras montañas, pero aquí estamos: en pie,
vivos para contarlo.

Cuando reflexionamos con tranquilidad sobre las cosas
de nuestro pasado, debemos recordar que no podríamos
haber conseguido nada de esto sin Dios. Él es quien lleva
nuestras cargas, consuela nuestros corazones, nos da
determinación y guía nuestros pasos.

*Gracias, Señor, porque has estado conmigo en cada paso
de mi camino. No tendría nada si no fuera por ti. Gracias
por la paz que me das y por las obras que has hecho en mí.
Tengo muchas ganas de ver lo que has planeado para el
resto de mi vida.*

Lo que no se ve

Así que no nos fijamos en lo visible sino en lo invisible,
ya que lo que se ve es pasajero, mientras
que lo que no se ve es eterno.
2 CORINTIOS 4:18 (BAD)

No es fácil fijar nuestros ojos en algo que no podemos ver.
Cuando abandonamos nuestra perspectiva terrenal a cambio
de otra celestial, cambiamos radicalmente. Si nos centramos
solo en lo que hay aquí, en la tierra, nos encontraremos
rápidamente abrumados por el miedo y la incerteza.

Si fijamos nuestros ojos en la promesa del cielo, no
podemos evitar sentirnos llenos de paz, gozo y esperanza.
Debemos recordar que, aunque estamos en esta tierra solo
durante un tiempo, el gozo del cielo será nuestra bendita
realidad para la eternidad.

*Señor, ayúdame a fijar mis ojos en ti y en tu eternidad en vez
de en los problemas momentáneos que me rodean. Dame tu
perspectiva.*

Una vida de risas

Él volverá a llenar tu boca de risas
y tus labios con gritos de alegría.
JOB 8:21 (NTV)

¿Cuándo fue la última vez que gritaste de alegría? Parece que, a medida que pasan los años, nos encontramos cada vez con más responsabilidades, más tareas, más angustia y, a menudo, más conflicto. Nuestros cuerpos acaban cansados, nuestras mentes se agotan y nuestras emociones cada vez son más escasas. En los tiempos difíciles, es importante que encontremos motivos para reír y sonreír.

Dios creó la risa y él es la fuente del gozo verdadero. Si sientes que no hay suficiente gozo en tu vida, tómate un momento para reflexionar sobre el amor de Dios por ti. Ten presente que él es un Dios de misericordia. Sé consciente de que él se deleita en ti. Medita en la belleza de su creación. Dale las gracias por las buenas relaciones que ha traído a tu vida. Encuéntrale en una canción, un baile o la sonrisa de un niño. Si buscas a Dios, encontrarás lo que necesitas. Haz que él vuelva a llenar tu boca de risa de nuevo.

Amado Dios, quiero sentir de nuevo alegría en mi vida. Quiero ser una persona que refleje el profundo gozo que se experimenta al conocerte. Recuérdame hoy cosas que sean buenos motivos para sonreír. Llena mi boca de risa y mis labios de gritos de gozo.

Padre de luz

Toda buena dádiva y todo don perfecto descienden
de lo alto, donde está el Padre que creó las lumbreras
celestes, y que no cambia como los astros
ni se mueve como las sombras.
SANTIAGO 1:17 (BAD)

En el principio, la tierra estaba vacía y las tinieblas estaban
sobre la faz del abismo. Dios transformó esta oscuridad
con una orden: «Sea la luz». Dios vio la luz y declaró que
era buena. La luz es una parte maravillosa de la creación
de Dios. Es un reflejo de Dios porque dispersa las tinieblas;
nada puede ocultarse ante la luz.

Nuestro Padre celestial es perfecto y, por lo tanto,
capaz de darte cosas buenas y perfectas. Puede que ya
te sientas bendita por su bondad o quizá te preguntes
si acaso has recibido algo perfecto de él. Si dudas de su
bondad (lo que en ocasiones no es algo malo), recuerda
que te ha dado un amor y gracia perfectos en la forma
de Jesucristo. Nada puede cambiar su amor; nada puede
hacerle sombra a su misericordia. Permite que esta
verdad impregne tu corazón.

*Padre celestial, gracias por haber creado la luz y porque tú
eres una luz en mi mundo. Gracias por mostrarme que eres
un Dios bueno y misericordioso. Ayúdame a aceptar que tu
bondad hacia mí nunca cambiará.*

Anima a tus líderes

Obedeced a vuestros pastores, y sujetaos a ellos;
porque ellos velan por vuestras almas, como quienes
han de dar cuenta; para que lo hagan con alegría, y no
quejándose, porque esto no os es provechoso.
HEBREOS 13:17 (RV60)

En una sociedad en la que podemos elegir y escoger según
nuestras preferencias personales, seguramente los líderes
de nuestra iglesia no pasarían el filtro si los sometiéramos a
nuestras críticas. ¿Cuán a menudo termina un sermón, una
enseñanza o una conversación con un líder y te quedas con
lo que no te ha gustado?

Es verdad que los líderes de la iglesia pueden mentir,
engañar y cotillear tanto como cualquiera. Muchos grandes
líderes han sucumbido a grandes pecados y ya no se puede
confiar en ellos. Aun así, sigue habiendo muchos hombres
y mujeres de Dios maravillosos que están respondiendo
a su llamado de alimentar a sus ovejas y hacer discípulos
en todas las naciones. Estos son los líderes que necesitan
nuestras oraciones y ánimos. Dios ha puesto a estas
personas sobre ti para cuidar de tu alma. ¿Estás orando
por tus líderes o te limitas solo a quejarte de ellos? Sé
respetuosa con aquellos que Dios ha puesto por encima de
ti; ¡aprende a ser de ayuda y no de tropiezo!

*Amado Señor, siento haberme quejado tanto de los líderes
de mi iglesia o de aquellos con autoridad por encima de
mí. Te pido por ellos ahora, Señor, para que les fortalezcas.
Ayúdales a mantenerse íntegros y dales gracia para dirigir.*

Cura para el cansado

Él fortalece al cansado y acrecienta las fuerzas del débil.
ISAÍAS 40:29 (NVI)

Cuando sufres cualquier tipo de enfermedad física, tu cuerpo dedica la mayoría de su energía a luchar contra ella. Como resultado, te sientes cansada y débil, a veces hasta el punto de no verte capaz de salir de la cama. Esta analogía es una buena forma de comprender cómo nuestro corazón y emociones pueden sentirse cansados y débiles cuando nos enfrentamos con las presiones y dificultades de la vida.

¿Qué remedio hay para el cansancio y la debilidad? Jesús. Él es quien puede arreglar una relación rota. Proveer para tus necesidades. Darte paciencia cuando estás enfadada y paz cuando te sientes ansiosa. Dios es tu amigo cuando estás sola y tu Padre cuando necesitas protección. Confía en él en todas estas cosas y tu alma encontrará las fuerzas y la vitalidad para vivir al máximo.

Jesús, en esos días en los que me siento cansada y débil, recuérdame que tú eres todo lo que necesito. Gracias porque tú cuidas de los débiles y de los cansados, y gracias porque tu amor y poder pueden levantarme en los momentos en los que más lo necesito. Dame tu fuerza hoy.

Julio

Ciertamente tu bondad y tu amor
inagotable me seguirán todos los días
de mi vida,
y en la casa del Señor viviré
por siempre.

Salmo 23:6 (NTV)

Unión en la oración

Todos se reunían y estaban constantemente unidos en oración junto con María la madre de Jesús, varias mujeres más y los hermanos de Jesús.

HECHOS 1:14 (NTV)

Piensa en cómo se sintieron aquellas mujeres que se reunieron con los apóstoles desde el principio de la iglesia primitiva. Para ellas debió de ser muy emocionante experimentar la presencia y el poder del Espíritu Santo. Su emoción seguramente también se vio mezclada con el miedo, la duda y probablemente las burlas de las personas ajenas a la iglesia. Aun así, todos los seguidores de Jesús estaban unidos y oraban juntos a menudo. No había distinción entre grupos de personas o géneros. Todos podían tener un papel a la hora de establecer el reino de Dios en esta tierra.

Es importante recordar que Dios desea la unidad en la iglesia del mismo modo que lo hicieron los primeros apóstoles. Si formas parte de una iglesia o de una comunidad de creyentes, entonces tu presencia y respaldo son necesarios para animar a la iglesia. No permitas que el enemigo te diga que eres insignificante o que no hace falta que asistas a esa reunión de oración. Relaciónate activamente con otros seguidores de Cristo para que tú también puedas recibir ánimos.

Gracias, Señor, por los creyentes que has puesto a mi alrededor. Ayúdame a dar lo mejor de mí para crear unión con ellos y exhortarles en su fe. Danos el deseo de orar juntos, de modo que todos nos animemos a hacer tu obra en este mundo.

Planes con propósito

Escucha el consejo y acepta la corrección,
y llegarás a ser sabio. El corazón humano
genera muchos proyectos, pero al final prevalecen los
designios del Señor.
PROVERBIOS 19:20-21 (NVI)

«Señor, hoy nada ha salido según los planes». Es una oración que puede que hayas elevado hace poco o con la que, desde luego, te sientes identificada. Algunos de nosotros necesitamos planificarlo todo hasta el más mínimo detalle. Y, aunque no seas así, igualmente también tendrás planes en tu corazón sobre tus objetivos y deseos en la vida.

El problema no está en la planificación, sino en que no incluyas a Dios en tus planes. Dios es el autor de la vida y, por lo tanto, es quien escribe tu historia. Él tiene un propósito para tu vida. Tu trabajo es andar a su lado para poder cumplir con ese propósito. Puede ser difícil saber lo que él quiere que hagas, incluso a nivel diario, pero una buena forma de descubrirlo es prestar atención a los consejos sabios y aceptar la corrección de Dios cuando te equivocas. ¡Sé sabia y sus planes para tu vida triunfarán!

Amado Señor, he estado frustrada últimamente cuando las cosas no han salido como yo quería. Te quiero pedir que me ayudes a incluirte más en mis planes, para poder vivir de forma sabia.

Un amor duradero

¡Alaben al Señor porque él es bueno,
y su gran amor perdura para siempre!
1 CRÓNICAS 16:34 (NVI)

Las relaciones románticas vienen y van; ¡hay personas que pueden estar enamoradas un día y desenamoradas al siguiente! Si abordamos el amor de una forma egoísta, las relaciones se abandonan cuando ya no suponen un beneficio. Esto puede pasar incluso en las amistades. Si has pasado por este tipo de rotura, quizá te sientas un poco cínica respecto al amor.

Aunque el amor egoísta termine fácilmente, el amor desprendido sí que perdura. Las Escrituras nos dicen que Jesús fue el ejemplo definitivo de ese altruismo. Sacrificó su vida en la cruz por su gran amor hacia nosotros. Es un amor que da preferencia a los demás y que siempre busca lo mejor para ellos. ¿Necesitas recordar que el amor de Dios hacia ti es duradero? Él es bueno y, por lo tanto, su amor por ti es puro y constante.

Señor, quiero darte gracias porque me amas con un amor eterno. Recuérdame hoy tu bondad y fidelidad hacia mí. Hay momentos en los que el amor me ha decepcionado, pero te doy las gracias porque mi esperanza puede verse restaurada por tu gran amor.

Dame libertad

> Pero ahora quedaron libres del poder del pecado y se han hecho esclavos de Dios. Ahora hacen las cosas que llevan a la santidad y que dan como resultado la vida eterna.
> ROMANOS 6:22 (NTV)

La libertad no tiene obligaciones. La libertad es vivir sin deudas, restricciones ni ataduras. La obligación a la que nos liga el pecado que hemos cometido es para satisfacer a la justicia. Nuestras almas no pueden ser libres sin que haya un pago de nuestra deuda con el pecado, y la moneda con la que se paga por un alma es la muerte.

Cuando nuestra deuda fue pagada por la muerte de Jesús, se declaró sobre nuestra alma la forma más genuina de libertad. Se rompieron nuestras cadenas y se nos concedió la libertad. Cuando Jesús volvió al cielo, dejó a su espíritu con nosotros, porque donde está su espíritu hay libertad.

Padre, gracias por la libertad que me espera cuando dejo atrás el pecado. Jesús, tú has pagado el precio por mi pecado de una vez por todas, y te estoy eternamente agradecida por tu sacrificio.

Uno de nosotros

> Por el contrario, se rebajó voluntariamente,
> tomando la naturaleza de siervo y haciéndose
> semejante a los seres humanos.
> FILIPENSES 2:7 (NVI)

Cuando nos enfrentamos a las dificultades de la vida, a menudo podemos tener la sensación de que nadie puede comprender por lo que estamos pasando. A veces las personas no pueden ver más allá de su propia situación para saber cómo ayudarte. Quizá has estado en una situación en la que realmente no sabías cómo ayudar a un amigo o amiga que estaba pasando por un momento realmente difícil.

Necesitamos que se nos recuerde que Jesús sabe lo que es ser como nosotros. Él no vino como un Dios entre los hombres, sino que adoptó forma humana. Eso significa que experimentó cosas físicas (como el hambre o el cansancio) y también sentimientos (como la tristeza y la emoción). Si alguien sabe lo que es el sufrimiento, ese es Jesús. Si sientes que necesitas que alguien empatice con tu situación, mírale a él: él te comprenderá.

Jesús, gracias por experimentar la humanidad en esta tierra para comprender mis dificultades por completo. Tú ya conoces mis circunstancias, así que simplemente te pido que pueda notar tu presencia en mi vida, consciente de que soy profundamente importante para ti.

El rock de la cárcel

> Pero a medianoche, orando Pablo y Silas,
> cantaban himnos a Dios; y los presos los oían.
> HECHOS 16:25 (RV60)

Que te metan en prisión por tu fe es una de las formas de persecución más dura a las que se pueden enfrentar los creyentes. Vale la pena destacar que, a pesar de los muros que los rodeaban, Pablo y Silas siguieron alabando a Dios con oraciones y canciones. Y seguramente lo hacían con tanta fuerza que los demás prisioneros podían oírlos. Pablo y Silas fueron capaces de ser buenos testimonios en las circunstancias más duras.

Somos una luz para el mundo, y Dios nos utiliza de muchas formas distintas. Quizá últimamente has pasado por situaciones difíciles o a lo mejor las cosas te van muy, pero que muy bien. Sea como sea, los demás se fijan en ti. ¿Qué prisioneros tienes alrededor que necesitan ser liberados por el amor de Cristo? ¿Quién necesita oír tus oraciones y canciones? ¿Puedes confiar en que Dios es bueno, estés en el punto en el que estés en tu vida ahora mismo? Él te dará fuerza para alabarle en todo momento.

Dios Padre, gracias porque estás conmigo en todas las circunstancias. Ayúdame a recordar que lo que digo y lo que hago puede animar a otros a mi alrededor. Dame valentía para alabarte y ser testigo a los demás.

Liberada y restaurada

Él fue traspasado por nuestras rebeliones, y molido por nuestras iniquidades; sobre él recayó el castigo, precio de nuestra paz, y gracias a sus heridas fuimos sanados.

ISAÍAS 53:5 (NVI)

Cuando un juez baja su mazo para sellar un veredicto de culpabilidad, la persona es condenada a la sentencia que se haya dictado. Las formas de castigo han ido cambiando con el tiempo y el lugar, pero todas tienen el mismo propósito: causar sufrimiento como consecuencia de un acto incorrecto. Y, en algún momento, todos fuimos esa persona culpable ante el juez. Estábamos malditos por el pecado de la humanidad.

Qué transformación más poderosa hubo cuando Jesús vino a quitarnos esta maldición. Él sufrió para liberarnos de la culpa. Su castigo nos trajo paz. Él cargó con la vergüenza para que pudiéramos ser sanados. Aunque nos resulta conmovedor pensar en lo que Jesús ha hecho por nosotros, también podemos regocijarnos por nuestra libertad. ¡Jesús no sigue en la cruz! ¡Y no estamos bajo la maldición! Si hoy te sientes abrumada bajo el peso de tu imperfección, cobra ánimos pensando en que Jesús te dio la vida. ¡Vive en la plenitud de su amor!

Señor Jesús, gracias por haberme liberado de la maldición del pecado para que yo pueda vivir mi vida en el perdón y la sanación. Te entrego todo mi dolor y vergüenza hoy, y te pido que me restaures para volver a ser una persona sana y completa.

La medida de mis días

Hazme saber, Jehová, mi fin, y cuánta sea
la medida de mis días; sepa yo cuán frágil soy.
SALMO 39:4 (RV60)

La vida nos ataca por todos los lados: estrés, presión, decisiones y agendas muy apretadas. Mientras vivimos y actuamos a toda prisa, inmersos en el día a día, nos olvidamos de la realidad inmemorial de que la vida pasa muy rápidamente. Si nos detenemos, como hizo el salmista, para poder tener presente lo efímera que es la vida, empezamos a ser conscientes de que lo que antes era apremiante ahora es más que trivial; lo que antes era urgente es, en realidad, insignificante.

Si conocemos la medida de nuestros días y somos conscientes de nuestra efímera existencia sobre esta tierra, podemos dejar de dedicar nuestra energía a las presiones del día a día y volcarnos en los propósitos celestiales, que son eternos.

Enséñame, Señor, a contar mis días. Dame una visión eterna para poder vivir para las cosas que realmente son importantes y no dedicar tanto tiempo a perseguir lo que no es eterno.

Nada me puede sacudir

Echa sobre el Señor tu carga, y él te sustentará;
él nunca permitirá que el justo sea sacudido.
SALMO 55:22 (LBLA)

Todos tenemos nuestra forma de actuar ante las preocupaciones. Algunos las internalizan, otros llaman a un amigo o amiga y otros encuentran la forma de dejar de darle vueltas al asunto. Cuando llevamos nuestras preocupaciones a Dios y abrimos nuestros corazones ansiosos ante él, él nos animará, nos levantará y nos sostendrá. Él no permitirá que seamos sacudidos o debilitados por la preocupación, porque él nos acompaña en cada situación.

El Dios que conoce el principio y el fin no se deja agobiar por nuestra ansiedad y no nos permite que nos sobrepase la incerteza.

Gracias, Dios, por recibirme con los brazos abiertos cuando acudo a ti con mis cargas. No quieres que yo lleve sola mi ansiedad. Mi futuro está a salvo en tus manos y lo único que tengo que hacer es descansar en ti.

Jamás me decepcionas

Y esa esperanza no acabará en desilusión.
Pues sabemos con cuánta ternura nos ama Dios,
porque nos ha dado el Espíritu Santo para llenar
nuestro corazón con su amor.
ROMANOS 5:5 (NTV)

Todos sabemos lo que es estar decepcionado. En la vida hemos aprendido a prepararnos tanto para lo mejor como para lo peor. Pero en lo referente a nuestra salvación no hace falta que nos preparemos para la decepción: la esperanza que tenemos en Cristo está garantizada.

La presencia del Espíritu Santo en nuestros corazones nos recuerda constantemente esta preciosa y certera promesa que tenemos en Cristo.

Gracias, Dios, porque la esperanza que tengo en ti no me llevará a la decepción. Da igual cuántas veces me desilusione este mundo; yo sé que tu amor nunca me fallará.

Guiada

Y guiaré a los ciegos por camino que no sabían,
les haré andar por sendas que no habían conocido;
delante de ellos cambiaré las tinieblas en luz,
y lo escabroso en llanura. Estas cosas les haré,
y no los desampararé.

ISAÍAS 42:16 (RV60)

Cuando sientes que has perdido el rumbo y que el camino ha desaparecido bajo tus pies, Dios te promete que él te guiará hacia adelante. Incluso si no puedes ver lo que está por venir y aunque el trayecto te parezca azaroso e inseguro, Dios te guiará. El camino que parecía impracticable se volverá fácil; la ruta que parecía imposible se volverá clara y directa.

Dios promete que hará esto y mucho más por ti: porque te ama y porque su amor nunca falla ni olvida.

Gracias por tu promesa de guiarme, por muy imposible que parezca el camino.

El Dios que me protege

Los que viven al amparo del Altísimo encontrarán
descanso a la sombra del Todopoderoso. Declaro lo
siguiente acerca del Señor: solo él es mi refugio, mi lugar
seguro; él es mi Dios y en él confío.
SALMO 91:1-2 (NTV)

Todos aplaudimos el heroísmo del joven David cuando
se enfrentó al gigante Goliat. O la valentía de Moisés
ante Faraón, pidiéndole que liberara a los israelitas. Pero
¿somos conscientes de que nosotros gozamos de la
misma protección que les fue dada a ellos? Todos eran
personas normales, como nosotros, que comprendían el
poder del Dios al que servían.

Sea lo que sea a lo que te estés enfrentando ahora, Dios
es más que capaz de rescatarte y mantenerte a salvo en
medio de la tormenta.

Dios, quiero tener el tipo de confianza radical que tenían
estos héroes de la Biblia. Dame la valentía que necesito
para ser una creyente que anda en tu poder.

Limpia

Ten piedad de mí, oh Dios, conforme a tu misericordia;
conforme a la multitud de tus piedades borra mis
rebeliones. Lávame más y más de mi maldad,
y límpiame de mi pecado.
SALMO 51:1-2 (RV60)

Todos deberíamos ansiar ser purificados de nuestros
pecados, porque en esta limpieza de nuestra iniquidad,
Dios nos acerca a él. Nuestro pecado puede ser algo a
lo que nos aferramos con todas nuestras fuerzas, pero
cuando lo comparamos con el tesoro de la cercanía con el
Padre, de inmediato pierde su valor.

Dios no endurece su corazón ante un creyente
arrepentido. Cuando le rogamos con remordimiento
genuino, él nos rocía con su misericordia y amor, limpia
nuestro pecado y nos restaura para volver a tener una
relación recta con él.

*Ten misericordia de mí, Dios. Quita mi pecado y límpiame
para poder estar más cerca de ti.*

Sin miedo al futuro

Está vestida de fortaleza y dignidad,
y se ríe sin temor al futuro.
PROVERBIOS 31:25 (NTV)

Es natural tener miedo de lo desconocido. Puede darnos miedo no saber qué es lo que va a venir o cómo prepararnos para ello. Pero no debes tener miedo del futuro cuando sabes en quién puedes confiar. Puedes vivir sin ansiedad sobre lo que te espera porque eres consciente de que tu vida está en las manos de aquel que lo controla todo.

Cuando estás en Cristo, puedes sonreír ante el misterio del futuro con el corazón tranquilo y despreocupado de alguien que sabe que está protegido.

Dios, dame la fuerza para sonreír ante los días que están por venir. No me permitas malgastar mi tiempo teniendo miedo de cosas que mi temor no puede cambiar. Concédeme la paz que viene de depositar mi confianza en ti.

Una maravilla mayor

Cuando veo tus cielos, obra de tus dedos,
la luna y las estrellas que tú formaste, digo:
¿Qué es el hombre, para que tengas de él memoria,
y el hijo del hombre, para que lo visites?
SALMO 8:3-4 (RV60)

La grandeza de nuestro Dios se muestra majestuosamente en toda su creación. Cuando alzamos los ojos al cielo nocturno, con todas las estrellas centelleantes y los lejanos planetas, casi al instante somos conscientes de lo pequeños que somos en su universo. Pero hay una maravilla mayor que la capacidad de Dios: el amor que tiene hacia la humanidad.

El Dios de todo esto, del universo y de todo lo que hay en él, es el mismo Dios que dio su vida para conocernos. El Dios que creó el mundo con su palabra es el mismo Dios que habla con suavidad a nuestros corazones. Su amor por nosotros es tan inescrutable como los cielos.

Padre, no entiendo cómo, a pesar de tu grandeza, puedes amarme de tal modo. Pero te lo agradezco de todo corazón.

Digno de confianza

Pues la palabra del Señor es verdadera
y podemos confiar en todo lo que él hace.
SALMO 33:4 (NTV)

A todos nos han hecho daño en algún momento. Hemos sufrido ante sueños que se evaporan, relaciones que se rompen y promesas que quedan en nada. Pero da igual cuánto daño nos hayan hecho o lo agotados que nos sintamos: siempre podemos confiar en Dios con todo nuestro corazón. Él nunca nos mentirá, nos manipulará ni nos decepcionará. Él nunca traicionará su palabra, nos abandonará ni dejará de amarnos.

El Señor siempre cumple con su palabra. Él sigue siendo el mismo que ha sido a lo largo de los siglos. El Dios del que leemos en las Escrituras, el que nunca olvidó sus pactos y amó de forma irrevocable, es el mismo Dios que hoy posee nuestros corazones.

Gracias, Dios, porque en un mundo en el que la confianza se rompe cada día, siempre puedo confiar perfectamente en ti. Por favor, sana mi corazón del dolor que he sufrido para poder amarte todavía más profundamente.

Fascinación

> Los que aman tus enseñanzas tienen mucha
> paz y no tropiezan.
> SALMO 119:165 (NTV)

El resultado natural del amor es la fascinación: sentirte atraído hacia algo de una forma tan irresistible que nada puede apartarte de ello. Si dejamos que nos fascine la Palabra de Dios, podemos convertirnos en una fuerza indestructible en el reino espiritual.

Las mentiras del enemigo no pueden someternos fácilmente cuando nuestros corazones están saturados de verdad. Si amamos las enseñanzas de Dios, su sabiduría se convierte en nuestra confianza y su presencia en nuestra recompensa.

Dios, dame amor por tus enseñanzas. Cuando mi carne se alce en contra de tu verdad, ayúdame a superarlo a través de tu Espíritu. Hazme sentirme fascinada por ti. Dame un amor por ti y por tu Palabra que no tenga rival en mi vida.

Espero con gozo

Espero al Señor, lo espero con toda el alma;
en su palabra he puesto mi esperanza.
SALMO 130:5 (NVI)

A menudo pensamos que esperar es algo difícil e incluso desagradable. Pero a veces esperar es maravilloso: esperar para dar una buena noticia, contar los días para el nacimiento de un niño o aguardar con emoción para poder dar un regalo especial.

Cuando aquello por lo que esperamos es algo bueno, la misma espera ya es todo un regalo. Así es esperar en el Señor. Con toda nuestra esperanza puesta en él, el resultado es seguro: la eternidad. Que cada parte de nosotros espere en él con gozosa emoción.

¡Señor, me encanta esperarte! Como sé que tú solo traes cosas buenas, puedo esperarte para siempre. Tu Palabra es mi esperanza, y promete luz y vida para siempre en ti. Agradecida, llena de gozo, espero y deseo.

Bueno y perfecto

Todo lo que es bueno y perfecto es un regalo que
desciende a nosotros de parte de Dios nuestro Padre,
quien creó todas las luces de los cielos. Él nunca cambia
ni varía como una sombra en movimiento.
SANTIAGO 1:17 (NTV)

Tómate los siguientes minutos para detenerte y pensar
en todas las cosas buenas, en toda la belleza que hay en
tu vida. Puede que estés en una época en la que esto sea
fácil, o quizá ahora puede ser un momento que no es
exactamente «bueno y perfecto».

Las peonías de junio, el guiño de la luna creciente, amar
y ser amada… todo esto son regalos de Dios. Tu Padre
es un buen padre, un dador de buenos regalos. Y esto no
cambia aunque tus circunstancias se alteren.

*Señor, cada día envías regalos recordándome que eres
bueno y que soy tuya. Ayúdame a ver tus regalos incluso a
través de las lágrimas. Tú eres constante; tú eres perfecto.
Gracias por amarme.*

Las lágrimas se convierten en gozo

Los que sembraron con lágrimas, con regocijo segarán.
SALMO 126:5 (RV60)

En momentos de tristeza, ya sea porque te acaban de partir el corazón o al recordar una ruptura lejana, puede que te parezca que el dolor no termina nunca. No hay palabras de consuelo, por muy bien intencionadas o verdaderas que sean, que puedan llevarse ese sufrimiento.

Estos son los momentos en los que lo único que tenemos que hacer es encaramarnos al regazo de nuestro Abba y permitir que su amor y sus promesas nos envuelvan para consolarnos. Él no nos dice cuándo, pero sí que nos lo asegura: volverá a haber un momento en nuestras vidas en el que gritaremos de gozo.

Padre, hay días que simplemente me sobrepasan.
Este mundo nos trae tantas dificultades, problemas y
tristezas que lo único que quiero es envolverme en tu
abrazo. ¡Y qué maravilla es saber que puedo hacerlo!
Tú me abrazas con fuerza y me susurras tus promesas al
oído: «Volverás a reír. Puede que hoy llores, pero un día
volverás a gritar de alegría».

Aceptación incondicional

Por tanto, acéptense mutuamente, así como Cristo los
aceptó a ustedes para gloria de Dios.
ROMANOS 15:7 (NVI)

Ojalá mi amiga no fuera tan criticona. Ojalá él expresara más
sus sentimientos. ¿A que es muy fácil enumerar las formas
en las que otras personas podrían cambiar para ser mejores?
Sabemos que se nos llama a vivir en armonía con los demás,
pero «los demás» puede que nos lo pongan muy difícil.

Aun así, tenemos que aceptarnos unos a otros como Cristo
hizo con nosotros. Jesús nos quiere tal como somos: rotos,
imperfectos, pecadores. Si así es como el Salvador nos abre
sus brazos, ¿quién somos nosotros para poner condiciones
a nuestra aceptación de cualquier otra persona?

*Señor, gracias por aceptarme tal como soy. Tú ves más allá
de mis muchos defectos y me amas tal como soy. Ayúdame
a ver a los demás como tú los ves y a glorificarte a través de
una aceptación incondicional.*

Un corazón que se preocupa por los demás

Pues Dios trabaja en ustedes y les da el deseo y el poder
para que hagan lo que a él le agrada.
FILIPENSES 2:13 (NTV)

¿Cuándo fue la última vez que fuiste bondadosa con
alguien porque sí? Ya sea comprarle una hamburguesa a un
indigente, donar dinero para cavar un nuevo pozo en África
o simplemente sonreírle a un desconocido en la sección de
verduras del supermercado… todos estos impulsos son
prueba de la obra del Espíritu en tu vida.

Cuanto más en sintonía estamos con Dios, más trabajará en
nosotros. A medida que centremos nuestros pensamientos
en su amor perfecto y acudamos a él en busca de
inspiración, él nos ofrecerá oportunidades, grandes y
pequeñas, para expresar su amor hacia los demás.

Dios, hoy te doy las gracias por darme un corazón que se
preocupa por los demás. Ayúdame a ver y a aprovechar
las oportunidades que tú me das para compartir tu amor y
bondad, hoy y todos los días.

Él nunca duerme

Él no permitirá que tropieces;
el que te cuida no se dormirá.
SALMO 121:3 (NTV)

¿Cuánto tiempo puedes aguantar sin dormir? Seguramente la mayoría de nosotros ha pasado al menos una noche en vela, aunque también hemos acabado desplomándonos sobre la cama, agotados, en cuanto hemos tenido la ocasión. Da igual lo importante que sea la tarea o lo esencial que sea estar despierto: todos tenemos que descansar en algún momento.

Todos menos Dios. Él es quien vigila constantemente que no te pase nada, quien se asegura de que no tropezarás al subir hoy tu montaña, quien nunca deja de observarte. Siempre y para siempre, día y noche, él cuida de ti.

Padre, hoy me maravillo al ser consciente de que tú nunca apartas tus ojos de mí. Tú tienes mi eternidad en tu corazón y no me permitirás caer. Sean cuales sean mis errores, tú estás despierto y listo para guiarme de vuelta al camino correcto. Gracias, Dios, por tu presencia constante.

Sin oscuridad

Este es el mensaje que hemos oído de él
y que les anunciamos: Dios es luz y en él no
hay ninguna oscuridad.
1 JUAN 1:5 (NVI)

En la oscuridad total buscamos instintivamente la luz. Encendemos los móviles, tanteamos para encontrar un interruptor o encendemos una vela. Con una sola fuente de luz, la oscuridad puede ser vencida. Podemos saber a dónde ir.

El mismo principio se aplica a nuestros corazones. Dios es pura luz y con él podemos superar cualquier oscuridad a la que nos enfrentemos. No hay tentación, no hay adicción, no hay poder demasiado poderoso para Dios.

Padre, sé que siempre que me enfrente a la oscuridad, lo único que necesito es buscar tu rostro. Tú eres bueno, tú eres puro, tú eres luz. Rindo a ti mi batalla contra la oscuridad y te pido que me ayudes a salir airosa. Quiero vivir en tu luz pura.

Él te eligió

Señor, solo tú eres mi herencia, mi copa de bendición; tú proteges todo lo que me pertenece. La tierra que me has dado es agradable; ¡qué maravillosa herencia!
SALMO 16:5-6 (NTV)

Si eres una seguidora de Cristo, Dios eligió exactamente cuándo y cómo invitarte a unirte a su familia. Recibiste la invitación más prestigiosa y deseada de toda la historia. Él te eligió a ti.

Quizá buscabas tener una vida más significativa y él te dirigió a una comunidad cristiana. O a lo mejor necesitabas un cambio radical en tu vida, liberarte de una adicción o de otro patrón destructivo, y sentiste cómo él te arrancaba de la oscuridad. Fuera como fuera, él te llamó por tu nombre y ahora eres suya.

Señor, nunca lo entenderé: tú me elegiste. Me sacaste de la oscuridad, me llevaste a la luz y al amor y a la esperanza. Soy tuya, hoy y para siempre. ¡Gracias!

Has sido elegida

Dios decidió de antemano adoptarnos como
miembros de su familia al acercarnos a sí mismo
por medio de Jesucristo. Eso es precisamente
lo que él quería hacer,
y le dio gran gusto hacerlo.
EFESIOS 1:5 (NTV)

Los niños adoptados nunca tienen que preguntarse si son
deseados. Han crecido con la certeza de que sus padres
los han elegido. Qué bendición.

Como hija de Dios, has recibido la misma maravillosa
certeza. Él te ha adoptado y elegido especialmente para
complacerse en ti. No para lograr una gran hazaña, ni para
cumplir un heroico propósito, sino simplemente porque él
te quería a ti.

*Padre, no puedo creer que tú me eligieras. Con todos
mis defectos y todas las veces en las que me desvío, me
maravilla que tú me llames tu hija amada. Saber que te
complaces en mí, simplemente por ser quien soy, es uno de
los grandes gozos de mi vida.*

Él te protegerá

Con sus plumas te cubrirá y con sus alas
te dará refugio. Sus fieles promesas son
tu armadura y tu protección.
SALMO 91:4 (NTV)

Como un águila, Dios nos protege bajo sus alas ante los
ataques y las tormentas. Qué imagen más potente y, a la
vez, más tierna. Qué maravilloso es que te abrace contra
su cuerpo y notar su calidez.

¿Descansas en esta promesa de protección o estás
constantemente en guardia, siempre asomando la
cabeza para ver qué peligros acechan? Quizá incluso has
intentado abandonar completamente el nido y cuidar de ti
misma. Si es así, vuelve a su lado. Acepta su protección.

*Señor, tú eres mi refugio. Gracias por ofrecerme un lugar
cálido y seguro en el que protegerme de las tormentas de
la vida. Perdóname por las veces en las que me resisto a ti
y creo que puedo hacerlo sola. Tus alas son mi armadura,
poderosas para salvarme.*

Paz y tranquilidad

Y el efecto de la justicia será paz;
y la labor de la justicia, reposo y seguridad
para siempre.
ISAÍAS 32:17 (RV60)

Paz y tranquilidad. Solo pronunciar estas dos palabras
ya supone un consuelo. Aunque también puede resultar
desesperanzador si parece que están fuera de nuestro
alcance. Ay, ¿cómo podremos conseguirlas algún día?

A través de la rectitud vienen la paz, la tranquilidad y la
confianza. Para siempre. «Rectitud» es una palabra muy
contundente y puede que la hayas rehuido. Si es así, hazla
tuya. La rectitud no es un ideal inalcanzable de perfección
o superioridad. No, la rectitud es poner a Dios en el primer
lugar y vivir de un modo que le honre. A cambio de tu
honra, él te ofrece la paz y la tranquilidad que tanto ansías.

*Señor, quiero vivir una vida recta. No solo por la paz que
tú ofreces a cambio, ni por la tranquila seguridad que me
ofrece tu amor por mí, sino porque tú eres Dios y mereces
completamente mi honor y devoción.*

¿Por qué?

Así como no sabes por dónde va el viento ni cómo se forma el niño en el vientre de la madre, tampoco entiendes la obra de Dios, creador de todas las cosas.

ECLESIASTÉS 11:5 (NVI)

¿Por qué? Imagínate a un niño pequeño que acaba de comprender el significado y el poder de estas dos maravillosas palabras. Una y otra vez, ante todo lo que oye, responde: «¿Por qué?».

A medida que crecemos aprendemos a dejar de preguntar por qué tan a menudo, pero dentro de nuestras mentes conservamos un poderoso deseo de saber. Es la naturaleza humana. Aun así, cuando se trata de la mente de Dios, no somos capaces de satisfacer ese deseo. Su mente y sus caminos son insondables. Aceptar e incluso abrazar esta verdad es una señal de crecimiento espiritual.

Padre, ansío conocerte. Incluso ante aquellas cosas que no puedo comprender, mi alma suplica y quiere saber por qué. Ayúdame a disfrutar de estas preguntas. Ayúdame a descansar en tu soberanía.

Un café con Dios

Me anticipo al alba y clamo; en tus palabras espero.
SALMO 119:147 (LBLA)

¿Cómo son tus mañanas? ¿Te levantas antes de lo necesario, ansiosa por empezar el día, o prefieres pedirle cinco minutitos más al despertador? Si eres de las segundas, ¿empiezas tu día con Dios?

Varias veces en la Palabra se nos anima a ser personas mañaneras. Para algunos este consejo no es ni siquiera necesario; para otros, parece completamente fuera de nuestro alcance. «Es que yo no soy así», decimos. Pues quizá, en este caso, lo que nos hace falta es… empezar a ser así. Si supieras que tienes una cita para tomar café con el Padre, ¿necesitarías siquiera un despertador?

Señor, no quiero perderme ni un minuto contigo. Empezar mi día en tu Palabra, empapándome de tu sabiduría, es un gozo y un privilegio. Ya sea por primera o por milésima vez, quiero pasar los primeros minutos de cada día a solas contigo.

Amor real

Fuera de ti, desde tiempos antiguos nadie ha escuchado
ni percibido, ni ojo alguno ha visto, a un Dios que, como
tú, actúe en favor de quienes en él confían.

ISAÍAS 64:4 (NVI)

Autenticidad. Es importante, ¿no? Siempre nos
preguntamos si el diamante, el bolso o la promesa son
auténticos. Todos hemos oído la expresión de que, si algo
es demasiado bueno para ser cierto, seguramente no lo
será, así que examinamos a las personas y posesiones que
hay en nuestras vidas en busca de autenticidad.

Qué gran consuelo nos da nuestro Dios: el único, el
verdadero Dios. Todas sus promesas son verdad y todos
sus regalos son buenos. Su amor es auténtico y es nuestro
si se lo pedimos.

Señor, tú eres Dios. El único, el todopoderoso Dios. ¿Quién
soy yo para que tú hagas algo por mí, para que le hables
a mi vida? Y, aun así, lo haces. Haz que mi amor por ti sea
auténtico y que mis palabras de alabanza sean verdaderas.

Agosto

Bendito el hombre que confía en el

Señor

y pone su confianza en él.

Será como un árbol plantado junto al

agua,

que extiende sus raíces hacia la

corriente [...].

Jeremías 17:7-8 (NVI)

Planifícate

> Ahora, pues, busquen al Señor su Dios
> de todo corazón y con toda el alma [...].
> 1 CRÓNICAS 22:19 (NVI)

El mes de agosto nos crea una sensación de expectativa. El verano termina y normalmente, en septiembre, todo vuelve a empezar de nuevo. La emoción flota en el aire con la llegada de los autobuses escolares y el inicio de la temporada de deportes. Empezamos a pensar en hacer el cambio de armario. Puede ser un gran momento para empezar a marcarnos una rutina.

Agosto puede significar que tus mañanas empiezan media horita antes para pasar tiempo en la presencia de Dios. O quizá dedicas unos momentos por la tarde para salir a dar un paseo rápido para orar. A lo mejor puedes empezar una cadena de oración con mujeres a las que conoces, para orar unas por otras a medida que vayan pasando los meses. Cuando apartas tiempo para reservarlo para el Señor, acaba convirtiéndose en un hábito diario: tu día no está completo sin él. Y ay, ¡cómo le deleita que pasemos tiempo en su presencia!

Señor, ayúdame a apartar un tiempo para ti con más decisión. Sé que tú siempre estás dispuesto a pasar tiempo conmigo, y quiero que estar ante ti sea una prioridad. Gracias por la paciencia que tienes conmigo y por tus suaves recordatorios de que me estás esperando.

Cuenta tu historia

Que lo digan los redimidos del Señor, a quienes
redimió del poder del adversario.
SALMO 107:2 (NVI)

¿Cuál es tu historia? Quizá es tan compleja que a duras
penas sabes por dónde empezar, o quizá piensas que es
demasiado insípida como para contarla. Sea cual sea, te
aseguro una cosa: es importante.

Desde el principio, Dios te tuvo presente en su mente.
Pensó en ti hasta el último detalle. Te ha amado desde
siempre. La forma en la que tú has descubierto esta
preciosa verdad, o la manera en la que se está revelando
ahora, tiene una tremenda importancia. Empieza a decirte
esto a ti misma y prepárate para contar tu historia cuando
llegue el momento.

Señor, cuando pienso en tu historia, la mía me parece tan,
tan pequeña… Gracias por haberme elegido para formar
parte de la tuya; es tan maravilloso que no lo puedo
comprender. Gracias por mi historia, Padre. Haz que aprenda
a verla como tú la ves: significativa, bella y valiosa.

Me has abierto los ojos, me has levantado y me has amado

El Señor abre los ojos a los ciegos,
el Señor levanta a los caídos, el Señor ama a los justos.
SALMO 146:8 (LBLA)

A nuestro Dios le encanta restaurar a su creación a la vida. Cuando Jesús vino a la tierra, sanó muchas necesidades físicas. Y, más allá de la sanación física, Jesús vino para restaurar nuestro espíritu. Él abrió ojos a la verdad, se dio a los pobres de espíritu y restauró a los creyentes para que sus vidas volvieran a ser rectas.

Qué gran bendición has recibido. Él te ha abierto los ojos, él siempre te levanta ante los problemas y él te ama porque has elegido el camino de la rectitud. Haz que el Dios de la restauración y del ánimo sea hoy tu fuerza.

Dios, tú has abierto mis ojos a la verdad; has perdonado mis pecados y me amas. Hay días en los que mi caída es más dura que otros, y hoy te vuelvo a necesitar para que, de nuevo, restaures mi cuerpo y mi alma.
Gracias por levantarme del suelo y animarme a andar por el camino de la rectitud.

Sus riquezas

Y este mismo Dios quien me cuida suplirá todo lo que
necesiten, de las gloriosas riquezas que nos ha dado por
medio de Cristo Jesús.
FILIPENSES 4:19 (NTV)

Las riquezas del Señor son su bondad, su gracia y su
soberanía como rey sobre todas las cosas. Dios siempre
es capaz de proveer para todas nuestras necesidades. A
veces puede que sintamos que no somos dignos de recibir
cosas del Señor. A veces nos cuesta tener confianza en él
y nos preocupan nuestras necesidades.

La buena noticia de Jesucristo es que él nos ha dado
acceso al trono de Dios. Eres una hija del Rey y él te ofrece
sus riquezas. Lo único que tienes que hacer es amarle,
pedirle lo que necesitas y confiar en su bondad. Su
promesa es cuidar de ti.

*Dios omnipotente, eres soberano y bueno. Gracias porque
quieres cuidar de mí. Hay cosas que siento que necesito
ahora mismo y te las entrego a ti. Oro para que me quites
esta carga mientras sigo confiando en ti todos y cada uno
de los días.*

Satisfecha

Tu amor es mejor que la vida; por eso mis labios
te alabarán. Te bendeciré mientras viva, y alzando mis
manos te invocaré. Mi alma quedará satisfecha
como de un suculento banquete, y con labios jubilosos
te alabará mi boca.
SALMO 63:3-5 (NVI)

Hay momentos en nuestras vidas en los que realmente
necesitamos una respuesta o una revelación, y a veces
solo queremos recibir una bendición. Nuestro Padre
amoroso nos dice que, simplemente, pidamos.

Dios quiere darnos buenos regalos. Puede que no
quieras pedir cosas porque sientes que son excesivas o
demasiado concretas. Pero Dios puede encargarse de
nuestras peticiones: no nos dará cosas que nos dañarán
o que queramos usar de forma egoísta. Él sabe qué es lo
mejor para nosotros. Su amor es mejor que la misma vida,
y sabe exactamente cómo satisfacernos.

*Señor, hay muchas cosas que necesito y muchas otras que
quiero. Te las pido ahora porque sé que tú eres un Padre
amoroso que quiere darme una respuesta hoy mismo.*

Restauración completa

Que todo lo que soy alabe al Señor; que nunca olvide
todas las cosas buenas que hace por mí. Él perdona todos
mis pecados y sana todas mis enfermedades.
SALMO 103: 2-3 (NTV)

Nuestro Dios es un Dios de restauración. Él nos muestra
su bondad, a través de su amor, en el hecho de que se
preocupa de todos los aspectos de nuestra persona. No
solo quiere restaurar nuestra relación con él, sino también
restaurar nuestros cuerpos para que gocen de salud.

Ya sea que suframos debilidad espiritual o física, a
veces podemos olvidar las promesas de Dios. En estos
momentos, piensa en su carácter; recuerda que él es un
Padre amoroso que quiere lo mejor para ti. Alábale con
todo tu corazón, alma y mente, y observa cómo él trae
restauración a las áreas de tu vida que más lo necesitan.

*Padre celestial, te alabo con todo mi ser. Recuerdo
tu bondad hacia mí y te pido que me muestres tu
misericordia. Perdona mis pecados y renueva mi corazón.
Sana mi cuerpo y restaura mi salud.*

Cada oración cuenta

Oren en el Espíritu en todo momento, con peticiones y ruegos. Manténganse alerta y perseveren en oración por todos los santos.
EFESIOS 6:18 (NVI)

A menudo analizamos demasiado las oraciones. Pensamos que tenemos que hacer que suenen elegantes o humildes. Quizá tratamos la oración como si fuera dinero: no queremos gastarla en peticiones equivocadas. Puede que no seamos capaces de confiar en nuestras intenciones al orar, pero Dios ve nuestro corazón.

El Señor quiere que hables con él en todo momento, con todo tipo de oraciones. ¡A veces podemos elevar una oración rápida para pedir ayuda y otras veces podemos estar una hora entera orando para alabarle! Da igual cómo ores: Jesús siempre estará ahí para escucharte.

Jesús, no siempre sé cómo orar; si tengo que ser breve, o informal, o si hay cosas que no debería pedir. Te doy las gracias por recordarme que, en realidad, da igual. Lo que importa de verdad es que yo te abra mi corazón en todo momento y reconozca que te necesito en todas y cada una de las áreas de mi vida.

Una oportunidad para gozarme

Amados hermanos, cuando tengan que enfrentar cualquier tipo de problemas, considérenlo como un tiempo para alegrarse mucho porque ustedes saben que, siempre que se pone a prueba la fe, la constancia tiene una oportunidad para desarrollarse.

SANTIAGO 1:2-3 (NTV)

No es fácil abordar los problemas con alegría, a no ser que comprendamos que todas estas cosas ayudan a bien. Una de las mejores cosas que producen los problemas es que somos probados. Y, aunque la prueba puede parecer algo por lo que deberíamos sentirnos ansiosos, cuando la superamos, tenemos más confianza que antes.

La resistencia es una cualidad esencial para ser fieles a nuestra fe en los momentos difíciles. En vez de rendirte cuando llegan los problemas, aférrate a tu fe en Jesús y pídele al Espíritu Santo que te ayude cuando lleguen las dificultades.

Señor, últimamente ha habido momentos en mi vida en los que siento que mi fe realmente está siendo puesta a prueba. Ayúdame a considerar mis desventuras como una oportunidad para apoyarme en ti y desarrollar mi resistencia. Dame gozo en medio de mis problemas, a sabiendas de que pronto llegarán cosas mejores.

Saciada

Se alegrarán el desierto y el sequedal;
se regocijará el desierto y florecerá como el azafrán.
ISAÍAS 35:1 (NVI)

Hay momentos en la vida en los que sentimos que siempre estamos luchando sin llegar a ninguna parte; en los que tenemos sed de algo más, sin lograr saciarnos. Dios ha prometido que llegará el día en el que nosotros, los redimidos, ya no ansiaremos la plenitud; en la que todo lo que deseamos se verá satisfecho.

Aun así, antes de que llegue ese día, Dios quiere y puede darte un oasis en el desierto y mostrarte señales de vida, sea cual sea el páramo por el que estés cruzando. Al igual que la promesa que Jesús le hizo a la mujer en el pozo, el agua que él te da es para siempre y se convierte en nosotros en un manantial que brota para vida eterna.

Dios, te doy las gracias por el agua que me das para satisfacer mi alma. Quiero sacarla de tu pozo eterno para poder soportar los momentos en el desierto y crecer en mis travesías por tierras salvajes.

Luz del alba

Para los justos la luz brilla en las tinieblas.
¡Dios es clemente, compasivo y justo!
SALMO 112:4 (NVI)

Estar despierta a medianoche puede resultar angustioso, pues muchas veces esta hora viene acompañada de miedos irracionales, pensamientos inquietantes o un espíritu intranquilo. Pero, en comparación, los primeros rayos de luz de la mañana pueden traer paz, esperanza y gozo.

Muchas veces la vida no parece estar llena de esperanza y gozo, especialmente cuando has sufrido dolor, ansiedad o depresión. Pero, aun así, la verdad de Dios es que incluso en tus momentos de oscuridad, su luz te alumbrará. La gracia, la compasión y la rectitud pasarán a ser tuyas cuando permitas que la vida de Jesús brille en tu corazón.

Jesús, a veces me desespero por la oscuridad de este mundo. En estos momentos elijo confiar en la luz que tú traes a mi vida y al mundo. Hazme experimentar la esperanza y el gozo que vienen con el alba.

La teología del trueno

Dios hace tronar su voz y se producen maravillas: ¡Dios
hace grandes cosas que rebasan nuestra comprensión!
JOB 37:5 (NVI)

El trueno es potente, misterioso e imponente, así que no
resulta de extrañar que se utilice para describir la voz de
Dios. Con su voz, él creó los cielos y la tierra. Su voz puede
doblegar todas las cosas a su voluntad.

A lo largo de la historia, Dios ha hecho grandes cosas
y él sigue siendo capaz de hacerlas hoy en día. ¿Cuáles
son las grandes cosas que has estado pidiendo para tu
vida? ¿Crees que él puede hacerlas? Igual que pasa con el
trueno, puede que no comprendamos completamente
cómo obra Dios, pero sí que sabemos que él está ahí y es
poderoso. Confía en que él hará grandes cosas.

*Dios todopoderoso, tú has creado los cielos y la tierra.
Tú eres fuerte y digno de mi alabanza. Gracias por hacer
grandes cosas en mi vida y en el mundo que me rodea.
Enséñame a adorarte como el Dios admirable que eres.*

El horno ardiente

Si nos arrojan al horno ardiente, el Dios a quien
servimos es capaz de salvarnos. Él nos rescatará
de su poder, su Majestad.

DANIEL 3:17 (NTV)

¡Qué tremenda confianza mostraron Sadrac, Mesac
y Abed-nego en el poder de Dios para rescatarlos del
horno ardiente! No solo se negaron a adorar al ídolo del
rey, sino que pasaron voluntariamente por el fuego para
demostrar el poder de su Dios.

Es poco probable que, para defender el nombre de Dios,
tengas que pasar literalmente por las llamas, pero él
honrará tu decisión de dar la cara por tu fe en él. Puede
que te sientas presionada por la mayoría para vivir de
una forma concreta, para aceptar otras religiones y para
ceder en tus estándares. Cobra ánimos en el hecho de que
nuestro Dios es el Dios que salvó milagrosamente a estos
fieles hombres del fuego; él es el único digno de alabanza.

Amado Dios, dame una fe tan fuerte como la de estos
tres hombres. Ayúdame a ser firme contra los ídolos de
este mundo y a aferrarme a mi fe en ti. Quiero servirte
durante el resto de mis días y te pido que me protejas en
este camino.

Mi Redentor vive

> Yo sé que mi Redentor vive, y al fin
> se levantará sobre el polvo.
> JOB 19:25 (RV60)

Si conoces la historia de Job, sabrás que Dios le permitió sufrir muchísimo: perdió su familia, su salud y sus riquezas. Seguro que nos identificamos con Job en su lucha para comprender a Dios y la futilidad de la vida.

En medio del sufrimiento, la única cosa a la que quizá somos capaces de aferrarnos es a una declaración. Aunque Job no podía comprender su sufrimiento ni los caminos de Dios, él declaró con sus labios lo que sabía en su corazón: «Mi Redentor vive». Cobra ánimos al meditar en esta declaración. Dios es el único que tiene la última palabra, tanto para tu vida como para esta tierra, ¡y tú puedes proclamar con atrevimiento que él vive!

Señor Dios, gracias por los hombres y las mujeres que anduvieron sobre esta tierra antes que nosotros y que demostraron una fe extraordinaria en medio del sufrimiento. Hoy declaro, Señor, a pesar de todos los problemas de la vida, ¡que mi Redentor vive!

Satisfecha en todas las circunstancias

Sé lo que es vivir en la pobreza, y lo que es vivir en la abundancia. He aprendido a vivir en todas y cada una de las circunstancias, tanto a quedar saciado como a pasar hambre, a tener de sobra como a sufrir escasez.

FILIPENSES 4:12 (NVI)

¿Cuál es el secreto que comprendió Pablo sobre sentirse satisfecho y por qué te será útil a ti en muchísimos momentos? La desventaja tanto de la pobreza como de la riqueza es que siempre queremos más.

El secreto de la satisfacción de Pablo era que él había experimentado la provisión de Dios para sus necesidades espirituales, emocionales y físicas, y sabía que no necesitaba nada más que la confianza en el Señor Jesucristo.

No necesitas tener más para ser feliz. Jesús es más que suficiente para ti. En cuanto comprendas esto, podrás decir, como Pablo, que has aprendido el secreto de sentirte satisfecha.

Amado Señor, te pido que me perdones por mi actitud de siempre querer más. Sé que tú me has dado todo lo que necesito y que cuidas de mí. Te pido que me des contentamiento en mi corazón, confiando en ti en todas las cosas.

Examíname

> Examíname, oh Dios, y sondea mi corazón; ponme a
> prueba y sondea mis pensamientos. Fíjate si voy por mal
> camino, y guíame por el camino eterno.
> SALMO 139:23-24 (LBLA)

Examinar implica mirar en todos los lugares posibles para ver lo que hay. Pedirle a Dios que examine tu corazón significa que lo estás invitando a saber todo lo que hay en él. La vulnerabilidad es difícil, en especial cuando estamos luchando contra el orgullo o cuando queremos ocultar sentimientos dolorosos (o incluso pecados).

Por supuesto, Dios ya sabe lo que hay en tu corazón, así que no tiene ningún sentido ocultarte. Pero, cuando le invitas, estás reconociendo que puede que necesites que él te enseñe cosas en tu corazón y mente que necesitan su amor y su orientación. Ten presente que, cuando te rindas a él, su amor cubrirá todas tus faltas y él te llevará por el camino eterno.

Examíname, Señor, y conoce mi corazón.
Ayúdame a dejar a un lado mis pensamientos de angustia
y mi forma incorrecta de actuar. Quiero que me guíes
por tu camino eterno.

Un amor que vuelve

A los que me aman, les correspondo;
a los que me buscan, me doy a conocer.

PROVERBIOS 8:17 (NVI)

Con Dios nunca nos tenemos que preocupar de si nuestro amor no es correspondido. Siempre sabemos con certeza absoluta que nuestro amor, por muy apasionado que sea, siempre nos será devuelto con una pasión mucho mayor. Dios ama a aquellos que le aman y quiere que lo busques. E incluso más: él ansía que lo encuentres.

No pienses que cuando gritas su nombre con desesperación el viento se lleva tus palabras. Él te oye y te ama. Él se entrega ti. Sigue amándolo. Sigue buscándolo. Él se entregará a ti incluso con más abandono del que puedas imaginar.

Jesús, gracias por amarme perfectamente. Gracias por entregarte por completo a mí. Gracias porque has abierto un camino para que yo pueda entrar en tu gloria y para que puedas amarme para siempre.

Alabanza continua

Desde el nacimiento del sol hasta donde se pone, sea
alabado el nombre de Jehová.
SALMO 113:3 (RV60)

¿Cómo sería eso de adorar a Dios desde el momento en el
que nos despertamos cada mañana hasta el momento en el
que nos dormimos cada noche? Nuestra alabanza constante
no solo complacería a Dios, sino que también nos afectaría
tremendamente en nuestra perspectiva personal.

Una alabanza consciente y continua solo puede provocar
un gozo consciente y continuo. Cuando decidimos que en
cada instante le estaremos agradecidos y lo alabaremos,
entonces encontraremos en cada momento belleza, gozo y
satisfacción.

*Señor, te alabo por tu amor por mí. Te pido que me ayudes
a ser alguien que te alaba cada día, todo el día. Te pido que
cultives en mí la apreciación de tu bondad y un deseo vivo de
adorarte constantemente.*

Un Dios de gracia

Por eso el Señor los espera, para tenerles piedad; por eso
se levanta para mostrarles compasión. Porque el Señor es
un Dios de justicia. ¡Dichosos todos los que en él esperan!

ISAÍAS 30:18 (NVI)

Podemos quedar tan abrumados por nuestros propios
problemas, vergüenza o ideas equivocadas que acabamos
por perder de vista la verdad más bella y sencilla: nuestro Dios
desea ardientemente mostrar su gracia. No busca manifestar
su enfado o su castigo. No se alza para revelar su poder y su
terrible grandeza, sino para tendernos su compasión.

Si entramos en la prèsencia de Dios con este punto de vista,
su amor nos conmoverá, a pesar del miedo que podríamos
tenerle a su justicia: el castigo que merecemos se ve
superado por la gracia que él tanto ansía concedernos.

*Me conmueve el poder de tu gracia hacia mí. Ayúdame a
esperarte y a descansar siempre en tu gracia y tu compasión,
más que en mis propias fuerzas y capacidad para hacer el bien.*

Gozo completo

También vosotros ahora tenéis tristeza;
pero os volveré a ver, y se gozará vuestro corazón,
y nadie os quitará vuestro gozo.
JUAN 16:22 (RV60)

El gozo que viene con la presencia del Señor es un gozo que no nos puede ser arrebatado. Cuando recordamos lo que Cristo ha hecho por nosotros, si pensamos en cómo su gracia ha cambiado el rumbo eterno de nuestras vidas, no podemos evitar sentirnos repletos de una alegría irreprimible.

Puede que nos cueste tener presente el gozo de nuestra salvación en aquellos momentos difíciles en los que nuestras vidas se complican. Pero llegará el día en el que Jesús volverá a esta tierra, lo enderezará todo y podremos experimentar un gozo completo.

Gracias, Jesús, por el gozo de mi salvación.
Gracias porque, en tu presencia, nadie puede quitarme la
alegría. Espero con ansia el día en el que te veré cara
a cara y mi gozo será completo.

Jesús te ayuda a seguir en la carrera

[...] No temáis; vosotros habéis hecho todo este mal;
pero con todo eso no os apartéis de en pos de Jehová, sino
servidle con todo vuestro corazón.
1 SAMUEL 12:20 (RV60)

A menudo luchamos con la idea de tener que perdonarnos porque no tenemos paz sobre los pecados de nuestro pasado. Pero el hecho aquí es el siguiente: el perdón de Jesús es lo importante; si él te ha liberado, tú no tienes ya ni voz ni voto al respecto. Jesús ha perdonado tus pecados. Él te ha limpiado las rodillas manchadas de tierra y sangre, ha curado tus heridas y te ha dado un beso sobre la tirita. Ahora ya puedes volver a correr.

Al correr no te detengas nunca porque has perdido la esperanza o te han invadido las dudas. Nunca quites la mano del arado porque no te sientes digna. Nunca has sido digna del derecho de servir a Dios. Jesús es la persona que te compró y él es quien te perdonó. Si aquel que juzga todas las cosas ha declarado que eres limpia, entonces eres como una novia inmaculada.

Dios, ayúdame a servirte con todo mi corazón. Libérame de la condenación y del dolor. Ayúdame a conocer realmente tu amor y tu perdón. Gracias por redimirme y atraerme hacia ti.

Dedicada
completamente a ti

Solamente él es tu Dios, el único digno de tu alabanza, el
que ha hecho los milagros poderosos que viste con tus
propios ojos.

DEUTERONOMIO 10:21 (NTV)

Las multitudes se reúnen en la presentación del rascacielos
más nuevo de una ciudad, celebrando esta hazaña de
arquitectura e ingeniería, comercio y creatividad. La luz del
sol baña el mirador mientras un funcionario corta la cinta
de inauguración. Detrás de él están algunos de los muchos
obreros, diseñadores e ingenieros cuyos conocimientos,
imaginación y experiencia han conseguido hacer que unos
meros planos se convirtieran en realidad. Pero solo un experto,
el arquitecto, puede realmente llevarse el mérito de la idea del
edificio. Lo conoce como la palma de su mano. Todos los que
lo rodean luchan para ser el centro de atención, y el arquitecto
se pierde entre el ruido y los gritos para apuntarse el tanto.

Tú conoces a este arquitecto. Él es tu diseñador: el responsable
de tu vertiginosa altura y abundantes bendiciones. *Solamente
él es tu Dios.* ¿Le señalas solo a él para darle la gloria? *El
único digno de tu alabanza.* ¿Le has elevado un cántico de
agradecimiento? Los poderosos milagros de tu vida han sido
diseñados por su mano, para que todo el mundo los vea.

*Dios, quiero dedicarme completamente a ti, el arquitecto de
mi vida. Tú me conoces del derecho y del revés. Gracias por
tu mano, que me colma de bendiciones. Te doy la gloria y el
honor de todo lo que has hecho en mi vida.*

Ánimo en la Palabra de Dios

Oh Señor, he anhelado que me rescates,
y tus enseñanzas son mi deleite. Déjame vivir para que
pueda alabarte, y que tus ordenanzas me ayuden.
SALMO 119:174-175 (NTV)

Hay maravillas escondidas en los copos de nieve, las gotas de lluvia e incluso los bichos más extraños. Aunque a menudo no es que nos apasione la idea de encontrarnos con demasiadas de estas cosas, si nos detenemos a examinarlas con atención, si realmente *vemos* cómo son, resultan fascinantes.

Lo mismo puede decirse de la Palabra de Dios. Puede que la mostremos de diferentes formas y en distintos lugares en nuestras casas, escuelas, lugares de trabajo o iglesias pero, si no nos detenemos realmente para empaparnos de estas palabras, podemos perdernos las ricas bendiciones que contienen. Si creemos que Dios nos quiere animar a través de su Palabra, no hay duda de que encontraremos ánimos en ella: Dios la diseñó para que se usara con este propósito.

No leas por encima la belleza y la profundidad de su Palabra. Es la única palabra que trae consigo la riqueza de la eternidad.

Dios, ayúdame a no ver de pasada la belleza y la profundidad de tu Palabra. Solo ella contiene la riqueza de la eternidad y los ánimos que necesito para cada nuevo día.

Soportar las pruebas

Y la constancia debe llevar a feliz término la obra, para
que sean perfectos e íntegros, sin que les falte nada.
SANTIAGO 1:4 (NVI)

La creación de un diamante es, para el carbón que se está
transformando, un proceso largo y doloroso. El simple
carbón pasa por una tremenda presión que lo refina y
acaba produciendo una creación completamente nueva.
En este momento puede que solo veamos una roca sucia,
pero todavía queda otro paso por hacer. Después de que
el experto corte la roca, de ella emerge un brillante y
perfecto diamante: magnífico, reluciente, espectacular.

Cuando pasamos por las pruebas, el largo y doloroso
proceso puede parecernos injusto. Pero la historia de
nuestra vida está escrita por un Creador compasivo que
está creando una obra de arte. Él nos está refinando como
el diamante para convertirnos en algo que va mucho más
allá de lo que podamos imaginar. Podemos regocijarnos
en la belleza que está creando. Puede que ahora no lo
veas, pero pronto llegará.

*Padre, muéstrame la belleza que está a punto de emerger
bajo la superficie de las pruebas a las que me enfrento. Me
someto a tu proceso y confío en tus diestras y cariñosas
manos. Haz que salga de esta situación más fuerte y más
brillante, reluciendo para ti.*

Eternidad

Nosotros somos ciudadanos del cielo,
donde vive el Señor Jesucristo; y esperamos con mucho
anhelo que él regrese como nuestro Salvador.
FILIPENSES 3:20 (NTV)

La cuestión de la eternidad es un tema muy duro. La
Biblia nos dice que el cielo es un lugar real, habitado por
aquellos que han aceptado a Jesucristo como su Salvador.
Aquellos que no han creído en él pasarán la eternidad
separados de él, lo que viene a ser la esencia del infierno:
una eternidad ausente de cualquier cosa buena. Pero
aquellos que creen en la muerte y resurrección de Jesús
para perdonar los pecados vivirán y compartirán su gloria.
Nuestros cuerpos serán transformados y todo pasará a
estar bajo su control.

¡Qué alivio es conocer la verdad! La eternidad es una
garantía y tú puedes tenerla: ser ciudadana de los cielos.
Se te ha prometido una herencia de gloria, donde el dolor,
el sufrimiento y la debilidad serán transformados. Todo
el engaño, el odio y la avaricia pasarán a estar bajo el
control de Jesucristo y él hará nuevas todas las cosas. Tu
eternidad ha sido establecida por fe.

*Padre, gracias por la esperanza de una eternidad pasada
contigo y con el resto de tus hijos. Cuán maravilloso
será compartir tu gloria y ver cómo todas las cosas son
renovadas.*

Adonde él me lleve

Irán con lloro, mas con misericordia los haré volver, y los haré andar junto a arroyos de aguas, por camino derecho en el cual no tropezarán; porque soy a Israel por padre [...].
JEREMÍAS 31:9 (RV60)

El camino del creyente es una peregrinación que dura toda la vida y que no termina en un templo religioso o una ciudad, sino en el reino de los cielos. Los sacrificios, dificultades y luchas de nuestro recorrido forman parte de esta migración, y no terminarán hasta que lleguemos a la eternidad. Allá donde vaya el camino, nosotros lo seguiremos. Por muy larga y polvorienta que sea la ruta, seguiremos adelante. Con paso decidido, avanzamos hacia nuestro destino hasta que se nos dé la bienvenida a nuestro hogar.

Pero no andamos los muchos pasos de nuestra peregrinación solos, sino junto a uno que nunca se pierde, nunca se cansa y nunca tiene miedo. Sabe que estamos confundidos y solos, así que él personalmente nos dirige. Sabe que tenemos sed, así que él nos da de beber en el camino. Sabe que estamos dañados y rotos, así que nos lleva por un camino recto para protegernos. Es un buen Padre y podemos confiar en su liderazgo. Tu peregrinación es un camino largo y bello, y cada paso vale la pena.

Señor, me guíes donde me guíes en esta temporada, confío lo suficientemente en ti como para decir que te seguiré. Creo que tú sabes cuál es el mejor camino para mí y que no me abandonarás a mi suerte para que encuentre el camino sola.

Vestida de alabanza

Entrad por sus puertas con acción de gracias, por sus
atrios con alabanza; alabadle, bendecid su nombre.
Porque Jehová es bueno; para siempre es su misericordia,
y su verdad por todas las generaciones.
SALMO 100:4-5 (RV60)

¿Alguna vez has visto el ceño fruncido de un niño pequeño
y le has sacado la lengua para que sonría? Incluso el
pequeño más tozudo a menudo acaba cediendo y riendo
ante unas cosquillas o muecas graciosas. Por desgracia,
no podemos hacer lo mismo con los adultos. Imagínate
intentar cambiar la actitud de una malhumorada anciana
con el mismo método. La idea es algo ridícula.

Cuando las situaciones de la vida nos entristecen y todo lo
que nos rodea es oscuridad y depresión, a veces hace falta
muchísima fe para elegir la alabanza. Pero a menudo es la
única cosa que realmente nos puede sacar de estos malos
momentos. Cuando elegimos agradecerle a Dios su bondad
y gracia, no podemos evitar empezar a ver la vida de una
forma más positiva. Cuando alabamos a Dios, dejamos de
centrarnos en nosotros para pasar a fijarnos en él.

*Dios, tú no mereces mi alabanza solo cuando la vida va
bien. Eres digno de mi adoración cada segundo de cada
día, sea cual sea la situación. Hoy elijo vestirme
de alabanza.*

Cada palabra

Y de la misma manera, también el Espíritu nos ayuda
en nuestra debilidad; porque no sabemos orar como
debiéramos, pero el Espíritu mismo intercede por
nosotros con gemidos indecibles; y aquel que escudriña
los corazones sabe cuál es el sentir del Espíritu, porque él
intercede por los santos conforme a la voluntad de Dios.
ROMANOS 8:26-27 (LBLA)

Cuando somos demasiado débiles en nuestra carne como
para saber cómo o qué orar, podemos contar con que el
Espíritu Santo nos indicará el camino. ¡Qué alivio! Cuando
parece que no nos salen las palabras o cuando nuestras
súplicas parecen vacías, podemos pedirle al Espíritu Santo
que interceda por nosotros con oraciones que van más
allá de las simples palabras.

Dios oye a sus hijos. Y él oye a su Espíritu en un idioma
que solo la santidad puede hablar. Cree que Dios oye tus
oraciones. El Espíritu Santo nunca se quedará sin cosas
que decirle al Padre. Eleva tus súplicas siempre que
puedas, y ten la certeza de que él escucha cada palabra.

Dios, gracias por escuchar cada una de mis palabras.
Espíritu Santo, gracias por hablar con el Padre cuando
no sé qué decir. Elijo creer que mis palabras son
importantes para ti.

28 DE AGOSTO

La protección de Dios

Porque tú has sido baluarte para el desvalido, baluarte para el necesitado en su angustia, refugio contra la tormenta, sombra contra el calor; pues el aliento de los crueles es como turbión contra el muro.

ISAÍAS 25:4 (LBLA)

En Cristo estamos protegidos. Tenemos un escudo fuerte, un defensor fiel y un guardián constante. Pero muchos confunden esta promesa como una garantía contra el dolor, el sufrimiento o las dificultades. Cuando las penas nos sobrepasan, ¿somos capaces de seguir fieles a nuestro protector? ¿Interpretaremos las adversidades como una traición, o aceptaremos con los brazos abiertos una protección que a veces implica hacernos más resistentes?

La seguridad de Dios nos protege según lo que necesitamos, no necesariamente de lo que nos hace daño. Las tormentas rugen a nuestro alrededor y el calor nos llenará la piel de ampollas, de forma incesante e incluso durante mucho tiempo. ¿Puedes creer que él te protegerá en todo esto? Su mano está sobre ti, defendiéndote y protegiéndote; no permitas que ninguna tormenta haga tambalear tu fe en esto, querida.

Padre, creo que tu mano de protección está sobre mi vida incluso cuando las cosas no van como yo desearía. Mi fe se hace más profunda cuando reconozco que tú estás conmigo en la tormenta.

Un propósito concreto

Porque somos hechura de Dios, creados en Cristo Jesús
para buenas obras, las cuales Dios dispuso de antemano a
fin de que las pongamos en práctica.
EFESIOS 2:10 (NVI)

Muy pocas personas saben exactamente lo que quieren ser
cuando *sean mayores*. Hacemos varios test para encontrar
nuestro tipo de personalidad, puntos fuertes y dones
espirituales; todo para saber qué deberíamos hacer con
nuestras vidas. Aunque estas pruebas puedan ser un buen
indicador de las oportunidades que nos podrían ir mejor,
la mejor forma de encontrar el lugar donde encajaremos
perfectamente es acudir directamente a la fuente.

Independientemente de lo que puede que te hayan dicho,
tú has sido planeada por Dios. Eso significa que él te ha
puesto en esta tierra por un motivo muy concreto. El deseo
de Dios es que tú colabores con él en este plan. Cuando
empieces a caminar en su propósito, encontrarás el gozo, la
paz, la fuerza y la gracia que necesitas para llevarlo a cabo.

*Elijo creer que tú, Dios, tienes un propósito para mi vida.
No quiero limitarte con mis planes y deseos porque sé que
tienes algo mayor y mejor para mí de lo que puedo siquiera
imaginar. Te pido que me lo empieces a revelar ahora.*

Todo lo que hago

No nos cansemos, pues, de hacer bien;
porque a su tiempo segaremos, si no desmayamos.
GÁLATAS 6:9 (RV60)

«¡Mírame! ¡Mírame! ¡Mira esto!». Ay, cuán a menudo los niños buscan el reconocimiento de cualquier persona que esté dispuesta a mirarlos. Incluso cuando se tiran de bomba en la piscina del mismo modo exacto que llevan haciéndolo toda la tarde, o cuando al intentar hacer la rueda por enésima vez les vuelve a salir torcida, saber que alguien los está mirando los anima a repetir una y otra vez lo mismo. ¿Somos realmente muy distintos a esos niños? ¿Acaso no buscamos reconocimiento en la vida? Queremos que alguien se fije en nuestros esfuerzos, nuestra calidad, nuestra diligencia o nuestra excelencia. Y, aunque odiamos admitirlo, puede que incluso nos disgustemos un poquito si nadie nos presta atención.

Podemos elegir buscar el reconocimiento de los demás o podemos creer que Dios ve todo lo que hacemos. Porque así es: lo ve todo. Le interesa ese proyecto en el que hemos trabajado tanto. Le encanta vernos dedicar nuestro tiempo a servir a los demás. Nos observa con deleite cuando damos lo mejor de nosotros mismos.

Dios, no quiero perder el tiempo intentando que los demás me digan lo bien que hago las cosas. Quiero compartir lo que tengo sin retenerme, a sabiendas de que tú tienes tus ojos sobre mí y no apartas la mirada.

Recuerda la fidelidad de Dios

Por cuanto en mí ha puesto su amor, yo también lo libraré;
le pondré en alto, por cuanto ha conocido mi nombre.
Me invocará, y yo le responderé; con él estaré yo en la
angustia;lo libraré y le glorificaré.
SALMO 91:14-15 (RV60)

Cuando leemos la Palabra de Dios, atamos nuestra
necesidad a la provisión de Dios. Leemos las palabras que
hay escritas y advertimos que Dios ha ayudado a personas
con las mismas necesidades que nosotros. Ya sea por
amor o por sabiduría, por provisión o por rectitud, Jesús
tiene todo lo que necesitamos. Él es un dador generoso
y nos llama a acercarnos para recibir lo que él tiene para
nosotros, incluida la intimidad con él.

Lee su Palabra y deja que esta te forme. Permite que
el Espíritu Santo te enseñe todas las cosas mientras
reflexionas y meditas. Lee salmos para encontrar consuelo
y ánimo; estudia el libro de Proverbios para ganar sabiduría.
La Palabra de Dios está escrita para ti y te pertenece.

*Señor, te ruego que me ayudes a leer tu Palabra y a
entenderla como tú quieres que la entienda. Confío en que
tú harás que mi fe crezca y que suplirás mis necesidades a
medida que aprenda y aproveche tu sabiduría. ¡Te amo!*

Septiembre

SIEMPRE TENGO PRESENTE AL SEÑOR;

CON ÉL A MI DERECHA, NADA ME HARÁ CAER.

SALMO 16:8 (NVI)

Fuerzas cada mañana

Señor, ten compasión de nosotros; pues en ti esperamos.
Sé nuestra fortaleza cada mañana, nuestra salvación en
tiempo de angustia.
ISAÍAS 33:2 (NVI)

En los momentos de crisis, cada nueva mañana requiere
nuestras fuerzas. En las temporadas llenas de dificultades,
cada despertar trae consigo preocupaciones, miedo y
angustia. Todos buscamos fuerzas en distintos lugares:
algunos encuentran seguridad en el bienestar económico;
otros, en la salud física; y otros, en la comunión y la amistad.

Si Cristo es la fuente definitiva de la fuerza, entonces cada
nueva mañana abriremos su Palabra y encontraremos la
verdad para contrarrestar la preocupación con la paz, el
miedo con la comprensión y la angustia con la constancia.
Su gracia nos hará más que capaces de levantarnos cada
mañana con fuerzas para el día.

Necesito tu fuerza, Señor, para enfrentarme a las
dificultades en mi vida. Cada nueva mañana quiero correr
a tu presencia para que me llenes con tu espíritu y me
prepares con tu amor.

Mi carga

Ahora quitaré la carga de tus hombros;
liberaré tus manos de las tareas pesadas.
SALMO 81:6 (NTV)

Las personas en los países en vías de desarrollo normalmente tienen pocas opciones a la hora de transportar según qué tipo de carga pesada. En África, las mujeres de algunas tribus son capaces de llevar hasta un 70 % de su peso corporal sobre la cabeza. Las cargas físicas son, valga la redundancia, cargantes, y para llevarlas hacen falta fuerza y resistencia.

Pasa lo mismo con las cargas espirituales y emocionales. El agotamiento y la fatiga del alma pueden traer consigo la depresión e incluso una pérdida de la esperanza. Sin embargo, ¡buenas noticias! Hay alguien que lleva nuestras cargas, alguien bien equipado y listo para quitarnos nuestro pesado fardo de las manos. Y nuestra responsabilidad es permitírselo. Pon todos tus miedos, inquietudes y preocupaciones en la robusta cesta de Dios y deja que se los lleve. ¡Olvídate de llevar tú todo esto sobre tu cabeza!

Señor, hoy pongo todas mis inquietudes en tu ancho cesto. Te las confío para que tú te ocupes. A medida que vaya resolviendo todos estos problemas, dime cómo seguir avanzando paso a paso. ¡Gracias por llevar mis cargas!

¿Estás brillando?

Vosotros sois la luz del mundo;
una ciudad asentada sobre un monte
no se puede esconder.
MATEO 5:14 (RV60)

Las luces de grandes ciudades como Los Ángeles,
Nashville y Atlanta se pueden ver desde el espacio. De
hecho, ¡su brillo aumenta en un 50 % durante Navidad!
Así que, simplemente, es una locura pensar que estas
ciudades pueden esconderse.

Como creyentes, debemos ser una luz que brille para
que todos la vean. Y nunca ha habido un momento en
el que haya hecho tanta falta tener un faro que alumbre
en la oscuridad. Atrevámonos a dejar de ocultarnos tras
la fachada de lo políticamente correcto y del miedo, y
empecemos a hablar y a vivir bajo la luz de la verdad de
Cristo. La luz del mundo vive en nosotros, y nosotros
conocemos esa verdad que libera.

*Señor, brilla en mí durante este día. Dame ánimos para
hablar y vivir según tu Palabra, diga lo que diga el mundo.
Quiero irradiar tu resplandor.*

Malas noticias

No temerá recibir malas noticias; su corazón
estará firme, confiado en el Señor.
SALMO 112:7 (NVI)

En esta era tecnológica puede que nos sintamos inundados
por sucesos de todo el mundo. Tenemos las noticias
disponibles a un solo clic y, a menudo, no son buenas. Y
muchas veces esperamos aquellas noticias personales que
te cambian la vida: un informe médico, el resultado de una
entrevista de trabajo o la nota de un examen. Nuestro
miedo es que el desenlace no sea el que esperamos.

El Salmo 112 nos dice que no debemos tener miedo a
las malas noticias. Si nuestro corazón es recto, estamos
protegidos y firmes. Ante cualquier información alarmante,
podremos estar en paz, a sabiendas de que estamos
seguros en las manos de Dios.

*¡Te estoy tan agradecida, Señor! A pesar de que me puedan
asaltar las malas noticias, no debo tener miedo incluso de la
peor de las posibilidades. Me siento segura y protegida en ti,
sea cual sea la situación.*

Florece allá donde hayas sido plantada

Mas la que cayó en buena tierra, estos son los
que con corazón bueno y recto retienen la palabra oída,
y dan fruto con perseverancia.
LUCAS 8:15 (RV60)

La mayoría de nosotros queremos dejar una huella
significativa en algún lugar a lo largo de nuestras vidas. Es
reconfortante creer que la rutina de nuestras vidas diarias no
es más que una preparación para una tarea tremendamente
importante que está al caer. Ya sabes, aquella noble causa,
aquel llamado, aquella misión trascendental que seguro que
estamos a punto de emprender.

Y entonces un día, en un momento de tranquilidad, el Señor
te susurrará al oído: «Esto es. Lo que estás haciendo es lo que
yo te he llamado a hacer. Haz tu trabajo, ama a tu prójimo,
sirve a los demás, búscame en primer lugar y todos los deseos
de tu corazón se verán cumplidos. Sé fiel exactamente aquí,
en el lugar en el que yo te he puesto. No tienes por qué lograr
grandes cosas para mí. Solo tienes que estar donde estás».

*Señor, ¡cuánto ansío hacer algo significativo! Quiero que
mi vida sea relevante. Ayúdame a comprender que lo
importante no es lo que hago por ti, sino de quién soy y
quién soy. Ayúdame a serte fiel en la tarea que tú me has
encomendado por ahora.*

El farol del mirlo

¡Estén alerta! Cuídense de su gran enemigo, el diablo, porque anda al acecho como un león rugiente, buscando a quién devorar. Manténganse firmes contra él y sean fuertes en su fe. Recuerden que su familia de creyentes en todo el mundo también está pasando por el mismo sufrimiento.

1 PEDRO 5:8-9 (NTV)

En el aparcamiento de un bello parque, un elegante mirlo buscaba captar la atención. Estaba muy ocupado picoteando un mendrugo de pan, disfrutando sin duda de esta inesperada chuchería. Otro mirlo, mucho mayor, empezó a dar vueltas a su alrededor, amenazante: se acercaba un poquito y después retrocedía. El pájaro más pequeño parecía completamente ajeno a esta situación. No estaba asustado en lo más mínimo y siguió disfrutando de su cena. Al cabo de unos momentos, el pájaro más agresivo acabó retrocediendo. De repente tenía el mismo tamaño que el otro pájaro: había estado erizando las plumas para intentar parecer grande y temible. El pájaro más pequeño sabía que todo esto era una farsa y no le prestó la menor atención.

La Biblia describe a nuestro enemigo, Satanás, como un león rugiente que anda alrededor buscando a alguien a quien devorar. No hay que tenerle miedo a un león que ruge, porque acaba de delatar su presencia, con lo que su presa tiene la oportunidad de escapar. Cuando estamos en sintonía con Dios, no debemos tener miedo a las tácticas de Satanás. No hay que temer su rugido porque, en comparación con Dios, él no es más que un mirlo marcándose un farol. ¡No le prestemos atención!

Señor, dame discernimiento para que pueda reconocer las tácticas y mentiras del enemigo. Gracias por darme la victoria cuando me enfrento a sus argucias.

Un puente

La fe es la confianza de que en verdad sucederá
lo que esperamos; es lo que nos da la certeza
de las cosas que no podemos ver.
HEBREOS 11:1 (NTV)

¿Alguna vez has tenido la sensación de que hay un abismo enorme entre lo que *sabes* que es verdad en la Palabra de Dios y lo que *sientes* que es verdad? Qué caprichosos que son nuestros sentimientos. Fluctúan según nuestras circunstancias, del mismo modo que nuestro humor cambia según el tiempo. ¡La buena noticia es que nuestros sentimientos no cambian los hechos! Dios nos promete fuerza, sabiduría, paz, esperanza, dirección, consuelo, perdón, aliento, vida eterna y muchísimo más. Y esta promesa es inamovible, como si estuviera labrada en piedra.

¿Cómo podemos pasar de la tiranía de las emociones a la confianza de la fe? Debemos decidirnos a creer en lo que Dios dice en vez de lo que dictan nuestras emociones, ¡y declarar sus promesas en voz alta! Y después lo hacemos una, y otra, y otra, y otra, y otra vez, hasta que la fe tienda un puente sobre este abismo entre lo que creemos y lo que sentimos.

Señor, tu palabra es verdad y yo lo sé. Ahora mismo me siento muy sola y asustada, incluso aunque sé que tú me has prometido que nunca me abandonarás ni me olvidarás. Elijo creer la verdad. Ayúdame ahora, por el poder de tu Espíritu.

Vasos de barro

A pesar de todo, Señor, tú eres nuestro Padre;
nosotros somos el barro, y tú el alfarero.
Todos somos obra de tu mano.
ISAÍAS 64:8 (NVI)

Hay muchos tipos de cerámica: desde la humilde loza de barro cocido, que podemos usar en el día a día, hasta preciosas piezas decorativas que adornan la repisa de alguna chimenea. Resulta interesante advertir que Dios usa esta imagen desde Génesis hasta Apocalipsis. Él es el alfarero y nosotros somos el barro. El alfarero tiene poder absoluto para crear exactamente lo que desea; el vaso no tiene voz ni voto.

Hay momentos en los que no estamos contentos con el vaso que ha creado el alfarero. Preferiríamos ser el jarrón que hay en el centro del comedor, que contiene un bello ramo de flores. Pero la verdad es que el recipiente en sí no es lo importante, por muy bello que sea: el valor está en lo que contiene.

Señor, perdóname por estar descontenta con este vaso que has creado. Sé que el aspecto externo no tiene ninguna importancia en comparación con la gloria interior de la presencia de Cristo. Brilla a través de este recipiente, úsame como tú quieras y haz que el mundo entero te conozca.

Un todo coherente

Él es anterior a todas las cosas,
que por medio de él forman un todo coherente.
COLOSENSES 1:17 (NVI)

A menudo nuestra vida parece una acumulación de actividades dispersas y sentimos que tenemos que estar en mil cosas a la vez. Cabos sueltos, cosas sin terminar y listas inacabables hacen que sintamos que siempre vamos tarde, con la lengua afuera. La frustración, el desánimo y la ansiedad a menudo nos sobrepasan. El apóstol Pablo debió de haber experimentado algo parecido cuando estaba en un barco en dirección hacia Jerusalén para que lo juzgaran. Se levantó una temible tempestad y, en un esfuerzo por sobrevivir, los marineros rodearon el barco con cuerdas para evitar que se hiciera pedazos. Dios le prometió a Pablo que todos sobrevivirían al naufragio, ¡y así fue!

Qué verdad más maravillosa es saber que no nos toca a nosotros evitar que nuestra vida se deshaga. Nuestra responsabilidad es entregarle nuestra lista de quehaceres a Dios, rendirnos a su voluntad y permitir que sea él quien haga que nuestra vida sea coherente. Él es la cuerda que evita que nos desmoronemos.

Señor, gracias por ser el pegamento que me mantiene cohesionada. Hoy me enfrento a la lista imposible de mis responsabilidades, me entrego a tu voluntad y te pido que seas tú quien haga que todo salga adelante.

Gozo

> [...] No estén tristes, pues el gozo del Señor
> es nuestra fortaleza.
> NEHEMÍAS 8:10 (NVI)

El gozo no es necesariamente felicidad. La felicidad depende de nuestras circunstancias, pero el gozo no. La felicidad es pasajera; el gozo, constante. La felicidad desaparece cuando llegan las pruebas; el gozo crece en las dificultades. En los buenos momentos vienen la alegría y la risa, y los malos momentos traen dolor y angustia, pero el gozo es algo más profundo.

El gozo no es una emoción que pueda crearse artificialmente o simularse. Es una sensación profundamente arraigada de que todas las cosas irán bien porque Dios está al mando. El gozo se expresa en la alabanza, la canción, la risa, un rostro tranquilo, un centelleo en los ojos o una serenidad que desafía a cualquier adversidad. Es el sustento del alma que nos alimenta cuando confiamos en Dios, quien hace todas las cosas bien. ¡Jesús quiere que nuestra esperanza sea completa!

Gracias, Jesús, por el gozo que me da fuerza. Hoy elijo llenar mi mente con la verdad, pensar en aquellas cosas que son dignas de alabanza y confiar en ti completamente. Con un corazón agradecido, elijo el gozo.

Temor

Temer a la gente es una trampa peligrosa,
pero confiar en el Señor significa seguridad.
PROVERBIOS 29:25 (NTV)

Si vives en Estados Unidos, es imposible ver esta fecha sin recordar (ya sea por tu experiencia o por haber oído hablar de él) uno de los días más oscuros de nuestra historia. Miles de vidas se perdieron en un ataque terrorista bien planeado, y en muchos aspectos las cosas jamás volvieron a ser las mismas. Viajar en avión, por ejemplo, sigue provocando un miedo en muchos corazones que anteriormente era inimaginable.

En la versión inglesa *New Living Translation* de la Biblia, la palabra *fear* [temor] aparece 601 veces. Principalmente está ahí para recordarnos que debemos temer a Dios; si lo hacemos, él disipará todos nuestros demás miedos. El temor que Dios desea de nosotros no sale de la desconfianza, sino del respeto y la maravilla. Si creemos completamente en su poder soberano, si le damos toda nuestra reverencia, ¿cómo vamos a temerle a cualquier otra cosa? Si Dios es por nosotros, realmente no hay nada a lo que podamos temer. ¡Aleluya!

Señor, dejo mi miedo a tus pies hoy y deposito mi confianza en ti. Sé que, sean cuales sean mis circunstancias, estoy segura en ti.

12 DE SEPTIEMBRE

La luz al final del túnel

> Yo soy la luz del mundo. El que me sigue no andará en tinieblas, sino que tendrá la luz de la vida.
> JUAN 8:12 (NVI)

Hay un antiguo dicho del siglo XIX que probablemente todos hemos citado: «Hay luz al final del túnel», lo que más o menos quiere decir «¡Ánimos! Pronto llegará el final de las dificultades por las que estás pasando». Aun así, hay ocasiones en las que probablemente no hay ningún final feliz posible, ni una luz al final de nuestro túnel. ¿Qué podemos hacer en este caso?

Jesús es luz y él mora en nosotros. Su presencia nos rodea, estemos donde estemos. Está detrás de nosotros, delante de nosotros, a la izquierda y a la derecha, por encima y por debajo. Nos refugiamos en su presencia y dejamos de caminar en la oscuridad. Él es nuestra luz. Olvidémonos de andar por túneles oscuros con solo una lucecita de esperanza al final. ¡Nosotros andamos deslumbrando con la luz de Jesús!

Señor, reconozco que tú, la luz del mundo, vives en mí. No debo tener miedo de la oscuridad o de los resultados. Ayúdame a recordar que la luz de tu presencia nunca me abandona.

Empezar de nuevo

Aleluya. Alabad a Jehová, porque él es bueno; porque
para siempre es su misericordia.
SALMO 106:1 (RV60)

¿Alguna vez te hubiera gustado tener una segunda
oportunidad para hacer algo? Sería maravilloso que el
reloj retrocediera y pudiéramos deshacer una decisión
o actuar de forma distinta. ¡Cuánta sabiduría tenemos
a toro pasado! Sí que hay algunas cosas que podemos
repetir, como retocar una receta o deshacer las pasadas
de hilo, pero la mayoría de las veces las decisiones
importantes y relevantes no pueden cambiarse.

Excepto en lo espiritual. Dios nos dice que podemos partir
de cero cada mañana porque sus misericordias estarán
ahí. Independientemente del error que cometiéramos
ayer o del lío en el que nos hemos metido por nuestras
malas decisiones, podemos empezar de nuevo al día
siguiente. No tenemos por qué arrastrar los errores del
ayer. Nuestra parte de la transacción puede que implique
arrepentirnos del pecado o perdonar a alguien (incluso
a nosotros mismos). Sumergidos en su misericordia,
podemos empezar cada día limpios como la nieve.

*Señor, te estoy muy agradecida por tu amor y misericordia
inacabables. ¡Los renuevas y me los ofreces cada mañana!
¡Grande es tu fidelidad!*

Esperando

Espera al Señor; esfuérzate y aliéntese tu corazón.
Sí, espera al Señor.
SALMO 27:14 (LBLA)

¿Puede decirse algo bueno de tener que esperar? Ya sea
en la fila para pagar en el supermercado, en un atasco
en la carretera o simplemente si nos tiene que llegar un
paquete, la espera forma parte de nuestras vidas diarias.
Esperar parece una tremenda pérdida de tiempo pero,
aun así, Dios nos dice específicamente (más o menos unas
35 veces) que «esperemos al Señor».

El concepto de esperar en Dios parece tener su origen
en el salmista. Quizá esto se debe a que a menudo se
veía atrapado en peligrosas situaciones y sabía que su
única esperanza era Dios. El tipo de espera de la que
habla no es pasivo, como si nuestras vidas espirituales
se pusieran en suspenso hasta que Dios nos dé lo que le
hemos pedido. No: se trata de una muestra activa de fe al
entregar nuestros deseos, esperanzas y sueños al Señor,
y rendirlos a su voluntad. En la espera, él perfecciona
nuestra fe y desarrolla nuestro carácter.

*Ay, Señor, cuánto odio esperar. Soy tan impaciente...
Dios, concédeme la gracia para esperar humildemente
mientras tú me vas dando forma para parecerme más y
más a ti. El momento que tú escoges para cada cosa es
mejor, y yo me rindo a ti.*

Canciones de victoria

Pues tú eres mi escondite; me proteges de las dificultades
y me rodeas con canciones de victoria.
SALMO 32:7 (NTV)

A veces la vida puede parecer una batalla. Desde seguirle
el ritmo a una apretada agenda hasta tomar decisiones
trascendentales, cada día nos enfrentamos a nuevos
desafíos. Hay veces en las que simplemente nos gustaría
escondernos durante un rato para poder recargarnos y
volver a centrarnos.

Dios es nuestro escondite: nuestra protección y nuestro
descanso. Él anda con nosotros a través de las batallas de
la vida y eleva una canción de victoria sobre nosotros. Con
las fuerzas que nos da Cristo, no solo podemos superar la
batalla, sino que podemos salir victoriosos de ella.

*Señor, cuando me enfrente a los desafíos de mi vida diaria,
ayúdame a correr hacia ti. Cuando decida esconderme en
ti, dame tu paz, tu descanso y tu esperanza.
Te pido poder entrar en la batalla con confianza, sabiendo
que tú me concederás la victoria.*

Refugio para el alma confundida

Confía siempre en él, pueblo mío; ábrele tu corazón cuando estés ante él. ¡Dios es nuestro refugio!
SALMO 62:8 (NVI)

Hay preguntas que ansiamos que Dios nos responda y circunstancias en nuestras vidas que nos dejan cuestionando su bondad. Mientras oramos, intentamos escudriñar los cielos para encontrar una respuesta que tenga sentido en medio de nuestra tormenta.

Lo que Dios desea no es el alma que tiene respuestas, sino aquella que se desnuda ante él y se entrega en completa confianza, fe y cruda vulnerabilidad. En el mismo momento en el que te vacíes ante tu Hacedor, él se convertirá en tu refugio. Derrámale tu corazón y descansa en su abrazo, porque él es un refugio incluso para el alma más plagada de dudas.

Dios, no tengo respuestas para todas las preguntas profundas, pero sé que tú eres un lugar seguro donde puedo derramar mi corazón. Te entrego mis dudas y mis miedos, y acepto la paz de tu presencia.

Baluarte

Jehová es bueno, fortaleza en el día de la angustia; y
conoce a los que en él confían.
NAHÚM 1:7 (RV60)

Dios no solo está con nosotros cuando la fe es fácil y
nuestra alabanza fluye sin restricciones. Incluso en los
días de dificultades, Dios conoce íntimamente a aquellos
que creen en él, y él es su baluarte.

En medio de las catástrofes e incluso en aquellos
momentos de debilidad que solo vemos nosotros, Dios es
nuestra fuerza y nuestro refugio. Podemos confiar en él y
saber que él es siempre bueno.

*Gracias, Señor, porque eres una fuente de fuerza para
mí incluso en mis momentos de mayor debilidad. Tú
recuerdas mi confianza en ti cuando estoy cerca de perder
la fe. Tú no me olvidas y eres más que suficiente para mí.
En mi hora más oscura me traes la luz de tu semblante.*

Lo más precioso

> Lo único que le pido al Señor —lo que más anhelo—
> es vivir en la casa del Señor todos los días de mi vida,
> deleitándome en la perfección del Señor y meditando
> dentro de su templo.
>
> SALMO 27:4 (NTV)

Se nos da muy bien apreciar si algo es bello. Cualquier cosa brillante capta rápidamente nuestra atención y buscamos rodearnos de belleza. Y, en la naturaleza de nuestro mundo, podemos encontrarla a raudales.

No hay nada malo en que nos parezcan *bonitas* algunas cosas de este mundo, pero lo que sobrepasa en belleza a todo lo demás es el Señor Dios. Su amor, su misericordia, su gracia y su comprensión cortan el aliento.

Señor, no quiero perderme tu belleza hoy. La busco porque sé que puede ser hallada. Tú me creaste para disfrutar de todo aquello que es exquisito, bello y cautivador: es decir, para disfrutar de ti. No hay nada mejor que tú y tu amor.

Una canción de amor

El Señor tu Dios está en medio de ti como guerrero victorioso. Se deleitará en ti con gozo, te renovará con su amor, se alegrará por ti con cantos.

SOFONÍAS 3:17 (NVI)

Ay, ¡de cuántas maneras pecamos! Estamos plagados de errores. Tomamos tantas decisiones equivocadas… La lista de cosas en las que no estamos a la altura es inacabable.

Si nos arrepentimos de verdad, no nos hace falta dedicar tiempo a castigarnos por los errores que hemos cometido. Tenemos la oportunidad de decir que lo sentimos y seguir adelante. ¡La Palabra nos dice que el Señor se deleita en nosotros! Cuando Jesús murió para salvarnos de nuestros pecados, se evaporaron los reproches. Y, en vez de ello, ¡él se regocija por nosotros y eleva un cántico de alegría! ¡Imagínatelo! El mismísimo Dios que nos salvó está tan emocionado que nos canta una canción.

Señor, gracias por la canción que entonas por mí.
El simple hecho de que yo exista te produce un gran placer.
¡Me arrepiento de mi pecado y me regocijo contigo hoy!

Seguridad garantizada

El Señor te libra de todo mal y cuida tu vida. El Señor te
protege al entrar y al salir, ahora y para siempre.
SALMO 121:7-8 (NTV)

Apiñados en el sótano del museo, los visitantes esperaban
que el huracán pasara. Los niños lloraban o dormían;
las caras de los padres transmitían tensión y ansiedad.
El personal del museo se aferraba a sus *walkies-talkies*
y linternas, cuyos haces se movían de aquí para allá
nerviosamente. Las sirenas ululaban, el viento rugía y
hasta los cimientos del refugio temblaban mientras la
impresionante tormenta desataba su ira en el exterior.

Incluso contando con todos los avances de la ingeniería,
aquellos que intentaban guarecerse del huracán seguían
preocupados. No había ninguna garantía de seguridad.
¿Acaso podría esperarse que toda esa muchedumbre
amontonada se pusiera a cantar de gozo? ¿A regocijarse
en su escondrijo? Si conocieran a aquel que ha prometido
protegernos siempre, entonces sus alabanzas resonarían
entre las paredes del refugio.

*Bajo la sombra de tu protección, Dios, puedo estar
contenta. Tú eres el único capaz de garantizar mi
seguridad. Tu protección se extiende sobre mí más fuerte
que cualquier refugio antiaéreo o búnker apocalíptico
que se haya construido jamás. Contigo puedo deleitarme
incluso en medio de la tormenta.*

Un gozo sin fin

> ¡Mi corazón se alegra en el Señor! El Señor me ha
> fortalecido. Ahora tengo una respuesta para mis
> enemigos; me alegro porque tú me rescataste. ¡Nadie es
> santo como el Señor! Aparte de ti, no hay nadie; no hay
> roca como nuestro Dios.
>
> 1 SAMUEL 2:1-2 (NTV)

Piensa, por un momento, en la etapa de mayor gozo
que hayas pasado junto a Cristo. Recrea la delicia de esa
temporada, la alegría y el placer que había en tu corazón.
Disfruta de ese recuerdo durante un minuto y permite que
esas emociones te invadan de nuevo. ¿Está volviendo ese
gozo? ¿Lo sientes? Pues ahora escucha esta verdad: el modo
en el que te sientes al pensar en Dios en tu mejor momento,
en la temporada más gozosa, maravillosa y gloriosa, es como
él se siente al pensar en ti en todo momento.

¡Qué bendición más gloriosa! Nuestro gozo nace de la
misma alegría que rebosa en el corazón de Dios; es una de
las muchas bendiciones que Dios derrama sobre nosotros.
Cuando advertimos lo bueno que él es y cómo nos ha
concedido todo lo que necesitamos para la salvación a
través de Jesús, ¡podemos regocijarnos!

Gracias, Señor, porque mi momento de mayor regocijo
puede ser ahora mismo: solo tengo que detenerme a
pensar en la fuerza que tú me concedes, en el sufrimiento
del que me has rescatado y en la roca que eres.

Aceptar la debilidad

> Humillaos delante del Señor, y él os exaltará.
> SANTIAGO 4:10 (RV60)

¿Hay veces en las que de repente te sientes abrumada por una repentina percepción de tu propia y tremenda debilidad? ¿Tienes momentos en los que eres consciente de que, si solo dependiera de tus buenas obras, no tendrías ninguna oportunidad de alcanzar la salvación? Debería consolarnos grandemente el hecho de que no somos nada sin la salvación de Jesucristo.

Por suerte, Dios abrió un camino para que pudiéramos reunirnos con él a pesar de nuestro egoísmo, impaciencia, ira y orgullo. Dios se preocupa profundamente por nosotros y nos sostiene pacientemente con un amor constante, fiel y devoto. Y, maravillosamente, su amor va incluso más allá de esto, hasta el punto de llegar a abrazar y transformar nuestra debilidad cuando la rendimos a él. La debilidad no es algo que debamos temer u ocultar: si la entregamos a Dios, el poder de Cristo podrá trabajar en nosotros y a través de nosotros.

Dios, ver mi debilidad me hace más consciente de lo mucho que necesito tu fuerza. Te pido humildemente que seas fuerte cuando yo soy débil. Gracias porque tu amor transformador está esperando para restaurarme con gracia.

Un amigo digno

Que todo lo que soy alabe al Señor;
que nunca olvide todas las cosas buenas que hace por
mí. Él perdona todos mis pecados y sana todas mis
enfermedades. Me redime de la muerte y me corona
de amor y tiernas misericordias. Colma mi vida de cosas
buenas; ¡mi juventud se renueva como la del águila!
SALMO 103:2-5 (NTV)

Dios nos creó para que tuviéramos una relación con él.
A él le encanta pasar tiempo con nosotros, ya sea justo
después de salir de la ducha o cuando todavía tenemos las
pestañas pegadas por el sueño, aún en nuestro arrugado
pijama. A él le da igual si nos hemos lavado los dientes, si
hemos hecho la cama o si hemos terminado la colada. Él
nos acepta tal y como somos.

No hay muchos amigos en nuestra vida de los que se
pueda decir lo mismo. Seguramente no dejaríamos que
entraran en nuestra casa si todavía no estuviéramos
«listas para empezar el día». Y por eso Dios es nuestro
mejor amigo. Él nos ama tal y como somos y estamos, y se
sentará y nos escuchará sea cual sea nuestro estado.

Dios, realmente eres el mejor amigo que tengo. Gracias
por escucharme con atención, incluso cuando estoy
quejándome o me huele el aliento por la mañana. Tu
amistad es preciosa para mí.

El plan

Por la fe Abraham, cuando fue llamado
para ir a un lugar que más tarde recibiría como
herencia, obedeció y salió sin saber a dónde iba.
HEBREOS 11:8 (NVI)

A todos nos gusta tener un mapa delante para ver cada giro y cada cambio de dirección de la carretera. Como cristianos, dedicamos gran parte de nuestro tiempo a buscar la «voluntad de Dios». Y, si te soy sincera, en este aspecto solemos equivocarnos por completo: buscamos lo que él quiere que hagamos, pero no nos interesa conocer quién es él.

No siempre sabremos hacia dónde vamos, pero el corazón de Dios es que lo conozcamos *a él*. No necesariamente que tengamos por mano cada uno de los detalles del plan. Ni saber qué es lo que les pasa a los demás. Simplemente, conocerle a él por quien él es. Cuanto más cerca estés de Dios, más se deleitará él en ti. Y ¿acaso no es ese nuestro deseo? ¿Que Dios se deleite en nosotros?

Jesús, ayúdame a permanecer en ti de modo que puedas conseguir que se haga tu voluntad perfecta en mí. Vengo ante ti hoy sin mis preguntas, sin la necesidad de saber cuál es el plan. Solo tengo que conocerte a ti.

El poder de buscar

Sin embargo, desde allí, buscarán nuevamente
al Señor su Dios. Y si lo buscan con todo el
corazón y con toda el alma, lo encontrarán.
DEUTERONOMIO 4:29 (NTV)

¿Tienes días en los que te notas vacía, cansada y sin
inspiración? ¿Días en los que sientes que no tienes nada
que ofrecer, a pesar de que no falten las exigencias? No
sabes cómo recargarte; simplemente eres consciente de
que lo necesitas.

El Señor dice que, si le buscas con todo tu ser, le
encontrarás. Si uno de sus hijos le pide algo, Dios no se
lo retendrá. Incluso aquí, en medio de este vacío, puedes
volver a estar llena: solo tienes que buscarlo.

*Dios, estoy ante ti pidiéndote que me llenes. No encuentro
las palabras necesarias para elevar una oración elocuente,
ni tampoco mi fe es extraordinaria, pero sí que tengo un
corazón que desea que lo llenes. Muéstrate ante mí hoy.*

Un Dios digno

Señor, digno eres de recibir la gloria
y la honra y el poder; porque tú creaste todas las
cosas, y por tu voluntad existen y fueron creadas.
APOCALIPSIS 4:11 (RV60)

La alabanza es nuestra respuesta natural ante la bondad de Dios. No es tan solo una reacción emocional: la alabanza también es el acto de devolverle a Dios la gloria que merece justamente. Cuando nos detenemos a pensar en el poder de Dios, en su majestad y su creatividad, no podemos evitar glorificarle, porque él es completamente digno del máximo honor.

Al glorificar a Dios en nuestras vidas diarias, aquellos que están a nuestro alrededor lo advertirán y algunos incluso acabarán uniéndose a nosotros en nuestra alabanza.

Dios, ayúdame a alabarte de la forma en que mereces. Hazme responder a ti con honra, aprecio y alabanza. Quiero buscarte en todas partes, para poder adorarte por todo lo que has hecho.

Tus ojos lo verán

Tus ojos contemplarán al Rey en su hermosura,
verán una tierra muy lejana.
ISAÍAS 33:17 (LBLA)

En aquellos días difíciles en los que nuestra fe es débil, las lágrimas fluyen a raudales y nuestros corazones están llenos de desánimo, lo único que queremos es ver a Dios. Pensamos que, si pudiéramos mirarlo a los ojos o tener la oportunidad de hacerle nuestras preguntas más profundas (y oír su respuesta), entonces sí que podríamos seguir adelante.

Querida, la realidad del cielo está más cerca de lo que podemos imaginar. Veremos a nuestro Rey en todo su esplendor y belleza. Nuestros ojos contemplarán aquellas distantes tierras celestiales. Un día moraremos allí en paz: cada pregunta será respondida y cada lágrima, secada.

Gracias, Dios, porque me has prometido el cielo a través de mi fe en tu Hijo. Gracias porque un día veré tu rostro y podré caminar contigo en tu reino. Cuando los días se hacen difíciles, ayúdame a recordar que, en tan solo un poquito tiempo, todo se arreglará y estaré contigo.

Sin trabas

Gracias a Cristo y a nuestra fe en él,
podemos entrar en la presencia de Dios
con toda libertad y confianza.
EFESIOS 3:12 (NTV)

Nuestra salvación nos concede el gran privilegio de ser capaces de acercarnos a Dios sin ninguna traba. Ahora que el pecado ya no nos aparta de su santa presencia, somos libres para desnudar nuestras almas ante Dios como sus queridos hijos e hijas.

Con atrevimiento, con la confianza puesta en nuestro amor por Dios, no hay nada que no podamos compartir con él: él está con nosotros. El miedo y la vergüenza no tienen ningún lugar en este amor excelente.

Te amo, Señor. Te alabo porque tú has abierto un camino para que te pueda amar sin ninguna traba. No quiero que mi miedo y mi vergüenza interrumpan nuestra relación, así que te pido que me los quites. Muéstrame lo que significa ser una hija tuya, valiente y confiada.

Cumplir los sueños de Dios

> Pero cada uno como el Señor le repartió,
> y como Dios llamó a cada uno, así haga;
> esto ordeno en todas las iglesias.
> 1 CORINTIOS 7:17 (RV60)

Dios te creó perfectamente para que te convirtieras en la persona que él quería que fueras. Tiene planes para tu vida y propósitos para tus talentos. Si deseamos convertirnos en otra persona o estar en otro lugar, estamos perdiéndonos el increíble plan que Dios tiene para nosotros, tal como somos y justo donde estamos.

Al dedicarnos a vivir la vida a la que hemos sido llamados, cumplimos el magnífico sueño que Dios tiene para nuestras vidas. No hay mayor privilegio que honrar a nuestro Creador viviendo en el propósito que él tiene para nosotros.

Señor, quiero darte honor en la forma en la que vivo y gloria en mi forma de usar mis talentos únicos. Muéstrame con claridad qué es lo que quieres de mí para que yo pueda hacerlo.

Hallada en el desierto

Él lo encontró en un desierto, en un páramo vacío y ventoso. Lo rodeó y lo cuidó; lo protegió como a sus propios ojos.

DEUTERONOMIO 32:10 (NTV)

¿Alguna vez has pasado por temporadas en tu vida en las que parecías estar sumida en la oscuridad? ¿Quizá sin rumbo o sin inspiración? En este desierto metafórico donde no ves siquiera un destello de visión o incluso de esperanza, Dios puede encontrarte. Incluso en medio del yermo de tu propio corazón, donde parece que no puedes encontrar la fuerza para pedirle ayuda, él puede hallarte… y lo hará.

Espera en el Señor, incluso en medio de la nada; espérale y él vendrá a buscarte.

Gracias, Padre, porque estás cerca de mí incluso cuando tengo el corazón roto y me fallan las fuerzas. Gracias porque me has encontrado en este desierto y tú volverás a darme gozo.

Octubre

Hijo mío, está atento a mis palabras;

inclina tu oído a mis razones.

No se aparten de tus ojos;

guárdalas en medio de tu corazón.

Proverbios 4:20-21 (RV60)

Consuelo para el corazón que falla

Y el mismo Jesucristo Señor nuestro, y Dios nuestro
Padre, el cual nos amó y nos dio consolación eterna y
buena esperanza por gracia, conforte vuestros corazones,
y os confirme en toda buena palabra y obra.
2 TESALONICENSES 2:16-17 (RV60)

Dios no nos deja solos en medio de nuestra debilidad.
Cuando nos sentimos incapaces, nos da la fuerza que
nos hace falta para conseguir hacer lo que tenemos que
hacer. Si trabajamos para él con un corazón sincero,
nuestra obra, por insignificante que pueda parecernos,
siempre será efectiva.

Puede que sintamos que hemos fracasado ante aquellos
que nos rodean pero, ante los ojos del Señor, nuestra
obra, hecha para su reino, nunca es en vano. Se preocupa
lo suficiente por nuestro corazón como para consolarnos
en nuestros fallos y valorarnos cuando nos sentimos
insignificantes.

*Señor, a veces siento que te he decepcionado. A pesar de
mi debilidad, traes consuelo a mi corazón y das fuerzas
a mi alma. Sé que, a tus ojos, nunca soy un fracaso. Seré
para siempre tu hija amada.*

Llenar el vacío

Dios, Dios mío eres tú; de madrugada te buscaré;
mi alma tiene sed de ti, mi carne te anhela,
en tierra seca y árida donde no hay aguas.
SALMO 63:1 (RV60)

Todos pasamos temporadas donde sentimos el vacío:
un dolor en nuestro interior que, aunque no sabemos
explicar, es constante. En esos momentos en los que
no estamos seguros de qué es lo que buscamos, lo que
necesitamos es más de Dios.

En lo más profundo del corazón de cada persona hay una
necesidad innata de intimidad con nuestro Creador. Sin
ella, nuestras almas desmayan de anhelo por él. Pero la
preciosa verdad es que Dios también ansía llenarnos de él.
Solo tenemos que buscarlo con esperanza.

*Señor, ansío tu presencia. Te necesito desesperadamente.
Te ruego que vengas a mí, con este vacío que siento, y que
me llenes de tu Espíritu.*

Tú le haces feliz

Pues Jehová no desamparará a su pueblo,
por su grande nombre; porque Jehová
ha querido haceros pueblo suyo.
1 SAMUEL 12:22 (RV60)

¿Qué puede ser más satisfactorio que saber que le agradas al Señor? Cuando empiezas una relación con Dios, él te promete que nunca te abandonará. Él te acompañará para siempre, y no solo porque no está en su naturaleza abandonarte: para decirlo de forma sencilla, tú le haces feliz.

A menudo nos convencemos a nosotros mismos de que hemos decepcionado a Dios. Y esto se traduce en vergüenza en nuestra relación con él. Pero Dios está complacido con nosotros y anhela transmitírnoslo. Dedica tiempo hoy a deleitarte en el Señor y siente también cómo él se alegra en ti.

Qué cosa más preciosa es saber que te complazco, Dios. Gracias por hacerme ser una de los tuyos y por prometerme que nunca me abandonarás.

Una espera que fortalece

Los que esperan a Jehová tendrán nuevas fuerzas;
levantarán alas como las águilas; correrán, y no se
cansarán; caminarán, y no se fatigarán.
ISAÍAS 40:31 (RV60)

¿Alguna vez has tenido que esperar a alguien? Cuando esperas, renuncias a tu capacidad para determinar cuándo pasará algo. Dependes de otra persona.

Esperar en Dios puede ser tremendamente difícil. Y esperar realmente en él significa que no vamos a solucionar las cosas por nosotros mismos. Depositamos por completo nuestra dependencia y confianza en la solución de Dios, conscientes de que será mejor que la nuestra o la de cualquier otra persona. Esperar no es natural. Seguramente preferiríamos mucho más pasar a la acción (incluso a pesar del riesgo de actuar incorrectamente) antes que tener que esperar en Dios. Incluso si esperáramos una semana o veinte años, la promesa que nos ha hecho sigue en pie: si perseveramos en la espera, seremos más fuertes.

Padre, dame fortaleza para ser constante en mi espera.
Gracias por tu promesa de que seré más fuerte si espero.

Tú recoges mis lágrimas

Toma en cuenta mis lamentos;
registra mi llanto en tu libro.
¿Acaso no lo tienes anotado?
SALMO 56:8 (BAD)

Dios lleva nuestro dolor cerca de su corazón. Ansía consolarnos: acariciarnos el pelo, secarnos las lágrimas y susurrarnos palabras de ánimo. Él cuenta las noches en las que damos vueltas sin poder dormir; recoge nuestras lágrimas. Dios no está ausente en nuestro dolor, más bien todo lo contrario: está más cerca que nunca.

No tengas miedo de acudir a Dios con tu dolor. Comparte con él los sentimientos más profundos de tu corazón sin contenerte. En su presencia encontrarás consuelo, esperanza, compasión y más amor del que podrías imaginar.

Gracias, Jesús, por abrazarme en mi tristeza. Necesito tu fuerza incluso más en medio de mi dolor. Te ruego que estés cerca de mí y que me consueles en tu presencia.

Aprende de Jesús

Vengan a mí todos ustedes que están cansados
y agobiados, y yo les daré descanso.
MATEO 11:28 (NVI)

Quizá estás leyendo esto por la mañana. Tu día acaba de empezar, pero tu corazón ya está lleno de pesar. O quizá es de noche y te sientes cansada por todas las cargas que has llevado durante la jornada. Descansa en la persona más cariñosa que ha existido jamás. Deja que sus palabras te calmen y te den fuerza.

Quizá cargas con más de lo que Dios te está pidiendo, ya sea física o emocionalmente. El mismo Jesucristo deja claro que su yugo es fácil y su carga, ligera. Si tu yugo es demasiado pesado, quizá es porque no deberías llevarlo. Aprende de Jesús. Renunciar a yugos erróneos no tiene por qué parecerte algo natural. Pero pregunta y aprende. A medida que lo hagas, él irá reforzando tu discernimiento para que puedas disfrutar de su descanso.

Jesús, ayúdame a aprender de ti y a descansar en ti. No quiero cargar con ningún yugo si tú no me lo pides. Dame sabiduría y discernimiento a medida que empiezo cada nuevo día.

Pedid, buscad, llamad

Pidan, y se les dará; busquen, y encontrarán;
llamen, y se les abrirá. Porque todo el que pide,
recibe; el que busca, encuentra; y al que llama, se le abre.
MATEO 7:7-8 (NVI)

¿Tu fe se ha ido debilitando con el tiempo? ¿Quizá
algunas de tus experiencias más duras te han dejado
más desesperada que esperanzada? Recuerda que,
independientemente de lo difíciles que hayan sido tus
experiencias, él promete que todas las cosas ayudan a bien
en tu corazón y en tu vida. No permitas que tu decepción
enturbie la verdad de la Palabra de Dios. Él promete que
todo el mundo que pide en su nombre, recibe.

¿Estás pidiendo? Entonces, cuenta con que recibirás. ¿Estás
buscando? Él te promete que hallarás. ¿Estás llamando? Sí,
pequeña, la puerta se te abrirá.

*Padre, te pido que me renueves por la verdad de
tu Palabra. Ayúdame a creer de nuevo en ti;
con fe te pido, te busco y llamo.*

Comprometido con el proceso

Vístanse con la nueva naturaleza y se renovarán
a medida que aprendan a conocer a su Creador
y se parezcan más a él.
COLOSENSES 3:10 (NTV)

Aunque nuestra salvación es una obra completa, nuestra fe sigue estando en proceso. Y esto es así porque Dios te ha llamado a tener una relación con él mismo. Las relaciones tienen que alimentarse y cuidarse. La palabra que la Biblia utiliza para este concepto es «renovación».

Incluso tras la salvación, nuestro nuevo yo sigue siendo renovado en el conocimiento de la imagen de nuestro Creador. Nuestras mentes también necesitan una renovación continua. No te desanimes si sigues luchando con tus antiguas formas de pensar o de actuar. La renovación es un proceso. Sigue arrepintiéndote y entrégate a Dios: a él le apasiona la renovación mucho más que a ti. Él es un Dios amoroso y comprometido con este proceso.

Dios, lo siento mucho por todas las veces en las que no estoy a la altura. Ayúdame a buscar continuamente la renovación de mi corazón y de mi mente. Muéstrame cómo ser más como tú.

Libre para vivir

> Y, como ellos lo acosaban a preguntas, Jesús
> se incorporó y les dijo: Aquel de ustedes que esté
> libre de pecado, que tire la primera piedra.
> JUAN 8:7 (NVI)

Si sientes que Jesús no está derramando su amor y compasión sobre ti por algo que has dicho o que no has hecho, ¡piénsatelo dos veces! Cuando Jesús murió en la cruz, te perdonó en su misericordia.

El perdón solo es adecuado cuando alguien ha hecho algo mal, así que Dios no está obsesionado con tu pecado. En vez de ello, colgó tu pecado en una cruz y te liberó, sin ningún lugar a dudas. Disfruta de la vida.

Jesús, tú no condenaste a la mujer atrapada en adulterio ni me condenas a mí ahora, incluso a pesar de que lo merezco. Gracias. Ayúdame a dejar mi pecado atrás y a ser completamente limpia por tu obra en la cruz.

Obras mayores

De cierto, de cierto os digo: el que en mí cree,
las obras que yo hago, él las hará también;
y aun mayores hará, porque yo voy al Padre.
JUAN 14:12 (RV60)

El reloj avanza y el tiempo pasa mientras vas preguntándote si has podido aprovechar al máximo cada segundo. Buscas significado en lo mundano y empiezas a preguntarte si algún día llegarás a ver un milagro de primera mano. Crees que Dios es capaz de hacer lo imposible pero… ¿acaso te usará para conseguirlo? ¿Es lo suficientemente grande y poderoso como para trascender tu mediocridad y convertir la obra de tus manos en algo que vaya a durar para la eternidad?

Da igual lo que creas que eres capaz de hacer: Dios sabe para qué has sido diseñada. Entrégate completamente a él y él conseguirá cosas que jamás podrías haber imaginado. Dios puede hacer grandes cosas con una vida rendida a sus pies. Lo único que tienes que hacer es… *rendirla*. Él se encargará de lo demás.

Padre celestial, rindo mi vida a ti. Quiero ser alguien a quien puedas usar para hacer grandes cosas para la gloria de tu nombre. Toma tú las riendas de mi vida.

Siempre estás ahí

El camino de Dios es perfecto. Todas las promesas del Señor demuestran ser verdaderas. Él es escudo para todos los que buscan su protección. Pues ¿quién es Dios aparte del Señor? ¿Quién más que nuestro Dios es una roca sólida?

SALMO 18:30-31 (NTV)

Desde canciones famosas hasta anuncios de la tele, pasando por nuestros amigos más cercanos, solemos oír una promesa que a menudo se hace y pocas veces se cumple: «Siempre estaré ahí; puedes contar conmigo». A la mayoría nos han prometido esto (o quizá lo hemos prometido nosotros) en algún punto de nuestras vidas, y muchos hemos sentido la punzada del rechazo o de la decepción cuando las cosas no acaban siendo así.

Decimos que «nadie es perfecto» pero, aun así, esperamos que todo el mundo lo sea. En medio de nuestras circunstancias difíciles acudimos a aquellas personas que nos prometieron que siempre estarían ahí pero, en esos momentos, no responden. Ni siquiera nos devuelven la llamada. Nuestros seres queridos nos harán daño porque son humanos. Incluso la mejor amiga, la hermana más cercana o el padre más devoto nos fallarán en algún momento. Es inevitable. Pero sí que hay alguien con quien siempre puedes contar. Puedes explicárselo todo: él te escucha.

Padre, ayúdame a extender gracia a aquellos que me han decepcionado y me han hecho daño. Gracias por ser alguien fiable y constante. Tú sí que siempre estás ahí para mí.

Una verdad que nunca cambia

Envía tu luz y tu verdad; estas me guiarán;
me conducirán a tu santo monte, y a tus moradas.
SALMO 43:3 (RV60)

Cuando somos débiles, el enemigo puede intentar entrar a hurtadillas y sembrar nuestra mente de mentiras; hacer leña del árbol caído. Es una táctica increíblemente efectiva. Nuestra mejor defensa es rodearnos de la verdad. Leerla. Meditarla. Orarla. Declararla. En Juan 1:1 leemos que la Palabra estaba con Dios en el principio y que la Palabra era Dios. En el Salmo 119:160, el salmista dice: «La suma de tu palabra es verdad, y eterno es todo juicio de tu justicia». Entonces, si juntamos estos dos versículos, deducimos lo siguiente: si la Palabra es Dios y la Palabra es verdad, entonces Dios es verdad.

Cuando veas que te estás creyendo las mentiras del enemigo, acude a la Palabra de Dios. Encuentra ánimo, gozo, paz y fuerza en su verdad inmutable. Da igual cuántas mentiras hayas creído en el pasado o cuantas estás creyendo ahora: puedes acallar esa voz engañosa saturándote en la verdad de la Palabra de Dios.

Dios, hoy expongo las mentiras que he creído sobre mí misma y sobre los demás ante tu verdad. Ayúdame a considerar con atención todo lo que escucho y a compararlo con tu verdad. Elijo no creer nada que no concuerde con tu Palabra.

Conocer al pastor

Mis ovejas oyen mi voz, y yo las conozco,
y me siguen, y yo les doy vida eterna; y no perecerán
jamás, ni nadie las arrebatará de mi mano.
JUAN 10:27-28 (RV60)

Hay un festival internacional que se celebra cada año
y cuyo evento más importante es una exhibición del
talento de los perros ovejeros irlandeses. El pastor dirige
mediante silbidos y órdenes en voz baja al perro y este,
a su vez, lleva a las ovejas a través de varios obstáculos,
sorteando los peligros. El público se maravilla ante la
velocidad de los perros y los ágiles cambios de dirección
del rebaño entero, y todo gracias a la eficaz comunicación
entre el hombre, el perro y las ovejas.

Jesús a menudo hablaba de pastores y se denominaba
a sí mismo el buen pastor. Sus seguidores sabían que las
ovejas necesitan ayuda para superar muchos obstáculos y
peligros, igual que nosotros. Necesitamos que Jesús nos
hable quedamente, con esa voz que tanto conocemos, y
nos indique hacia dónde ir para estar protegidos. Nuestro
pastor tiene un objetivo: que sus ovejas estén a salvo.
Él nos va rodeando y dirigiendo con suaves toques e
indicaciones. Sabe dónde están nuestros límites; conoce
nuestra tendencia a vagar y nuestra naturaleza rebelde. En
su bondad él nos empuja, a nuestro lado, para recordarnos
que confiemos en él y obedezcamos sus órdenes.

Jesús, gracias por tu voz que me dirige. Hoy quiero oírla.
Me siento en silencio y te espero, consciente de que
siempre me dirás lo que necesito oír.

Una vida de victoria

¿Acaso hay algo que pueda separarnos del amor de Cristo? ¿Será que él ya no nos ama si tenemos problemas o aflicciones, si somos perseguidos o pasamos hambre o estamos en la miseria o en peligro o bajo amenaza de muerte? Claro que no, a pesar de todas estas cosas, nuestra victoria es absoluta por medio de Cristo, quien nos amó.

ROMANOS 8:35, 37 (NTV)

Hace tiempo apareció en el mercado estadounidense la Magic Mop, una trapeadora milagrosa que se presentaba como la solución para cualquier desastre que cayera sobre tu suelo: olvídate de manchas rebeldes, de la suciedad incrustada o de tener que fregar y frotar con fuerza para deshacerte de la mugre. ¡La solución era sencilla y barata! Y este tipo de promesas son muy atractivas para nuestra tarjeta de crédito porque… bueno, pues porque la vida está llena de cosas que hay que limpiar, ¡y un atajo como este es más que seductor! Pero sabemos que nada puede ser tan fácil. Al fin y al cabo, ¡la trapeadora no limpia si no la estás empujando tú!

Resulta tentador tomar atajos, pero una vida de victoria no es una vida sin decepciones ni trabajo duro. Jesús prometió que pasaríamos pruebas y dificultades si lo seguíamos, y esta promesa no tenía otra intención que prepararnos para el rechazo, la amargura y el odio que íbamos a encontrar. Jesús también nos prometió gracia, fuerza, esperanza y victoria. No te dejes engañar ni pienses que las buenas obras, las oraciones o incluso la fe producirán una vida fácil, con bendiciones terrenales que caen a raudales del cielo. Solo tenemos una promesa de victoria: el amor salvador de Jesucristo.

Dios, tu amor es victorioso en todas las situaciones. Hoy declaro que estoy dispuesta a arrodillarme para limpiar y frotar. No quiero tomar atajos. Dame ojos para ver las cosas que importan y concédeme la fuerza para buscarlas.

Fragmentos rotos

Él tomará nuestro débil cuerpo mortal
y lo transformará en un cuerpo glorioso, igual al de él.
Lo hará valiéndose del mismo poder con el
que pondrá todas las cosas bajo su dominio.
FILIPENSES 3:21 (NTV)

Cuando un jarrón cae al suelo o una vasija se rompe en mil pedazos, examinamos los daños para ver si se puede reparar. ¿Qué ha quedado? ¿Peligrosísimas esquirlas de cristal, demasiado pequeñas como para volver a recomponer el objeto? ¿O trozos grandes que, como si se tratara de un rompecabezas, podemos ir uniendo armados de paciencia y pegamento? Lo que está claro es esto: nos esforzaremos mucho más para arreglar algo si es importante para nosotros.

Nosotros también somos vasijas rotas que necesitan una reparación a fondo. Pero no hace falta un diagnóstico complicado, sino que se trata de la solución más sencilla: solo tenemos que tender nuestras manos y entregar nuestro yo roto, desesperado, dolido, pecador y orgulloso a aquella persona que nos restaura para volver a ser completos, sin una sola cicatriz o grieta.

Dios, me maravillo ante tu habilidad para recomponer incluso los fragmentos más minúsculos de mi vida rota. Eres santo e íntegro, y yo soy tu creación. Me entrego a ti, consciente de que tu obra sanadora nunca deja una cicatriz y de que tu amor inacabable me hará ser completa para siempre.

Pedir sabiduría

Afina tus oídos a la sabiduría y concéntrate
en el entendimiento. Clama por inteligencia
y pide entendimiento.
PROVERBIOS 2:2-3 (NTV)

El dolor es una emoción que confunde nuestra
mente de forma curiosa, envolviéndola en una turbia
neblina. Pequeñas decisiones empiezan a parecernos
monstruosas, o quizá todo lo contrario: tomamos
decisiones trascendentales sin darles demasiadas vueltas
porque, sinceramente, no tenemos la energía para
pensarlo todo bien. Así que… ¿cómo podemos recibir
la sabiduría necesaria para la tarea que tenemos por
delante? Pues pidiéndosela a Dios.

El rey Salomón fue puesto al mando de una nación. Él
sabía que gobernar era tarea imposible sin sabiduría.
No nació siendo ya el hombre más sabio de todos
los tiempos, sino que consiguió este conocimiento
pidiéndoselo a Dios. Y si Dios puede darle a Salomón
sabiduría para dirigir a un reino entero, está claro que
también nos la podrá conceder a nosotros para tomar
grandes y pequeñas decisiones en nuestras vidas.

Dios, necesito tu sabiduría cada día. Gracias porque tú
quieres que yo te la pida. Ayúdame a prestarle atención,
venga en la forma que venga: directamente de ti o a través
de los buenos consejos de familiares, amigos o consejeros.

De nuevo

Tú, pues, vuélvete a tu Dios;
guarda misericordia y juicio,
y en tu Dios confía siempre.
Oseas 12:6 (RV60)

A veces nos apartamos del camino y perdemos de
vista la pasión que antes sentíamos por Dios. Cuando
perdemos esta conexión con él no siempre sabemos
cómo recuperarla, y a veces nos preguntamos si acaso no
habremos puesto demasiada distancia entre él y nosotros.

Pero es tan fácil como volver a él; tan directo como
ponernos de rodillas y decir: «Dios, he vuelto». Cuando
vuelves y te aferras al amor que te atrajo a él en primer
lugar, Dios se mostrará a ti.

*Dios, sé que hay áreas de mi vida donde he puesto
distancia entre nosotros. No quiero seguir separada de ti.
Quiero volver a ti y que restaures nuestra relación. Gracias
porque, aunque yo me he alejado, tú no te has movido del
mismo lugar.*

Los secretos de Dios

¿Puedes tú resolver los misterios de Dios?
¿Puedes descubrir todo acerca del Todopoderoso?
JOB 11:7 (NTV)

¿Alguna vez has descubierto algo sobre ti misma que no sabías? Quizá has probado una comida que siempre habías creído odiar y resulta que te encanta. A lo mejor se te ha ocurrido una idea que te ha sorprendido, ya que nunca hubieras pensado que algo así se te pasaría por la cabeza.

Si nosotros, que somos humanos, somos tan complejos que no nos conocemos completamente a nosotros mismos, ¿cuánto más complejo será el Dios que nos ha creado? No debemos limitar a Dios a lo que pensamos que sabemos de él. No podemos conocer sus límites. Pero sí que podemos confiar en su Palabra y en su Espíritu Santo en nuestra búsqueda para conocerle mejor.

Dios todopoderoso, ayúdame a no limitarte por lo que he visto o he oído de ti. Ayúdame a buscar constantemente tu corazón para poderte conocerte por mí misma.

Cómo saciar nuestra hambre

Jesús les dijo: Yo soy el pan de vida;
el que a mí viene, nunca tendrá hambre;
y el que en mí cree, no tendrá sed jamás.
JUAN 6:35 (RV60)

No hace falta que les enseñes a los bebés cómo meterse cosas en la boca: han nacido con un instinto natural para alimentarse. Pero lo que sí que tienes que enseñarles es *qué cosas* deben comer.

Todos hemos sido creados con un hambre espiritual natural por Dios. Pero debemos aprender a saciar esta hambre. Hay cosas que intentamos meter en nuestras almas que nunca nos van a satisfacer. El único remedio real para esta ansia tan profunda de nuestro ser es Dios, porque hemos sido creados para tener hambre de él.

Señor, ayúdame a no buscar en otros lugares para saciar el hambre que solo puede satisfacerse con una relación contigo. Ayúdame a ser consciente de esta hambre para que, en vez de vivir como una persona vacía, pueda vivir llena de tu presencia.

Creo que soy aceptada

Si confesares con tu boca que Jesús es el Señor,
y creyeres en tu corazón que Dios le levantó
de los muertos, serás salvo. Porque con el corazón se cree
para justicia, pero con la boca se confiesa para salvación.
ROMANOS 10:9-10 (RV60)

¿Cómo puede ser que una humilde oración, que un deseo
simple pero asombroso de entregar la propia vida y el
hecho de empezar a vivir como Jesucristo sea lo que nos da
la eternidad en el reino de los cielos? Vivimos en un mundo
en el que la mayoría de las veces recibimos solo lo que
merecemos, donde nada es fácil.

A veces, como no somos capaces de creer que la aceptación
puede venir de un acto tan sencillo, volvemos a crearnos
un evangelio distinto. Queremos sentir que merecemos la
gracia de Dios, que nos la hemos ganado o que ha sido un
intercambio justo. Nos inventamos un montón de requisitos:
orar más, dar más, leer más, servir más. Un tiempo
devocional. Estar en el grupo de alabanza. Ser profesora de
escuela dominical. Ir a estudios bíblicos. Todos estos hábitos
son buenos y reflejan a Cristo, pero no nos garantizan tener
más aceptación. O, al menos, no por parte de Dios.

*Dios, gracias porque el camino a la salvación realmente es
muy sencillo. No tengo que ganármela. Creo que ya la tengo.
La confieso. Mi oración sencilla y sincera me asegura que ya
formo parte de tu familia.*

Buenos planes

> Porque yo sé los pensamientos que tengo
> acerca de vosotros, dice Jehová,
> pensamientos de paz, y no de mal,
> para daros el fin que esperáis.
> JEREMÍAS 29:11 (RV60)

Hay dos tipos de personas en el mundo: aquellas que pueden empacar en un periquete y salir de vacaciones a última hora hacia París, y aquellas que necesitan meses de planificación y organización. Puede que estés dispuesta a hacer ambas cosas (al fin y al cabo, ¡es un viaje a París!), pero ¿en qué condiciones sientes que te lo vas a pasar mejor? ¿Serías capaz de creer que acabarías haciendo todas las cosas que querrías sin haberlas planeado?

Cuando nos paramos a pensar en nuestro futuro puede ser difícil creer que las cosas acabarán funcionando tal y como nosotros queremos. ¡Ojalá pudiéramos saber que nuestros planes saldrán bien! Pero párate a pensar que Dios conoce el futuro, te conoce a ti y sabe exactamente lo que necesitas.

Dios, elijo creer que tú tienes el mejor plan para mi vida. Tú puedes mostrarme los lugares secretos y las gemas ocultas que yo jamás sería capaz de encontrar por mí misma.

Hija de Dios

Pues todos los que son guiados por
el Espíritu de Dios son hijos de Dios.
ROMANOS 8:14 (NTV)

¡Dios es un buen Padre! Él te ama con un amor
incomparable e inquebrantable. Nuestros padres terrenales
desempeñan importantes tareas, pero la principal es
guiarnos hacia el amor de nuestro Padre celestial. Puede
que nuestro padre sea una persona devota, cuya dirección
refleje el amor realmente perfecto e inacabable del Padre,
o quizá se trate de un hombre lleno de defectos, cuyas
carencias nos llevan al amor sanador y compasivo del
Padre: ambos nos llevan a ser hijas de Dios.

Con vidas entregadas a Jesucristo, tenemos el privilegio
de que el Espíritu Santo nos guíe en verdad y en acción.
Este Espíritu, como lo describe Pablo, es la prueba de
que hemos sido adoptados en la familia de Dios. Por fe
podemos aferrarnos a nuestro título de hijos preciosos y
amados de Dios.

*Gracias, Padre celestial, por tu cariñosa autoridad, suave
dirección, inacabable gracia, tierna compasión, feroz
protección y perfecta fidelidad. Me siento tremendamente
bendecida de tener tu herencia de vida eterna.*

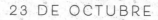

Perseverancia

Por lo tanto, no desechen la firme confianza que
tienen en el Señor. ¡Tengan presente la gran recompensa
que les traerá! Perseverar con paciencia es lo que necesitan
ahora para seguir haciendo la voluntad de Dios. Entonces
recibirán todo lo que él ha prometido.
HEBREOS 10:35-36 (NTV)

¿Recuerdas cuando decidiste seguir a Cristo? Quizá sentiste
que te habían quitado un enorme peso de encima, o que la paz
y el gozo que tanto tiempo llevabas buscando eran finalmente
tuyos. Rebosabas emoción por tu nueva vida y te sentías lista
para enfrentarte al mundo en el nombre de Jesús.

Seguir a Dios puede parecernos fácil al principio. Lo
aceptamos en nuestras vidas y nos sentimos arrastrados
por su amor con una esperanza increíble. Pero, a medida
que pasa el tiempo, vuelven las antiguas tentaciones y
amenazan con sacudir nuestra decisión. La confianza
que sentimos en los inicios de nuestra relación va
desapareciendo y empezamos a preguntarnos si tenemos
lo que hace falta para seguir adelante con esta vida
cristiana que hemos elegido. Sigue confiando en él; él
cumplirá lo que ha prometido. Cuando seguirle empieza a
ser difícil, aprieta todavía más los dientes y recuerda que la
recompensa por tu perseverancia será enorme.

Dios, ayúdame a seguir depositando toda mi confianza en ti.
Quiero avanzar con valentía hacia todo aquello que tienes
preparado para mí.

Con paso firme

Guía mis pasos conforme a tu promesa;
no dejes que me domine la iniquidad.
SALMO 119:133 (NVI)

¿Qué tienen los tacones que los hacen tan atractivos?
En cada álbum familiar hay una foto de un adorable
niño pequeño intentando caminar con ellos, y todas las
mujeres recordamos nuestros primeros y temblorosos
intentos para parecer distinguidas tras ponérnoslos por
primera vez. La mayoría de nosotras también tenemos
recuerdos de alguna caída no demasiado elegante o
incluso de algún tobillo torcido pero, aun así, los tacones
siguen encantándonos. ¿Y quién no se ha apoyado en el
firme brazo de un acompañante, calzado con zapatos
mucho más adecuados para caminar?

Andar con Jesús es un poquito como aprender a
caminar con tacones de diez centímetros. Hay personas
que parecen marchar con total facilidad, avanzando
aparentemente sin pecado mientras nosotras,
temblorosas y con paso inseguro, estamos a punto de
tropezar en cualquier momento. ¿Daremos un paso en
falso? ¿Nos estamparemos de bruces en el suelo? (¿Hay
alguien a quien le duelan tanto los pies como a mí?)
Apóyate en el fuerte brazo del Salvador y deja que sea él
quien afirme tus pies y dirija tus pasos.

*Señor, sé que no ando con confianza en todas las áreas de
mi camino contigo. Te pido que me guíes y me tiendas tu
mano firme. Dirígeme en todo lo que hago. Confío en ti.*

La persona que Dios me ha hecho ser

Mas el fruto del Espíritu es amor, gozo, paz,
paciencia, benignidad, bondad, fe, mansedumbre,
templanza; contra tales cosas no hay ley.
GÁLATAS 5:22-23 (RV60)

Hacer compota de manzana con la abundante cosecha de otoño es una actividad muy apreciada en el norte de Estados Unidos. Los expertos han desarrollado recetas galardonadas cuyo secreto es, según dicen, combinar múltiples variedades de manzanas para producir un complejo sabor. El resultado es un equilibrio de los sabores ácidos, dulces, frescos, suaves y potentes típicos de las distintas manzanas. Cada variedad es esencial para la compota, y sus sabores distintivos acaban fundiéndose en una deliciosa belleza.

En la compota de manzana del ministerio de Dios, el sabor del fruto espiritual de cada creyente es esencial. Si nos ponemos a comparar nuestro fruto con el de los demás, a veces oímos que alguien nos susurra mentiras al oído: «Tu fruto no es tan brillante», «Tu fruto no es tan fragante» o «Tu fruto es demasiado insípido y mediocre». Pero ¿de qué serviría que todos los árboles produjeran el mismo fruto?

Señor, hazme ser agradecida por el fruto que produzco. Ayúdame a no compararlo con el de aquellos que me rodean. Gracias por crearme con un sabor distintivo y único.

Una petición de sabiduría

Si a alguno de ustedes le falta sabiduría, pídasela
a Dios, y él se la dará, pues Dios da a todos generosamente
sin menospreciar a nadie.
SANTIAGO 1:5 (NVI)

En el primer capítulo de Santiago el apóstol anima a los creyentes a darles la bienvenida a las dificultades, porque la prueba de su fe producirá paciencia. Y, cuando su paciencia madure, serán completos en Cristo, sin necesitar nada más. Santiago los anima a pedir sabiduría durante estos momentos complicados: Dios la concederá con generosidad.

En las temporadas de prueba necesitamos muchísima sabiduría divina, no solo para poder saber cómo superarlas, sino también para recibir consuelo, claridad mental y la capacidad de tomar decisiones sabias. Nuestra petición a Dios no debería ser necesariamente que nos quite las dificultades, sino que nos dé sabiduría para utilizarla correctamente. ¿Necesitas la sabiduría de Dios en este momento? Pídesela. Él quiere que lo hagas. Y él ha prometido que te la dará a raudales.

Señor, hoy necesito una gran dosis de sabiduría divina. No estoy segura de cómo sortear estas dificultades ni de cómo actuar con mi propio espíritu. Gracias porque tú me guiarás por este día, paso a paso.

Sed

¡Vengan a las aguas todos los que tengan sed!
¡Vengan a comprar y a comer los que no tengan dinero!
Vengan, compren vino y leche sin pago alguno.
ISAÍAS 55:1 (NVI)

La sed es una sensación que Dios nos da para que sepamos que necesitamos beber. En circunstancias normales, la solución al problema de la sed es muy sencilla: solo hay que tomar una bebida. La sed espiritual también viene de Dios. Él nos ha creado para que solo nos satisfaga una fuente: el mismísimo Jesús, el agua viva. Sin él somos estériles, estamos secos. Jesús le dijo a la mujer del pozo que, si bebía el agua que él le daba, nunca más volvería a tener sed. Estaba hablando de sí mismo.

Isaías 55:1 indica cómo satisfacer la sed espiritual. Solo tenemos que acudir a Jesús. No puedes pagar con dinero: el único coste es la rendición. Bebe el vino del Espíritu Santo y la leche de la Palabra y te sentirás satisfecha. ¿Te sientes seca espiritualmente hoy? ¿Has estado demasiado ocupada como para comer y beber correctamente, de modo que tu alma esté satisfecha?

Jesús, perdóname por no haber estado bebiendo del agua de la fuente de tu Palabra. Necesito beber de la fresca agua de vida. Lléname hoy, Señor; sacia mi sed.

Valiosa

¿Cuánto cuestan cinco gorriones: dos monedas de cobre?
Sin embargo, Dios no se olvida de ninguno de ellos. Y, en
cuanto a ustedes, cada cabello de su cabeza está contado.
Así que no tengan miedo; para Dios ustedes son más
valiosos que toda una bandada de gorriones.
LUCAS 12:6-7 (NTV)

A Jesús le encantaba usar historias e ilustraciones sencillas
para enseñar verdades espirituales. Aquí está explicando el
valor de la vida humana usando a los gorriones como ejemplo.
Mientras Mateo nos explica que podían comprarse dos
pájaros por una moneda, Lucas nos habla de la oferta de cinco
por el precio de cuatro: los gorriones valían tan poco que, si
comprabas cuatro, te regalaban el quinto. Son criaturas casi
sin valor pero, aun así, el Padre las tiene en cuenta.

¿Te sientes hoy olvidada? ¿El miedo llama a tu puerta por
este temor? Recuerda esto: a Dios le importa cada pequeño
detalle de tu vida, hasta el punto de contar y numerar los
cabellos de tu cabeza. Eres su valiosísima y preciosa creación.
El autor se quedó muy corto cuando dijo que, para Dios,
valemos mucho más que toda una bandada de gorriones.
¿Puedes (y quieres) aceptar esta verdad en el día de hoy?

Oh Señor, gracias por ser un Padre y un Creador tan tierno.
Para ti, cada pequeño detalle de mi vida es importante.
No hay ninguna necesidad de tener miedo, porque tú me
proteges con ternura y amor.

Lo que Dios quiere

¡No! Oh pueblo, el Señor te ha dicho lo que es bueno, y lo que él exige de ti: que hagas lo que es correcto, que ames la compasión y que camines humildemente con tu Dios.
MIQUEAS 6:8 (NTV)

¿Alguna vez te has preguntado cómo puedes compensar o arreglar todos tus errores? Quizá deberías esforzarte más, dar más de ti o entregarle más cosas a Dios. Quizá tienes una vaga sensación de que, simplemente, no estás a la altura para ser una sirvienta efectiva de Cristo. En los tiempos de Miqueas, Israel se preguntaba qué podría satisfacer la justicia de Dios: sacrificar a un animal, a mil o incluso a sus propios hijos para compensar por sus pecados. Dios no necesitaba sus sacrificios ni alardes religiosos. Lo único que quería era que Israel viviera en humilde obediencia a él y que hiciera lo correcto.

Y ese es el mismo mensaje para ti hoy. No compliques demasiado tu vida cristiana. No te obsesiones con hacer más. Camina con sencillez y humildad ante tu Dios: obedécele, sé bondadosa con los demás y haz lo correcto.

Gracias, Señor, por darme instrucciones claras en tu Palabra. Aunque son sencillas, no son fáciles. Hoy necesito que me ayudes a vivir con humildad ante ti y a hacer lo que es correcto.

Cuando tienes a Jesús

Mediante su divino poder, Dios nos ha dado todo lo que
necesitamos para llevar una vida de rectitud. Todo esto
lo recibimos al llegar a conocer a aquel que nos llamó por
medio de su maravillosa gloria y excelencia.
2 PEDRO 1:3 (NTV)

Una joven madre tenía a un hijo discapacitado y a su
esposo, gravemente enfermo, ingresados en el hospital
a la vez. Su fe en Dios era evidente cuando daba la
bienvenida a los visitantes con semblante animado.
«¿Cómo lo haces?», le preguntaban. «Tengo a Jesús»,
respondía con una sonrisa.

¿Tienes suficiente con Jesús? Piensa un minuto en todas
las magníficas cosas que tienes en Cristo: sus promesas,
vida eterna, perdón, poder, ayuda, fuerza, paz y dirección
maravillosos. Es decir, todo lo que necesitas para vivir una
vida recta. El problema para muchos es que no integran la
verdad de Dios en sus vidas diarias. La leen, sí, pero esta
acaba oculta y abandonada en sus mentes. ¿Es lo que te
está pasando hoy?

Señor, gracias por llamarme y darme todo lo que necesito
para vivir para ti. Ayúdame a conocerte mejor y a hacer
mías tus magníficas promesas. Quiero ver claramente que
tú eres lo único que necesito.

Una canción de deleite

Pues el Señor tu Dios vive en medio de ti. Él es un poderoso salvador. Se deleitará en ti con alegría. Con su amor calmará todos tus temores. Se gozará por ti con cantos de alegría.
SOFONÍAS 3:17 (NTV)

¿A que la mejor manera de resumir los sentimientos de una abuela por sus nietos se puede resumir en la palabra «deleite»? Otros sinónimos podrían ser «adorar», «atesorar», «complacerse» y «gozar de ellos». La abuelita juega con ellos a lo que les apetezca, les compra juguetes y les regala su amor a raudales. Ahora transfiere esta experiencia tan humana a una experiencia perfecta sobrenatural y divina. Dios, nuestro Salvador que vive en nosotros y entre nosotros, se deleita en sus hijos con más intensidad de lo que podría describir cualquier número de sinónimos. Su amor es tan fuerte que calma nuestros temores. ¡Su deleite brota de sus labios divinos en canciones de alegría por nosotros! No es de extrañar que el anhelo del corazón del hombre sea alabar: responder a Dios con un deleite similar.

Tómate un momento hoy para disfrutar del hecho de que Dios se deleita en ti. Él conoce tus debilidades y defectos pero, aun así, se regocija en ti. Al demostrar un amor tan tremendo, él calma todos tus miedos. ¡Cántale una canción de alabanza en agradecimiento!

Señor, es maravilloso advertir que tú realmente te deleitas en mí mucho más de lo que puedo entender. Gracias por tu amor increíble. Te alabo y te glorifico hoy.

Noviembre

Porque tú, Señor, eres bueno

y perdonador,

y grande en misericordia para

con todos los que te invocan.

Salmo 86:5 (RV60)

Rencores guardados

[El amor] no guarda rencor.
1 CORINTIOS 13:5 (NVI)

Muchos expertos están de acuerdo en que una de las formas de hacer que una relación sea sana y fuerte es evitar frases como «tú siempre», «tú nunca» o «¡no me puedo creer que hayas vuelto a hacer otra vez lo mismo!». El amor verdadero deja atrás los errores del pasado y sinceramente espera que la próxima vez todo vaya mejor. De este modo nos liberamos de la culpabilidad y la relación tiene permiso para seguir adelante y crecer.

Esta verdad se aplica a todas las personas con las que interactuamos en la vida. Dejemos de tener una lista de ofensas y de etiquetar a las personas según los errores que han cometido. Demos libertad para crecer y aprender. Dios no nos guarda rencor por nuestros pecados confesados. Libérate del remordimiento y empieza a vivir en la libertad de Dios.

Señor, confieso que he guardado rencor en mi corazón hacia personas que me han ofendido. Ahora te entrego todos estos errores y te pido que me ayudes a borrarlos de mi corazón. Eres perfecto en tu amor por mí y quiero parecerme más a ti.

La generosidad del tiempo

Cada uno debe dar según lo que haya decidido en su corazón, no de mala gana ni por obligación, porque Dios ama al que da con alegría.
2 CORINTIOS 9:7 (NVI)

A veces nos resulta más fácil ser generosos con nuestro dinero que con nuestro tiempo. Nuestra vida es a menudo tan ajetreada que tendemos a proteger nuestro tiempo religiosamente. A veces nos centramos tanto en nosotros mismos y en nuestra lista de cosas por hacer que no nos fijamos en las necesidades de los que nos rodean. Quizá podrías animar a una amiga llamándola por teléfono, o quizá nuestra vecina necesite ayuda con su jardín. A lo mejor podrías presentarte como voluntaria para ayudar a un profesor, o quizá hay alguien en la iglesia que necesita que le echen una mano con su traslado.

Somos llamados a ser las manos y los pies de Cristo. Hay muchísimas oportunidades para servir a las personas que nos rodean y, si las aprovechamos, nos esperan innumerables bendiciones. A veces, darte a ti mismo es más valioso que hacer un donativo a toda prisa. Dios ama al dador alegre. Sé tú esa dadora alegre, incluso aunque ello implique dejar a un lado tus propias necesidades o agenda. Piensa en cómo podrías bendecir a alguien con tu tiempo.

Señor, muéstrame hoy cómo puedo bendecir a alguien con mi tiempo. Quiero darlo con alegría, incluso aunque eso signifique que tengo que dejar a un lado mis propias necesidades.

Solicitud aceptada

Dios nos escogió en él antes de la creación del mundo,
para que seamos santos y sin mancha delante de él.
EFESIOS 1:4 (BAD)

Las solicitudes son esenciales para separar a los candidatos prometedores de los que no son adecuados: rellena este formulario y averigua si te podemos conceder una hipoteca, si puedes entrar en esa universidad o si puedes optar a una tarjeta de crédito. Así que nosotros enumeramos nuestras mejores cualidades sobre el papel, retocamos un poquito nuestros puntos débiles y esperamos que nos aprueben. Pero el rechazo es siempre una posibilidad.

Aun así, con Dios, nuestra aceptación ya ha sido asegurada. Lo único que tenemos que hacer es pedírselo a su Hijo, Jesús, quien en nuestro nombre solicita esta aprobación. No hay ningún problema de crédito, ningún suspenso, ninguna falta que su muerte en la cruz no pueda cubrir por completo. Su amoroso perdón nos cubre y, por lo tanto, no hay en nosotros ninguna falta. Somos aceptados por Dios como parte de su familia y redimidos por su gracia en su reino eterno.

Dios, descanso en tu promesa de que no hay nada en mi historia, ningún pecado pasado o presente, que pueda separarme de tu amor. ¡Te lo entrego todo a ti, y creo que soy aceptada por completo y amada abundantemente!

Una cálida bienvenida

Por tanto, acéptense mutuamente, así como Cristo
los aceptó a ustedes para gloria de Dios.
ROMANOS 15:7 (NVI)

¿Alguna vez has conocido a alguien con quien has
conectado de inmediato? Quizá te has sentido atraída
por su personalidad y de ahí nació una amistad. ¿Y alguna
vez te has encontrado con alguien con quien realmente
te ha costado sintonizar? Quizá la forma en la que vestía,
actuaba, hablaba o la carrera que había elegido te
resultaban completamente ajenas.

Todos tenemos amistades naturales. Y no tenemos que
convertirnos en la mejor amiga de cada persona a la que
conocemos, porque eso es sencillamente imposible. Pero
¿qué pasaría si, a pesar de nuestras diferencias, aun así
aceptáramos a todas las personas a las que conocemos?
Como cristianos, nuestro objetivo principal es alabar a
Dios. Si acogemos a los demás con la misma aceptación
absoluta que Cristo nos extiende a nosotros, honramos a
Dios y lo alabamos.

Dios, ayúdame a aceptar a aquellos que me rodean y a
darles la bienvenida de forma genuina con los brazos
abiertos, a pesar de nuestras diferencias.

El amor del Padre

> Si un hombre tiene cien ovejas y una de ellas
> se extravía, ¿qué hará? ¿No dejará las otras noventa y
> nueve en las colinas y saldrá a buscar la perdida? Si la
> encuentra, les digo la verdad, se alegrará más por esa que
> por las noventa y nueve que no se extraviaron.
> MATEO 18:12-13 (NTV)

Por muy bonito o imperfecto que haya sido el amor de
tu padre terrenal hacia ti, el amor de tu Padre celestial
no tiene ningún límite. Descansa en esa idea durante
un momento. Nada de lo que hagas podrá cambiar sus
sentimientos hacia ti. Nada.

Pasamos mucho tiempo intentando convertirnos en
personas más atractivas e interesantes: desde dietas de
belleza hasta aprender cocina *gourmet*, pasando por estar
disponibles para ayudar a casi todo el mundo. Es fácil
olvidar que ya somos perfectamente amados. Nuestro
Padre nos ama más de lo que podemos imaginar. Y él
haría cualquier cosa por nosotros. *Cualquier cosa.*

Dios, te doy las gracias porque el amor que tengo por la
persona más cercana a mí no es más que una fracción del
que tú tienes por mí. Me maravilla tu inconmensurable y
tremendo amor por mí.

Raíces más profundas

Pero aquel en quien se sembró la semilla en tierra buena, este es el que oye la palabra y la entiende, este sí da fruto y produce, uno a ciento, otro a sesenta y otro a treinta.
MATEO 13:23 (LBLA)

Los lirios de agua son flores preciosas, de hojas anchas y moteadas, tallo grueso y vivos colores. Cada año puedes ver cómo aparecen sus espectaculares hojas y esperas con ansia a que se produzca la preciosa flor… aunque eso no siempre pasa. ¿Quizá es un problema de la tierra o el sustrato? Los lirios de agua pueden ser flores muy particulares.

Esta es una gran ilustración de la parábola de Jesús sobre el sembrador y las semillas. Algunas semillas caen sobre terreno rocoso y, aunque reciban la Palabra de Dios, no se arraigan firmemente y acaban por marchitarse ante el primer indicio de dificultades. Las semillas que han crecido en buena tierra, con raíces profundas, no solo sobreviven: también dan fruto.

Dios, ansío ver más profundidad en mi relación contigo. Quiero que otros puedan ver tu belleza en mi vida. Ayúdame a plantarme en suelo fértil para poder oír, conocer y dar fruto para tu gloria.

Mejor que los rubíes

Recibid mi enseñanza, y no plata; y ciencia antes
que el oro escogido. Porque mejor es la sabiduría
que las piedras preciosas; y todo cuanto se puede desear,
no es de compararse con ella.
PROVERBIOS 8:10-11 (RV60)

Si te concedieran lo que más deseas, ¿qué sería?
Probablemente podemos responder a esta pregunta
mejor si pensamos en quién o qué idolatramos. ¿La
vida de quién nos gustaría tener? ¿Cuál es la cualidad
que más admiramos? ¿Belleza, inteligencia, creatividad,
reconocimiento o amor?

El rey Salomón conocía el valor de la sabiduría mejor que
nadie. Cuando Dios le ofreció tener cualquier cosa que
deseara, el rey respondió que quería sabiduría. Podría
haber pedido fama, riquezas o triunfos en la batalla pero,
en vez de todo esto, pidió *conocimiento*. El rey Salomón
buscó la sabiduría e instrucción en primer lugar y acabó
siendo el rey más sabio, rico, famoso y próspero que
jamás ha existido.

*Dios, hoy reconozco el valor de la sabiduría. Dame una
mayor comprensión de tu Palabra y del mundo que me
rodea. Ayúdame a desear tu sabiduría tanto como el oro,
la plata y las joyas.*

Adornos

> Que la belleza de ustedes no sea la externa, que consiste
> en adornos tales como peinados ostentosos, joyas de
> oro y vestidos lujosos. Que su belleza sea más bien la
> incorruptible, la que procede de lo íntimo del corazón y
> consiste en un espíritu suave y apacible. Esta sí que tiene
> mucho valor delante de Dios.
> 1 PEDRO 3:34 (RV60)

A las mujeres les encanta estar siempre bellas. Esto a
menudo significa llevar la ropa perfecta, un buen peinado y
los accesorios que mejor combinan. ¡A veces nuestro pelo
puede suponer la diferencia entre tener un buen día o un
mal día! Tenemos que admitir nuestra naturaleza superficial
y advertir si estamos dándole prioridad a nuestro aspecto
exterior por encima de nuestra belleza interna.

La Biblia no condena los adornos externos, sino que nos
aconseja que le prestemos más atención «a la belleza que
procede de lo íntimo del corazón». ¿Quiénes somos en
lo íntimo de nuestro corazón? ¿Estás esforzándote para
que esa persona sea preciosa? La belleza, para Dios, es un
espíritu suave y apacible.

Señor, sé que no siempre actúo con gentileza con los demás.
Sé que podría tener un espíritu mucho más tranquilo.
Ayúdame a desarrollar y mostrar estas cualidades que son
realmente bellas.

Robles de justicia

> Y a los dolientes [...] [me] ha enviado a darles una corona
> en vez de cenizas, aceite de alegría en vez de luto, traje
> de fiesta en vez de espíritu de desaliento. Serán llamados
> robles de justicia, plantío del Señor, para mostrar su gloria.
> ISAÍAS 61:3 (BAD)

¿Cuántos pensamientos concibe la mente humana en una hora? ¿Y en un día? ¿Y en toda una vida? ¿Cuántos de esos pensamientos son sobre Dios, sobre la persona que es y lo que ha hecho por sus hijos? Piensa en tus propios pensamientos de tu día a día (la lista de la compra, la cita con el dentista, letras de canciones y llaves que no sabes dónde están) y luego reflexiona en tus pensamientos sobre Dios (su majestad, santidad, consuelo y creatividad), y pon ambas cosas en una balanza. Es bastante probable que esta se incline a favor de las innumerables minucias de la existencia humana.

Estos detalles temporales eclipsan el único consuelo y la única promesa en los que podemos descansar: el evangelio del nacimiento, la muerte, la resurrección y la ascensión de Jesús para nuestra salvación eterna. ¡Si nos deshacemos de cualquier otro pensamiento, solo queda esta verdad! Para aquellos cargados por su pecado, esto supone un gran consuelo. ¡Jesús vino para darnos nueva vida!

Dios, gracias porque no soy un árbol joven y débil, limitado por una luz inadecuada y pocos nutrientes. Tú me has convertido en un roble elegante y robusto, alto y resistente para tu gloria.

La fuerza de su presencia

Buscad a Jehová y su poder;
buscad su rostro continuamente.
1 CRÓNICAS 16:11 (RV60)

Nuestras vidas requieren fuerza. Muchas situaciones ponen a prueba la pasta de la que estamos hechos. Hacemos todo lo que podemos para ser fuertes y para plantar cara a cada desafío que se nos presenta, pero a menudo no estamos a la altura. Lo que muchas veces olvidamos es que la fuerza perfecta de Dios solo puede mostrarse en nuestra debilidad.

Tenemos un Dios que lucha por nosotros. Un Dios que inclina su oído a nuestras peticiones y que nos presta su fuerza para la batalla. Cuando buscamos morar en su presencia día a día, encontramos su fuerza en nuestros corazones y su poder en nuestros espíritus.

Señor, soy débil. Hay cosas en mi vida que me han derrotado y que solo han servido para magnificar mi necesidad de ti. Hoy vengo aquí pidiéndote más de tu presencia y de tu fuerza. Te necesito en cada parte de mi vida.

El Señor está cerca

Cercano está Jehová a todos los que le invocan,
a todos los que le invocan de veras.
Cumplirá el deseo de los que le temen; oirá asimismo
el clamor de ellos, y los salvará.
SALMO 145:18-19 (RV60)

El Señor no solo está cerca de aquellos que lo llaman cada mañana sin falta. No solo está cerca de aquellos con una vida sin pecado o de los que hablan con elocuencia. Dios está cerca de aquellos que lo buscan en verdad, de aquellos cuyo corazón es genuino ante él. El amor de Dios es suficiente como para salvar la distancia entre el cielo y la tierra, y como para hacer que se oiga nuestra voz.

¿Ansías la presencia de Dios? Pues entra en ella. Es así de fácil, de verdad. Hay días en los que echamos de menos su presencia y en los que deseamos su cercanía, pero olvidamos que eso siempre está a nuestro alcance: solo tenemos que alargar la mano y tomarlo. Jesús derribó todas y cada una de las barreras que pudiera haber entre tú y Dios. Tranquiliza tu corazón, entra en su presencia y di lo que tienes en la cabeza. Él te escucha, se preocupa por ti y te responde.

Padre celestial, gracias por estar cerca de mí. Gracias porque no tengo que salvar obstáculos para poder estar en tu presencia. Eres un buen Padre y un Dios amoroso. Escucha mi corazón hoy y dame la paz necesaria para esperar tu respuesta.

El susurro

Porque lo dice el excelso y sublime, el que vive para siempre, cuyo nombre es santo: «Yo habito en un lugar santo y sublime, pero también con el contrito y humilde de espíritu, para reanimar el espíritu de los humildes y alentar el corazón de los quebrantados».

ISAÍAS 57:15 (NVI)

¿Qué tiene la noche que nos hace pensar en él? Nos dejamos caer sobre la cama, agotados por el día, y le susurramos, en medio de la oscuridad: «Te necesito. He echado de menos tu presencia». Y las lágrimas caen, el arrepentimiento llega, el corazón se abre y el espíritu se mueve. De repente, adviertes en la oscuridad que él tan solo está a un susurro de distancia. Nunca ha estado lejos, nunca tan distante como tú lo sentías.

Su presencia trae sanación inmediata y su cercanía restaura nuestras almas. Entre dos humanos, cuando ambas personas se distancian, la relación se ve dañada y esto hace difícil que sea posible avanzar. Pero en nuestra relación con el Señor, da igual la distancia que hayamos puesto entre nosotros y él: esta diferencia puede salvarse de inmediato y por completo. Lo único que hace falta es un susurro en la oscuridad invocando su nombre. Ese nombre que nos sana, nos restaura y nos hace volver a empezar de nuevo.

Jesús, te necesito. Salva la distancia que hay entre nosotros dos y restáurame completamente en tu presencia.

Paz verdadera

Les dejo un regalo: paz en la mente y en el corazón.
Y la paz que yo doy es un regalo que el mundo no puede
dar. Así que no se angustien ni tengan miedo.
JUAN 14:27 (NTV)

¿Qué es la paz? ¿Un momento de verdadera relajación?
¿Una hora de calma? ¿Unas circunstancias y una vida
fáciles? Puede que nuestras definiciones de lo que es la
paz nos hagan sentir tranquilos, pero ¿hasta qué punto
concuerdan con la verdadera definición que nos ha
revelado el mismísimo dador de la paz?

Jesús dice muy claramente que su paz no es la misma
que la del mundo. Él no la da como la da el mundo: de un
modo que viene y va, y que puede perderse en cualquier
momento. Su paz no depende de un estado de ánimo,
de una circunstancia, de un puesto de trabajo o de
una empresa. Su paz va hacia adentro. Es una falta de
miedo. Es la ausencia de ansiedad. Es el conocimiento de
que, independientemente del ruido, el cansancio o las
complicaciones que te rodeen, su mano siempre te sujeta.

Señor Jesús, hay muchas cosas que me atemorizan y me
preocupan. Sin darme cuenta, cambio tu paz por la paz
del mundo, que es efímera e insegura. Pero deseo con
ansia tu paz verdadera, una paz que no va y viene con cada
circunstancia.

El propósito de mi dolor

Jehová cumplirá su propósito en mí; tu misericordia,
oh Jehová, es para siempre; no desampares
la obra de tus manos.
SALMO 138:8 (RV60)

La vida a menudo no acaba siendo como esperábamos.
Cuando estamos atrapados en medio de circunstancias
que nunca hubiéramos deseado, cuando se han perdido
nuestros sueños y la esperanza se ha desvanecido, puede
parecer imposible seguir adelante. Pero Dios da un
propósito a nuestro dolor y nos infunde esperanza para
seguir adelante.

Cuando parece que, más que descansar en él, lo que
estamos haciendo es sobrevivir en él, Dios nos consuela con
la promesa de que él completará la obra que empezó en
nosotros y hará todas las cosas hermosas en el momento
apropiado. Tenemos la bendición de poder abrazar todo lo
que está pasando en nuestras vidas como parte de su plan,
más que fiable, para glorificarse y conseguir materializar sus
preciosas intenciones para nosotros.

*Dios, creo que me estás moldeando cada vez más a imagen
de Jesús a través de las dolorosas circunstancias de mi
vida. Espero y confío en tu promesa de que tú cumplirás tu
propósito en mí.*

Relaciones rotas

Acercaos a Dios, y él se acercará a vosotros. Pecadores, limpiad las manos; y vosotros los de doble ánimo, purificad vuestros corazones. Hermanos, no murmuréis los unos de los otros. El que murmura del hermano y juzga a su hermano, murmura de la ley y juzga a la ley; pero si tú juzgas a la ley, no eres hacedor de la ley, sino juez.

SANTIAGO 4:8, 11 (RV60)

Hemos sido creados para la relación con los demás. Desde que Adán expresó la necesidad de una compañera, los humanos hemos buscado estar con otros. Pero, independientemente de lo fuerte que sea nuestro deseo de tener relaciones sanas y buenas, puede ser difícil dejar atrás el dolor de una ruptura. Puede ser un divorcio, una madre o una hermana cada vez más distantes o una amiga de toda la vida que, de algún modo, ha acabado convirtiéndose en una rival encarnizada. Para que pueda haber reconciliación, debemos buscar a Dios para que nos guíe.

En primer lugar, ora. Entrégate a Dios y niégate a permitir que el enemigo destruya nada más en ti. Después, pregúntale si has cometido algún pecado que haya dañado la relación. Confiésalo, arrepiéntete y déjalo atrás. Y ahora viene la parte más difícil: no hables en contra del otro. No lo calumnies, no lo critiques ni expliques tus problemas con él: así no arreglarás nada. De hecho, puede que lo empeores.

Dios Padre, hoy perdonaré en vez de juzgar. Siento los errores que he cometido en esta relación rota. Ayúdame a dejar que tu amor fluya a través de mí y llegue a esas personas con las que tengo problemas. Te pido humildemente reconciliación y restauración.

Recordaré tus maravillas

Me acordaré de las obras de Jehová;
sí, haré yo memoria de tus maravillas antiguas.
SALMO 77:11 (RV60)

Cuando nos descubrimos dudando del poder de Dios para hacer milagros en nuestras vidas, debemos recordar las maravillas que él ha hecho a lo largo de la historia. Las Escrituras están llenas de relatos de vidas cambiadas por el poder de Dios.

El mismo Dios maravilloso que levantó a Lázaro de entre los muertos es el Dios al que hoy adoramos. El mismo Dios que dio vista a un hombre ciego y que hizo que un minusválido se levantara y caminara sigue haciendo milagros hoy en día. Cree que Dios hará algo grande: ten presente que su poder nunca ha disminuido y sus maravillas nunca cesan.

Dios, me asombro ante las maravillas que has hecho a lo largo de la historia. Ayúdame a recordar tu poder cuando empiezo a dudar de tu fuerza. Gracias por redimirme y por permitirme, a través de la fe, presenciar tus milagros en mi propia vida. Ayúdame a crecer en fe y a esperar más de tu grandeza.

He oído a los pobres

El Señor responde: «He visto violencia contra los
indefensos y he oído el gemir de los pobres.
Ahora me levantaré para rescatarlos como
ellos anhelaron que hiciera».
SALMO 12:5 (NTV)

La economía de Dios es completamente distinta a la
nuestra. Nuestra moneda es el dinero y el poder, mientras
que la suya es la misericordia y la gracia. Nuestra sociedad
eleva a los ricos y poderosos, pero Dios pone en alto a los
necesitados y los sin nombre. Su objetivo principal no es
conseguir algo de las personas, sino deleitarse en ellas. Su
corazón está con los pobres. Defiende a los indefensos y
protege a los débiles.

Si deseamos que el corazón del Padre se complazca en
nosotros, entonces nosotros también defenderemos la
causa de los pobres. Les protegeremos, les rescataremos
y les ayudaremos. Hablaremos en nombre de ellos, los
honraremos y derramaremos nuestro amor sobre ellos.

*Padre, sé que tu corazón rebosa ternura por los
necesitados. Dame oportunidades en mi camino para suplir
las necesidades de los pobres y servir a los indefensos.*

Dedicada
completamente a ti

¡No insistas en que te abandone o en que me separe de
ti! Porque iré adonde tú vayas, y viviré donde tú vivas. Tu
pueblo será mi pueblo, y tu Dios será mi Dios.
RUT 1:16 (NVI)

Rut abandonó todo lo que le era familiar para seguir a Noemí
de vuelta a Belén, una tierra completamente desconocida
para ella. ¡Qué compromiso más radical es dejar todo lo que
conoces por tu devoción hacia otra persona!

¿Estás dispuesta a dejar atrás todo lo que amas y conoces
para seguir a Dios? Él es un Dios que recompensa y premia.
Todo lo que entregues por su reino te será restaurado, y
recibirás muchísimo más de lo que has dejado atrás.

*Padre celestial, quiero estar dispuesta a ir allá adonde tú me
guíes, incluso a lugares completamente desconocidos. Tú
eres mi Dios y estoy completamente dedicada a ti.*

Empatía humana

Alégrense con los que están alegres;
lloren con los que lloran.
ROMANOS 12:15 (NVI)

Pocas cosas hay más remarcables que el poder de la empatía humana. Cuando alguien se hace daño podemos sentir su dolor, a pesar de que nosotros estemos perfectamente. Si alguien llora, podemos sollozar con ellos a pesar de no estar tristes. Cuando alguien ríe, también nosotros podemos disfrutar del momento, a pesar de que no se trate de nuestra propia felicidad.

Jesús vino a nosotros, en forma humana, en el mayor acto de empatía de toda la historia. Cuando nosotros seguimos su ejemplo, cargando con el dolor de los demás y compartiendo el gozo con otros, mostramos su corazón al mundo entero.

Señor, dame la capacidad de ser empática para transmitir tu carácter a aquellos que me rodean. Ayúdame a comprender mejor todo por lo que están pasando los demás para poder revelar tu corazón al mundo entero.

Haz un cambio

No se amolden al mundo actual,
sino sean transformados mediante la renovación de su
mente. Así podrán comprobar cuál es la voluntad
de Dios, buena, agradable y perfecta.
ROMANOS 12:2 (NVI)

Queremos cambiar, pero nos cuesta conseguir los objetivos que nos marcamos. «Algún día haré…» es el enemigo de «Hoy voy a hacer…», pero cuando el cambio nos resulta más doloroso que seguir igual, vacilamos entre nuestros deseos y nuestra comodidad.

A menudo también nos pasa lo mismo a la hora de rendirnos ante el Espíritu Santo. Él ansía hacer «cosas aun mayores» y, aunque esto nos pueda parecer muy atractivo, la comodidad de no hacer nada nos resulta tranquilizadora, segura y predecible. Pero finalmente vemos que Dios realmente es el lugar más seguro en el que depositar nuestras vidas. Conscientes de esto, nos gozamos en él a medida que nos moldea e inspira. Hemos sido creados para hacer buenas cosas.

Gracias, Padre, por los cambios que estás haciendo en mi vida. Disfruto cuando tú me transformas y me sacas brillo, como la vajilla de plata que se utiliza en ocasiones especiales.

Él se preocupa
por ti de forma única

Así como cada uno de nosotros tiene un solo cuerpo
con muchos miembros, y no todos estos miembros
desempeñan la misma función, también nosotros, siendo
muchos, formamos un solo cuerpo en Cristo, y cada
miembro está unido a todos los demás.
ROMANOS 12:4-5 (NVI)

Cada uno de nosotros tiene una función. Todos actuamos de
forma distinta porque hemos sido diseñados así. A menudo
no estamos de acuerdo en cuáles son las prioridades más
allá de morar en Cristo y vivir el amor, porque todos estamos
hechos para reflejar distintos aspectos de la gloria de Dios.

Muy a menudo leemos este versículo como si fuera
una recomendación para tratar bien a las personas de
otras denominaciones, pero no es eso lo que quiere
decir. No; se trata de una glorificación de nuestro Dios,
maravillosamente creativo, y de una exhortación a
dedicarnos a nuestros dones para que los demás puedan
hacer lo mismo. Nuestros dones son tan personales como
nuestra experiencia de salvación. Cuando finalmente
abrazamos esta interdependencia, nos honramos unos a
otros y actuamos en unidad. Aceptamos las personas que
somos en Cristo y nos liberamos de lo que no somos. Y
tener la libertad para hacer esto es un aspecto de lo que
realmente significa ser libre en Cristo y actuar en libertad.

*Padre, gracias por el intrincado y exclusivo diseño con el que
me has creado. Ayúdame a reconocer aquellos dones que tengo
y que no son valores universales para todos los demás, sino que
llevan sello distintivo de gracia sobre mi vida. ¡Te amo!*

Subir de nivel

Fíate de Jehová de todo tu corazón, y no te apoyes en tu propia prudencia. Reconócelo en todos tus caminos, y él enderezará tus veredas.
PROVERBIOS 3:5-6 (RV60)

A medida que aprendemos a andar rindiéndonos al Espíritu Santo, nuestro Padre celestial nos lleva a un nivel de intimidad superior con él. Y, para ello, debemos mostrarnos vulnerables y ser sinceros con Dios. Constantemente tenemos que decidir confiar más en él que en nuestras experiencias o lógica.

Cuando confiamos en Dios sin ningún límite, descubrimos que es más fiable que cualquier otra persona. Su amor nos rodea y se convierte en el lugar más seguro en el que podríamos estar. Si inclinamos nuestro corazón constantemente hacia él y elegimos lo que él haría, podremos disfrutar de su consuelo y guía, y nuestros caminos se enderezarán.

Padre celestial, vengo a ti y te pido que me ayudes a confiar en ti, sabiendo que tú tienes lo mejor preparado para mí. Haz tu obra en mí. Renuncio al control y confío en ti. Tú estás por mí, no en contra de mí. Te amo.

La ironía de la debilidad

¿Acaso nunca han oído? ¿Nunca han entendido?
El Señor es el Dios eterno, el Creador de toda la tierra.
Él nunca se debilita ni se cansa; nadie puede medir la
profundidad de su entendimiento. Él da poder a los
indefensos y fortaleza a los débiles.
ISAÍAS 40:28-29 (NTV)

Cuando te quedas sin tus talentos y puntos fuertes, no puedes hacer nada más que descansar en la gracia de Dios para seguir adelante. Es ahí, en tu debilidad, donde el poder de Dios se revela realmente. A nadie le gusta sentir que no está a la altura pero, si nuestra falta de capacidad puede revelar todavía más a Cristo en nosotros, siempre valdrá la pena.

Debemos recordar que somos vasijas de misericordia: imágenes sagradas de su gracia que existen para poder dar siempre gloria a Cristo en primer lugar.

En mi debilidad, Señor, sé mi fuerza. Revélate a través de mí para poder unirme a ti y llevar a cabo tu obra.

El sacrificio de acción de gracias

Ofrece a Dios sacrificio de acción de gracias, y cumple tus
votos al Altísimo; e invócame en el día de la angustia;
yo te libraré, y tú me honrarás.
SALMO 50:14-15 (LBLA)

Los israelitas del Antiguo Testamento tenían una lista muy
complicada de rituales y sacrificios que debían observar. Entre
las cinco ofrendas especiales había una que era un sacrificio
de paz o de acción de gracias. Cuando Jesús vino, las normas
antiguas fueron sustituidas por las nuevas, de modo que ahora
la alabanza puede ser una expresión de nuestros corazones
directamente a través de nuestros labios.

No siempre es fácil ser agradecido. En los momentos de
más dificultad, cuando la frase «¡Esto no me gusta nada!»
es lo que resuena con más fuerza en nuestro interior, el
agradecimiento supone un gran sacrificio. Se trata de una
negación de la respuesta natural, de morir a nuestras propias
preferencias y decir en sometimiento: «Dios, tus caminos son
mejores y te doy las gracias». Tener un corazón agradecido
nos da el privilegio de poder acudir a Dios en los momentos
de dificultad y contar con la seguridad de que él nos librará.
¿Puedes ofrecerle hoy a Dios tu sacrificio de alabanza?

*Señor, hoy te quiero dar las gracias por ser mi Dios y por la
gracia que me muestras cada día. Sé que si acudo a ti, tú me
librarás; ¡tuya será toda la gloria del proceso!*

Redimida y libre

El Espíritu de Jehová el Señor está sobre mí, porque me ungió Jehová; me ha enviado a predicar buenas nuevas a los abatidos, a vendar a los quebrantados de corazón, a publicar libertad a los cautivos, y a los presos apertura de la cárcel; a proclamar el año de la buena voluntad de Jehová [...].

ISAÍAS 61:1-2 (RV60)

Cuando Jesús, el esperadísimo Mesías, reveló su deidad a su familia, a sus discípulos y a las multitudes, todos esperaban un poderoso Dios que pudiera librarlos de sus opresores y establecer un reino eterno. Pero la persona que tenían delante era un siervo humilde que comía con los recaudadores de impuestos y cuyos pies limpió una prostituta con sus lágrimas. Jesús no era exactamente quien creían que iba a ser.

¡Era incluso mejor! Jesús llegó para traer salvación a aquellos que estaban ahogándose en un mar de pecado y enfermedad; a los marginados que necesitaban una redención santa; a las personas a las que los líderes religiosos habían considerado indignas pero cuyos corazones ansiaban una restauración de verdad. Él llegó para redimir a su pueblo, pero no del modo en el que ellos habían esperado.

Jesús, tú me has librado de las ataduras del pecado y de la opresión a través de tu muerte y resurrección. ¡Te alabo por mi libertad! Santo Espíritu, descansa sobre mí y dame la valentía para compartir con los demás estas buenas noticias.

Un refrescante manantial

El que beba del agua que yo le daré […] se convertirá
en un manantial del que brotará vida eterna.
JUAN 4:13-14 (BAD)

¿Alguna vez has tenido tanta sed que has pensado que
jamás serías capaz de beber tanta agua como para saciarte?
Quizá has estado en algún lugar calurosísimo, donde
hubieras sido capaz de lanzarte de cabeza a un charco
embarrado solo para refrescarte. Imagínate cómo debería
de ser encontrarse un oasis en medio del desierto o una
poza con agua cristalina al final de una cascada en medio de
la jungla. ¡Qué refrescante!

Incluso la palabra «refresco» invoca la idea de una atractiva
bebida para el alma cansada. La Palabra de Dios es nuestra
fuente de vida y energía. Nos da lo que tanto necesitamos
¡y siempre la tenemos a nuestro alcance! Si pasas tiempo
en las Escrituras, descubrirás que su Palabra está en ti,
buscando revitalizarte y ayudarte a recobrar el vigor.

*Señor, tu Palabra nunca se secará. Tu agua da vida y
es eterna, ¡qué refrescante! Hay en mí un manantial
inacabable, listo para darme agua en cualquier momento
del día o de la noche. Qué reconfortante me resulta cuando
estoy cansada, frustrada, triste y confundida.*

Él me da descanso

[…] Vengan a mí todos los que están cansados y llevan cargas pesadas, y yo les daré descanso. Pónganse mi yugo. Déjenme enseñarles, porque yo soy humilde y tierno de corazón, y encontrarán descanso para el alma. Pues mi yugo es fácil de llevar y la carga que les doy es liviana.

MATEO 11:28-30 (NTV)

Hay veces en las que el dolor te deja agotada. La simple idea de hacer incluso la tarea más sencilla puede parecernos abrumadora. Salir de la cama, vestirnos, hacer la cena o llevar a los niños a sus extraescolares acaban convirtiéndose en obligaciones que parecen imposibles. El mundo sigue girando y somos incapaces de pensar en otra cosa que no sea detenernos y descansar un rato. Intentar seguirles el ritmo a las exigencias de la vida parece imposible. Así que no lo intentes.

Admite tu debilidad y pídele a Dios que te dé sus fuerzas. Descubrirás que se trata de una persona con muchos recursos si le entregas las riendas. ¿Que alguien se presenta a tu puerta con la cena hecha? Acéptalo. Es un regalo de Dios para que descanses. ¿Que una amiga se pasa para recoger a tus niños y llevarlos a su entreno de fútbol? Dale las gracias. También venía de parte de Dios. Aceptar que necesitamos ayuda a veces puede ser lo más difícil.

Dios, estoy muy agradecida porque eres cariñoso, humilde y fácil de complacer. Ayúdame hoy a encontrar mi descanso y fuerza en ti.

Todas las cosas son hechas nuevas

Bendice, alma mía, a Jehová, y no olvides ninguno de sus beneficios. Él es quien perdona todas tus iniquidades, el que sana todas tus dolencias; el que rescata del hoyo tu vida, el que te corona de favores y misericordias; el que sacia de bien tu boca de modo que te rejuvenezcas como el águila.

SALMO 103:2-5 (RV60)

¿Crees que puede ser razonable esperar que una corredora termine un maratón sin tomarse siquiera un solo vaso de agua? ¿O que sería realista que un doctor, tras un turno de 36 horas, tenga la energía necesaria para hacer una última y pesada operación? ¿Puede esperarse que un niño no chupe la espátula tras mezclar masa para hacer galletas? ¿Debería conocer a la perfección un extranjero las costumbres de un país que no es el suyo?

Sabemos que los humanos tienen límites. Necesitamos comer y beber a menudo. Si no dormimos lo suficiente, estamos cansados y de mal humor. Nuestras emociones pueden verse superadas por las turbulencias de la vida. Tanto si estás en un momento de rendimiento máximo o si rozas ya el agotamiento, tanto si necesitas una renovación ahora mismo o en un futuro, solo Dios puede darte lo que necesitas porque él sabe cuáles son tus límites y capacidades. Él sabe que necesitas tiempo para recargarte y espacio para recuperar tus fuerzas. Y sabe que, a veces, un poquito de masa de galletas da para mucho.

Señor, necesito tu renovación. Sé que no puedo ser fuerte para siempre. Necesito que recargues mi energía, renueves mi mente y me des fuerzas.

Ven

> Mi amado habló, y me dijo: «Levántate, oh amiga mía, hermosa mía, y ven. Porque he aquí ha pasado el invierno, se ha mudado, la lluvia se fue; se han mostrado las flores en la tierra, el tiempo de la canción ha venido, y en nuestro país se ha oído la voz de la tórtola».
>
> CANTARES 2:10-12 (RV60)

Hay quien dice que el romanticismo ha muerto. Pero no para Dios: él es el amante de nuestras almas. ¡Y no hay nada que desee tanto como pasar tiempo con su creación! Puede resultarnos un poco incómodo tener su mirada tan fijamente sobre nosotras. Al fin y al cabo, ¡no somos nada especial! Ni reinas de belleza, ni eruditas académicas, ni prodigios atléticos. Puede que no tengamos oído musical ni seamos hábiles con las manualidades u organizadas. Quizá nuestra casa sea un desastre, y seguramente nos iría bien una buena manicura.

¿Te sientes algo aprensiva ante una mirada tan cargada de adoración? Pues, ¡buenas noticias! ¡Tú eres, de hecho, su preciosa amada! Y él quiere sacarte de este frío invierno. Ha terminado la temporada de riego y por fin (¡por fin!) ha llegado el momento de regocijarse en la temporada de renovación.

Padre celestial, no sé por qué me siento incómoda bajo tu mirada. ¡Tú me amas más de lo que nadie podría amarme! Por muy indigna que me sienta, quiero levantarme e irme contigo.

El peso de la preocupación

La congoja en el corazón del hombre lo abate;
mas la buena palabra lo alegra.
PROVERBIOS 12:25 (RV60)

La preocupación nos llena la cabeza con preguntas que quizá jamás podremos responder y posibilidades que quizá jamás se materializarán. Acabamos agotados de que incluso nuestros problemas pasajeros superen nuestra paz. Es en esos momentos en los que las palabras de ánimo de un amigo o amiga pueden convertirse en el catalizador necesario para transformar nuestra incerteza en fuerzas, nuestra duda en fe restaurada.

Al rodearnos del tipo de personas que nos dicen verdades a menudo, sin saberlo estamos protegiendo nuestra propia paz y futura alegría.

Dios, cuando empiezo a sentirme ansiosa, te pido que me traigas a algún amigo o amiga que me diga tu verdad. Ayúdame también a ser una amiga que transmita ánimo y paz a todos los que me rodean.

Diciembre

YA QUE FUIMOS DECLARADOS JUSTOS
A LOS OJOS DE DIOS POR MEDIO DE LA
FE, TENEMOS PAZ CON DIOS GRACIAS A
LO QUE JESUCRISTO NUESTRO SEÑOR
HIZO POR NOSOTROS.

ROMANOS 5:1 (NTV)

Fe como la de un niño

[…] Te alabo, Padre, Señor del cielo y de la tierra, porque
escondiste estas cosas de los sabios y de los entendidos, y
las revelaste a los niños.
MATEO 11:25 (RV60)

Podemos aprender muchas cosas de los más pequeños.
Jesús nos lo enseñó cuando los discípulos le estaban
preguntando quién iba a ser el mayor en el reino de los
cielos. No sabemos exactamente por qué lo estaban
preguntando, pero sí que podemos asumir que no se
esperaban para nada la respuesta de Jesús. Tomó a un niño,
lo puso en medio de todos ellos y dijo que, si no se volvían
como niños, nunca podrían entrar en el reino de los cielos.

La fe de un niño en Dios no conoce ninguna duda. Ellos
creen, con toda sencillez, que él es quien dice ser y que hará
lo que promete hacer. No se desaniman y no tienen ningún
motivo para dudar de su fidelidad. Dios nos desafía a tener
este tipo de fe: sincera y pura.

*Dios, dame ese tipo de fe que no se rinde. A pesar del
desánimo, quiero confiar en ti como confiaría una niña.*

Escapa de la batalla

> Ustedes no han sufrido ninguna tentación que no sea común al género humano. Pero Dios es fiel, y no permitirá que ustedes sean tentados más allá de lo que puedan aguantar. Más bien, cuando llegue la tentación, él les dará también una salida a fin de que puedan resistir.
>
> 1 CORINTIOS 10:13 (NVI)

Quizá estás luchando con la ira o la avaricia. A lo mejor tu guerra es contra el orgullo o la vanidad. Podría ser que te resulte difícil ser sincera o amable. Pero, sea cual sea tu batalla, no estás sola. Todos tenemos dificultades, pero Dios no nos dejará luchar contra algo demasiado grande como para derrotarlo.

Podemos estar seguros de que en cada batalla, en cada dificultad y en cada tentación, Dios nos da una salida. Hay un plan de escape preparado. Cuando nos enfrentamos a la tentación, podemos pedirle ayuda a Dios. Él es fiel y responderá a nuestra petición.

Dios, ayúdame con las batallas a las que me enfrento hoy. Sé que tú me rescatarás y me darás fuerzas.

El corazón del ofensor

Como escogidos de Dios, santos y amados, revestíos de tierna compasión, bondad, humildad, mansedumbre y paciencia; soportándoos unos a otros y perdonándoos unos a otros, si alguno tiene queja contra otro; como Cristo os perdonó, así también hacedlo vosotros.
COLOSENSES 3:12-13 (LBLA)

Cuando alguien nos hiere profundamente, no es fácil ignorar la ofensa para dirigir la mirada al corazón del ofensor. Pero eso es exactamente lo que Dios hace por nosotros, y quiere que hagamos lo mismo por los demás. Muy a menudo acabaremos descubriendo que el ofensor está ahogándose en su propio mar de dolor y desesperación. Ellos también necesitan mucho, mucho amor.

Si le pedimos a Dios poder ver a nuestros ofensores igual que los ve él, desarrollaremos una profunda compasión hacia ellos y los comprenderemos mejor. Puede que nuestras heridas palidezcan en comparación a su dolor. Podremos ver que están perdidos y que desean que alguien los ayude. Y les podemos ofrecer bondad y gracia del mismo modo que Dios nos las ha dado a nosotros.

Padre, ayúdame a mostrar gracia y compasión a aquellos que me han hecho daño. Cambia mi corazón hacia ellos. Hazme verlos del mismo modo que tú los ves. Gracias por tu bondad hacia mí.

4 DE DICIEMBRE

Un puntal en un mundo que se tambalea

El Señor es mi roca, mi baluarte y mi libertador; mi Dios, mi roca en quien me refugio; mi escudo y el cuerno de mi salvación, mi altura inexpugnable.

SALMO 18:2 (LBLA)

Nunca sabemos cómo reaccionaremos cuando nos golpee la tragedia, cuando las cosas escapen a nuestra comprensión o cuando nos enfrentemos a una circunstancia que no podemos cambiar. ¿Qué podemos hacer para prepararnos? Pues, en el mundo físico, no demasiado. Pero podemos podar nuestros corazones. Podemos pedirle a nuestro Padre una dependencia total de él. Podemos comprender todavía más la profundidad y la anchura y la longitud de su amor por nosotros, para que cuando nos enfrentemos a la incerteza podamos aferrarnos a lo que sí que sabemos que es permanente: Jesús.

Jesús es el cimiento definitivo. Es nuestra roca. Es nuestro puntal de fuerza cuando nos sentimos inestables y en medio de la incerteza. Cuando dudamos, él es nuestra respuesta. Cuando lloramos pidiendo ayuda, él nos consuela. Cuando preguntamos por qué, él nos susurra su plan para nuestras vidas.

Señor, te necesito. Cuando las circunstancias escapan a mi control, me aferro a ti, mi puntal de fuerza.

La integridad es posible

Integridad y rectitud me guarden,
porque en ti he esperado.
SALMO 25:21 (RV60)

Tener integridad significa que no nos falta nada y que vivimos perfectamente. Parece imposible. Pero en Cristo somos hechos completos e íntegros: libres de cualquier defecto y mancha. Por lo tanto, la integridad está presente en cada creyente.

La buena noticia es que no es algo que tengamos que buscar o invocar. Somos capaces de vivir en integridad y de tomar decisiones según su voluntad gracias a la obra que Dios ya ha hecho en nosotros. Nuestra integridad corre peligro solo cuando decidimos alejarnos de la suya.

Dios, soy consciente de que solo puedo actuar de forma íntegra si te dejo guiarme. Fuera de ti no existe la perfección. Hazme ser íntegra y completa mientras espero en ti.

Borrar

Para alabanza de la gloria de su gracia que gratuitamente
ha impartido sobre nosotros en el Amado. En él tenemos
redención mediante su sangre, el perdón de nuestros
pecados según las riquezas de su gracia que ha hecho
abundar para con nosotros [...].
EFESIOS 1:6-8 (LBLA)

Inmediatamente después de ese momento tan terrible, nos
encantaría poder pulsar el botón de borrar. Nos gustaría
poder retroceder en el tiempo unos pocos minutos, hasta ese
instante en el que empezábamos a sentir cómo nos hervía la
sangre y sabíamos que íbamos a decir algo que más adelante
lamentaríamos. Sabíamos que podíamos perder el control
porque ya no éramos capaces de mantener la cabeza fría.

Pero llega el momento, reaccionamos mal y, finalmente,
pedimos perdón: es el círculo vicioso de nuestra humanidad.
Por suerte, a través de la sangre de Jesucristo y de nuestro
arrepentimiento, somos perdonados y liberados, y soltamos
la carga de nuestros errores. Podemos empezar de nuevo,
partir de cero otra vez. En algunos momentos, ese regalo
parece mucho mayor. Hay días en los que descansamos en
la gracia de nuestro Señor y Salvador tan solo para poder
superar la jornada. Y no pasa nada: podemos hacerlo.

*Dios, cuántas veces quisiera apretar el botón de borrar o
volver atrás y cambiar algo que he dicho o hecho. Gracias
porque tu regalo de perdón es ilimitado. Acepto ese regalo
con los brazos abiertos.*

La voz del amor

Les he dado la gloria que tú me diste, para que sean uno,
como nosotros somos uno. Yo estoy en ellos, y tú estás en
mí. Que gocen de una unidad tan perfecta que el mundo
sepa que tú me enviaste y que los amas tanto como me
amas a mí.

JUAN 17:22-23 (NTV)

Cuando vivimos para otras voces, rápidamente nos
cansamos y desanimamos. Las expectativas de los demás
sobre cómo deberíamos vivir, actuar y ser a veces son,
sencillamente, imposibles. Pero hay una voz que sí que
importa y que puede adoptar varias formas: la voz de Dios.

Lo que Dios nos diría es que somos queridos, somos
deseados y tenemos un valor muy importante. Somos sus
amados, sus hijos, su bella creación. Y esa es la voz que
importa. Esa es la voz a la que debemos volver cuando
sentimos que no somos suficiente.

*Padre, ayúdame ignorar las voces que no importan. Nada
cambia el amor que tú tienes por mí. Hoy decido sentarme y
empaparme de ese amor.*

Transformación

Y estoy seguro de que Dios, quien comenzó
la buena obra en ustedes, la continuará hasta
que quede completamente terminada el día
que Cristo Jesús vuelva.
FILIPENSES 1:6 (NTV)

Si vivimos nuestras vidas para Dios, esperamos que haya
en nosotros un cambio completo y radical, de dentro a
fuera. Nos frustramos y desanimamos cuando descubrimos
antiguas costumbres que cuestan de romper o cuando
seguimos cayendo en la misma tentación.

Rendirse empieza a parecernos cada vez más atractivo.
Pero, ¡anímate! Somos una nueva criatura en Cristo; su obra
en nosotros es continua. La santificación es un proceso muy
doloroso y duro. Pero su gracia nos cubrirá y él promete
acabar su obra. No nos ha dejado ni abandonado.

*Señor, a veces me siento muy frustrada porque no soy la
persona que quiero ser. Gracias por estarme transformando
a través de tu Espíritu y por tu Palabra. Espero con ansia
poder ver tu obra terminada en mí.*

Miedo a los monstruos

Busqué a Jehová, y él me oyó, y me libró de todos mis temores. Los que miraron a él fueron alumbrados, y sus rostros no fueron avergonzados.
SALMO 34:4-5 (RV60)

Cuando éramos pequeños teníamos miedo de los monstruos que se escondían bajo la cama o nos aterrorizaba la idea de lo que pudiese estar acechando en los rincones más oscuros de nuestra habitación. Por muy irracionales que fueran estos miedos, para nosotros eran reales. Nos quedábamos paralizados, sin atrevernos a respirar o a pedir ayuda, y cerrábamos los ojos con fuerza, suplicándole al sueño que llegara pronto. Las noches y la oscuridad que llegaba con ellas parecían eternas.

Y ahora que somos adultos seguimos teniendo miedo de los monstruos, pero hoy en día adoptan la forma de un jefe iracundo, una relación que pasa por dificultades, un diagnóstico médico poco favorable o una factura por pagar. El miedo nos inmoviliza y atenaza de una forma real y poderosa. Si no vamos con cuidado, el temor puede destruir nuestra tranquilidad. Como hija de Dios, puedes pedirle ayuda y tener la confianza de que te ayudará. Puedes librarte del miedo y saber que, sea cual sea el monstruo al que te enfrentas, no estás sola.

Señor, los monstruos de mi vida pueden parecer abrumadores. Gracias por la promesa de tu Palabra, que me dice que me librarás de todos mis miedos si te busco a ti. Te pido que me des paz y que hagas brillar mi rostro cuando te mire.

Transparencia

El perfume y el incienso alegran el corazón;
la dulzura de la amistad fortalece el ánimo.
PROVERBIOS 27:9 (NVI)

No pasa nada por lamentarse cuando las cosas no han ido como esperábamos. De verdad, no pasa nada. Todos tenemos días complicados: nos levantamos demasiado tarde, perdemos las llaves, no encontramos el otro calcetín… ¡y finalmente todo acaba yéndose al garete! Todo el mundo pasa por momentos en los que simplemente quiere tirar la toalla y rendirse. Por algún motivo pensamos que debemos tenerlo todo bajo control en todo momento. Pero no es así. No pasa nada por ser transparentes unos con otros: así los demás pueden mostrarnos su amor, animarnos y orar por nosotros.

Compartir nuestras dificultades no solo alivia nuestra carga, sino que nos recuerda que no estamos solos. Y, además, también permite que los demás se muestren transparentes.

Padre, me libero de la idea de que debo tenerlo todo bajo control. Necesito que haya otros en mi vida que me ayuden y me den ánimos. Muéstrame a aquellos amigos con los que puedo ser transparente y ayúdame a ser una amiga fiable también para ellos.

El rostro de la bondad

Mi corazón ha dicho de ti: «Buscad mi rostro». Tu rostro
buscaré, oh Jehová; no escondas tu rostro de mí [...].
SALMO 27:8-9 (RV60)

¿No ansías a veces poder ver el rostro de Dios? ¿Te
preguntas qué aspecto tiene cuando te mira? Te aseguro
que sus ojos son mucho más cariñosos de lo que podrías
esperar. Su expresión es más tierna de lo que pensabas,
y su postura es más abierta de lo que habías imaginado. Y
no son simples suposiciones que estaría bien que fuesen
ciertas. No; sabemos que Dios es así porque sabemos
el aspecto que tenía cuando estaba sobre esta tierra.
Tenemos relatos de primera mano sobre cómo respondía
ante las personas con corazones humildes. Las recibía con
los brazos abiertos y les daba palabras que traían libertad.

Piensa en la persona más agradable que conozcas, aquella
que nunca parece molestarse por nada y que escucha con
atención a todo el mundo. Pues, aunque esta persona
pueda parecer remarcable en su bondad, no es más que
un mero reflejo de la bondad de Dios.

*Dios Padre, cuán constante eres en tu amor por mí. Nunca
has tenido un mal día y, cuando lo tengo yo, no me miras
con cara de estar harto de mí. Gracias por tu rostro, tierno
y amable al mirarme.*

Senderos antiguos

> Deténganse en los caminos y miren; pregunten por los senderos antiguos. Pregunten por el buen camino, y no se aparten de él. Así hallarán el descanso anhelado [...].
>
> JEREMÍAS 6:16 (NVI)

Siempre es divertido tener cosas nuevas, especialmente si te encantan los *gadgets* y dispositivos tecnológicos. Las largas colas que se forman en los Apple Store alrededor de todo el país demuestran que la mayoría de nosotros estamos enamorados de lo último y lo mejor. No nos gusta quedarnos anticuados o no contar con la tecnología más avanzada.

Hay momentos en los que podemos sentirnos un poquito anticuados en nuestras vidas espirituales y sentimos que necesitamos el toque revitalizante de Dios. Puede que necesitemos rejuvenecer un poco pero, en el reino de Dios, lo que se lleva es lo viejo. De hecho, ¡cuanto más antiguo, mejor! En nuestra iglesia cambian los estilos de alabanza, los programas y los métodos, pero hay una cosa que siempre debe ser antigua: la verdad de la Palabra de Dios. Esta vieja religión es lo que todavía sigue rescatando a la gente de la muerte. Como no hay ninguna necesidad de actualizar el evangelio, quizá lo único que necesitamos es que el Espíritu nos unja de nuevo para llenarnos de contentamiento y descanso para nuestras almas.

Padre celestial, hoy realmente necesito que me toques. Mi espíritu está seco y parece haberse quedado muy atrás, y mi alma necesita que la vivifiques. Quiero seguir tus senderos antiguos, donde se halla el buen camino, así que ¡dame hoy un nuevo comienzo!

Belleza interior

No se interesen tanto por la belleza externa: los peinados extravagantes, las joyas costosas o la ropa elegante. En cambio, vístanse con la belleza interior, la que no se desvanece, la belleza de un espíritu tierno y sereno, que es tan precioso a los ojos de Dios.

1 PEDRO 3:3-4 (NTV)

A todos nos gusta vernos bien, así que a menudo dedicamos mucho tiempo a hacer lo que podemos para cubrir nuestros defectos y realzar lo más bonito. ¡Queremos estar perfectos! Pero la definición de Dios de la belleza es muy distinta a la del mundo. Reflexionemos sobre esta historia: Dios envió al profeta Samuel a Belén para elegir a uno de los hijos de Isaí para reemplazar al rey Saúl. Cuando Samuel vio al hijo mayor, Eliab, pensó para sus adentros: «Está claro que este es el elegido». Y ahí fue donde Dios le encomendó a Samuel que no se fijara en el aspecto exterior, porque el Señor se fija en el corazón.

¿Qué es bello para Dios? Partimos de la base de que ya le gusta nuestro aspecto; al fin y al cabo, ¡fue él quien nos creó! Lo que para él es bello es un espíritu tierno y sereno. Cuando nos adornemos en amor, gracia y amabilidad, viviremos una verdadera belleza que atraerá a los demás hacia Cristo. ¿Te obsesionas con tu aspecto externo? Pues recuerda que Dios se fija en tu corazón.

Señor, tengo que admitir que me centro demasiado en mi aspecto. Sé que a medida que me parezca más a ti, tu belleza se verá en mí.

Quebrantada

El Señor está cerca de los que tienen quebrantado el corazón; él rescata a los de espíritu destrozado.
SALMO 34:18 (NTV)

Cuando algo se rompe, consideramos que ha perdido su valor y lo tiramos a la basura: el vaso roto, el juguete viejo o el bolígrafo que se ha quedado sin tinta. El mundo está lleno de personas con corazones rotos por la traición, la decepción o la pérdida. En algún punto, todos nuestros corazones han sido rotos por el pecado, el egoísmo, el orgullo y la terquedad: son fortalezas que Dios ha tenido que romper en nuestras vidas.

Hay belleza en el quebrantamiento porque en el proceso de reparación vemos cómo Jesús se pone manos a la obra. Cuando estamos rotos, estamos listos para que nos arreglen y tenemos que volvernos al maestro restaurador. Cuando acudimos a Cristo con un corazón arrepentido, Dios nos acerca a sí para salvarnos. Cuando la vida es cada vez más dura y nuestras circunstancias acaban por hundirnos el espíritu, Dios se acerca para consolarnos. Cuando nuestra desesperación nos lleva a postrarnos de rodillas, Dios se pone a nuestro lado para librarnos. ¿Tienes el corazón roto hoy? Acude al restaurador maestro. Él empezará su obra en ti.

Señor, necesito que repares algunas cosas en mi corazón hoy. Gracias porque fuiste quebrantado para poder sanar mi quebrantamiento.

Elijo el contentamiento

La verdadera sumisión a Dios es una gran riqueza
en sí misma cuando uno está contento con lo que tiene.
Después de todo, no trajimos nada cuando vinimos
a este mundo ni tampoco podremos llevarnos nada
cuando lo dejemos.

1 TIMOTEO 6:6-7 (NTV)

Hay muchísimas personas en este mundo motivadas por el deseo de tener más cosas. Quizá nos sentimos más tentados por la atracción del materialismo de lo que nos gusta admitir. La tentación es difícil de evitar cuando los medios de comunicación nos bombardean a cada momento. El hombre rico de Marcos 10 también tenía problemas con esto, y fue incapaz de deshacerse de sus posesiones y dinero para seguir al Señor.

La mayoría de nosotros no somos acaudalados a ojos del mundo pero, como cristianos, somos enormemente ricos si estamos satisfechos con lo que Dios nos ha dado. La bondad con contentamiento es, en sí misma, una gran riqueza. ¿Estás luchando hoy con el descontento e incluso con la codicia? Rinde tus deseos al Señor; ¡elige el contentamiento y disfruta de lo que tienes!

Amado Señor, siento mucho estar descontenta con lo que tú me has dado. Rindo mis deseos a ti y te doy las gracias porque, si te tengo a ti, tengo todo lo que necesito.

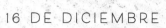

Osadía inusual

Los gobernantes, al ver la osadía con que hablaban
Pedro y Juan, y al darse cuenta de que eran gente
sin estudios ni preparación, quedaron asombrados y
reconocieron que habían estado con Jesús.
HECHOS 4:13 (NVI)

¿Recuerdas al tullido que se sentaba cada día a la puerta del
templo para pedir limosna? Pedro y Juan pasaron por ahí
pero no le dieron dinero, sino que lo sanaron en el poderoso
nombre de Jesús. Y esto no pasó desapercibido para los
líderes religiosos. Convocaron a los dos apóstoles para
que aparecieran ante el concilio, donde se enfrentaron a
un intimidante grupo de hombres que tenían la autoridad
para meterlos en prisión. Sin miedo, Pedro salió al estrado y
aprovechó para lanzar una potente acusación en contra de
ellos. Ellos habían sido quienes habían crucificado a Jesús, cuyo
poder había sanado al leproso. El concilio estaba asombrado
ante la valentía de dos hombres simples y sin estudios. ¿De
dónde nacía tanta valentía? ¡Pues de haber estado con Jesús!

¿Hay alguna situación a la que te estés enfrentando para la que
necesitas más valentía de la que puedes reunir? ¿Es posible
que no hayas estado demasiado con Jesús últimamente? No
necesitas una formación o un don especiales para mostrar una
osadía inusual en una situación aterradora: tienes a Jesús. Él te
dará exactamente lo que necesitas.

Amado Señor, hoy necesito una gran dosis de valentía. Te pido
que me llenes de osadía con el poder de tu Espíritu Santo.

Libres para elevarnos

Cristo nos libertó para que vivamos en libertad [...].
GÁLATAS 5:1 (NVI)

¡La libertad es algo maravilloso! Vivimos en un país libre donde podemos adorar a Dios, decir lo que pensamos y disfrutar de oportunidades ilimitadas sin ningún miedo o restricción. Aun así, a pesar de estas libertades, a veces nos sentimos atados a la monótona rutina de la vida diaria, como si fuéramos un hámster en su rueda. Parece que no haya forma de escapar a la rutina de una vida gris.

Este no es el plan de Dios para nosotros. La vida, de forma natural, consiste en responsabilidades que pueden parecer inacabables, pero a la vez podemos elevarnos por los aires como las águilas en gozosa libertad. ¿Te sientes atrapada por la rutina hoy? Detente un momento para fijar tus ojos en Cristo, empaparte de su presencia y sentir la chispa de vida divina que se encendió en ti cuando le entregaste tu corazón. Dale las gracias por haberte liberado del pecado, el miedo, las ataduras y la desesperación. ¡Cristo nos liberó para que disfrutáramos de la libertad!

¡Señor, gracias por el increíble regalo de la libertad, tanto en mi país como en mi alma! Ayúdame a enfrentarme a mis tareas de hoy con gozo y libera mi espíritu.

Todo lo puedo

Todo lo puedo en Cristo que me fortalece.
FILIPENSES 4:13 (LBLA)

Una joven estudiante universitaria intentaba tragarse el pánico cada vez que tenía que levantarse para hablar en su clase de oratoria. Aquel día en concreto, con manos sudorosas, voz trémula y rodillas temblorosas, se levantó para enfrentarse a sus compañeros de clase durante su discurso de cinco minutos. El profesor quedó impresionado con la presentación y le pidió que diera su mensaje a todo el cuerpo de estudiantes en el servicio que se celebraba en la capilla. Resulta interesante saber que la charla era sobre Filipenses 4:13, así que, ¿cómo iba a negarse? En el día señalado, llorando como una loca y a punto de sufrir una crisis nerviosa, ¡lo hizo! Dios mostró ser fiel a su palabra y le enseñó con este pequeño milagro que sí, que ella era capaz de hacer algo difícil porque Jesús era su fuerza.

¿A qué te enfrentas hoy? ¿A algo que sale completamente de tu zona de confort? ¿A algo que despierta todos tus miedos más arraigados y que te sume en el pavor? Consuélate al saber que Dios nunca te pedirá que hagas algo que no eres capaz de hacer.

Ay, Señor, cuán agradecida te estoy por no tener que intentar ser fuerte y valiente por mí misma. Tú eres mi fuente de valor. Dame hoy lo que necesito para llevar a cabo tu voluntad.

Mi hogar

Viviré con ellos y caminaré entre ellos.
Yo seré su Dios, y ellos serán mi pueblo.
2 CORINTIOS 6:16 (NVI)

¡Como en casa, en ningún sitio! El hogar es aquel sitio donde nos sentimos seguros y protegidos, donde podemos tumbarnos, recobrar el aliento y relajarnos. Tenemos nuestras propias llaves y entramos y salimos con libertad. Hogar, dulce hogar.

Quizá tu casa no es exactamente como la descripción anterior y ansías un lugar así para ti. La buena noticia es que nuestro Padre celestial ya ha preparado un hogar así para ti, no solo en la eternidad, sino también aquí y ahora. Recuerda que él es Emanuel, el Dios que camina y vive entre nosotros. Él nos da las llaves de su casa, donde podemos vivir bajo su autoridad, bendición y poder. Si acudimos a nuestro Papá con cualquier necesidad y en cualquier momento, podemos descansar en el hecho de que, responda lo que responda, siempre será lo mejor para nosotros. Podemos relajarnos, descansar y confiar, a sabiendas de que estamos seguros y protegidos en su presencia. Jesús es nuestro hogar.

Padre, ¡quiero vivir en un lugar así!
Quizá mi casa en esta tierra necesite alguna reforma,
pero el hogar que tú me has concedido está diseñado
perfectamente para mi corazón. ¡Gracias!

Esperanza

¿Por qué voy a inquietarme? ¿Por qué me voy a angustiar?
En Dios pondré mi esperanza y todavía lo alabaré.
¡Él es mi Salvador y mi Dios!
SALMO 42:5 (NVI)

Cuando eras niña quizá hubo un momento en el que deseabas con todas tus fuerzas que los Reyes Magos te trajeran ese juguete. Y seguramente conocerás el dolor de la decepción si el juguete no apareció en tu casa la mañana de Reyes, o el gozo si finalmente te lo trajeron. Por todas partes hay personas que buscan a alguien o algo en lo que depositar su esperanza, sin ser conscientes de que la mayor fuente de esperanza se encuentra en Jesucristo.

¿Qué esperas hoy? ¿Deseas que una persona o una circunstancia de tu vida cambien? Nadie puede garantizarte que esta esperanza se vaya a cumplir. Aun así, cuando depositamos nuestra esperanza en Cristo, ¡todos los deseos que tenemos se verán cumplidos! Dios sabe lo que realmente necesitamos, así que puede que tengamos que retocar un poco nuestros deseos para que encajen en sus planes. Pero si nuestra esperanza y confianza están dirigidas hacia el Dios de toda esperanza, no seremos decepcionados.

Señor, moldea los deseos de mi corazón y todas mis esperanzas según el plan que tú has diseñado para mí. Tú eres mi esperanza y esperaré en ti. Sé que tú conoces todos mis deseos y que me darás lo que realmente necesito.

Quiero conocerte

¡Oh, si conociéramos al Señor! Esforcémonos por
conocerlo. Él nos responderá, tan cierto como viene el
amanecer o llegan las lluvias a comienzos de la primavera.
OSEAS 6:3 (NTV)

Oseas era un profeta con una tarea más que inusual: se le
encomendó que se casara con una prostituta como una
imagen de la infidelidad de Israel hacia Dios. Al buscar la
restauración de su propia mujer adúltera, Oseas demostró
el amor de Dios y el deseo de restaurar a sus elegidos. Los
israelitas se habían vuelto hacia otros dioses y se fiaban
de su propia fuerza y poder militar en vez de confiar en el
Señor. Dios permitió que les pasaran grandes tragedias para
convencerlos de que volvieran a él. Y bajo estas mismas
dolorosísimas circunstancias, la apasionada súplica de Oseas
llega hoy a nuestros oídos: «Esforcémonos por conocerlo».

¿Has sido algo terca últimamente, quizá confiando más en
otras personas o en tu propia sabiduría para solucionar
tus problemas diarios? ¿Has dejado que tus actividades,
tu ajetreo o incluso que tus ministerios se conviertan
en tu prioridad, relegando a Dios a un segundo plano?
¡Esforcémonos por conocerlo! Tenemos la misma certeza
de que responderá como de que el sol sale al alba. Si le
buscamos, él se acercará a nosotros, del mismo modo que
la lluvia llega con la primavera.

*Señor, aumenta mi deseo de conocerte. Quiero esforzarme
en saber más de ti, pero a veces la vida se interpone. Hoy
quiero decidirme a buscarte en primer lugar*

La paz en Jesús, el regalo eterno

Gloria a Dios en el cielo más alto y paz en la tierra para aquellos en quienes Dios se complace.
LUCAS 2:14 (NTV)

Puede que los árboles de Navidad sean decoraciones seculares, pero a los cristianos nos traen a la mente un árbol mucho más precioso: la cruz. Jesús vino a nosotros el día de Navidad con el propósito de traernos la paz a través de la cruz del Calvario.

La misión de Cristo fue redimirnos de todo pensamiento, palabra y acción que no fueran dignos de la imagen de Dios. Destruyó nuestros pecados y silenció a nuestro enemigo de forma permanente en la cruz. Nos dio fuerzas para que pudiéramos alcanzar la victoria. Cada uno de nosotros lleva su gloria como hijo del Dios Altísimo. Y este es un regalo de Navidad que todos podemos abrir cada día.

Padre santo, gracias por este regalo. Te ruego que quites todos los adornos rotos de mi vida y me rehagas para reflejar tu gloria. Dame paz. Proclamo que tú eres mi Señor y cumpliré con tus órdenes. Gracias por amarme con tanta ternura. Yo también te amo.

El mayor regalo

Dios no envió a su Hijo al mundo para condenar
al mundo, sino para salvarlo por medio de él.
JUAN 3:17 (NVI)

¿Alguna vez has pensado en lo que pasó en el cielo el
día en que la tierra recibió el mayor regalo *de todos los
tiempos*? Cuando Jesús se convirtió en hombre, dejó a un
lado el indescriptible poder de ser completamente Dios
y, en vez de ello, abrazó la humildad y la debilidad. Por un
tiempo el Padre perdió su profundísima relación con su
Hijo y tuvo que observar a Jesús mientras este aprendía a
obedecer a través del sufrimiento. No hay mayor sacrificio
que lo que el Padre y el Hijo hicieron para declararnos su
amor por nosotros.

Sin la obra del Espíritu Santo, la encarnación de Jesús
no hubiera sido posible. Y ese es el mismo Espíritu que
mora en ti, revelándote el profundo amor de Dios y
ofreciéndote la oportunidad de recibir este regalo. Piensa
en esto durante estos días, en los que damos y recibimos
tantos presentes.

*Dios, tu regalo para nosotros es inconmensurable,
inconcebible e indescriptible. Me conmueve el amor que
has derramado por toda la humanidad, a pesar de que no
somos dignos de él. Gracias.*

El regalo de Navidad

Dará a luz un hijo, y le pondrás por nombre Jesús,
porque él salvará a su pueblo de sus pecados.
MATEO 1:21 (NVI)

Navidad es una época de amor. Es el momento de recordar que el Dios del universo bajó a la tierra en forma de niño y lo cambió todo. Es la temporada de escuchar la historia de Adviento. Es un testamento a la celebración. Árboles. Lucecitas de decoración. Pijamas cómodos. Té caliente. Amigos. Familia. Tradiciones. Comida deliciosa. Regalos. Cuidar a los demás. Comodidad. Gozo. Belleza. Salvación... que adoptó la forma de un bebé.

La Navidad trata de la salvación. Es un inicio que debemos ansiar y devorar a la vez. Reconocemos el regalo de Jesús y lo que significó para Dios enviarle para salvarnos. Él es realmente el mejor regalo de todos.

Dios, en medio de esta temporada tan ajetreada, elijo detenerme y recordar lo que realmente significa la Navidad. He sido salvada gracias a tu regalo. Gracias.

Jesús, mi canción de Navidad

Brotará la raíz de Isaí, el que se levantará para gobernar a las naciones; en él los pueblos pondrán su esperanza.
ROMANOS 15:12 (NVI)

Jesús, un judío, vino para que todas las personas pudieran disfrutar de su esperanza, gozo y paz increíbles si depositan su fe en él. No es de extrañar que un enorme coro de ángeles se uniera para alabarlo esa noche. Jesús es la base verdadera de la esperanza y el gozo de cada creyente, tanto en Navidad como durante el resto del año.

Puede que hoy estés sola o rodeada de gente. Quizá estés leyendo esto tranquilamente, o a lo mejor estás poniéndote al día tras un torbellino de actividad. Quizá estás ojeando este libro y te has detenido en este pasaje. Estés donde estés y sean cuales sean tus circunstancias, hoy tienes un regalo del Señor. No pasa nada: ¡los regalos de Navidad de Dios no caducan! El regalo que Dios tiene para ti, todos y cada uno de los días, es este: él es tu fuerza y tu canción. Y siempre lo será.

Jesús, te doy las gracias por ser mi canción de Navidad. Tú sabes perfectamente lo que necesito para llenar mi alma, incluso cuando yo no lo sé. Gracias por tu bondad al venir a esta tierra para que yo pudiera convertirme en tu hija. Pensarlo me llena el alma de gratitud.

Poder para transformar

Dios nos hace justos a sus ojos cuando ponemos
nuestra fe en Jesucristo. Y eso es verdad para
todo el que cree, sea quien fuere.

ROMANOS 3:22 (NTV)

Dios tiene el poder de transformar cualquier cosa. Puede
que pensemos que una persona o una situación están más
allá de cualquier redención, pero Dios puede recuperar
incluso el corazón más imposible y solucionar el problema
más difícil. Puede que hayamos perdido la fe de creer que
recibiremos algo, pero eso no le pasará nunca a Dios: él
sabe de lo que es capaz.

Dios, quien tiene el poder de hablar y crear el universo
con su palabra, puede ciertamente intervenir en una
situación y hacer que se cumpla su propósito. Dios, quien
le ordenó a un muerto que se alzara de la tumba, podrá
ablandar el corazón del alma más endurecida.

*Gracias, Dios, porque tú ofreces redención para mi
corazón, mi vida y mis circunstancias. Ayúdame a confiar
completamente en ti en este proceso de redención para
poder disfrutar del beneficio de una vida que ha sido
cambiada por ti.*

Echar cuentas

> Donde tengan ustedes su tesoro, allí estará
> también su corazón.
> LUCAS 12:34 (NVI)

Un asesor financiero te pediría que echaras cuentas para saber dónde has gastado el dinero durante los últimos tres meses. El motivo de este ejercicio no es otro que mostrar claramente cuáles son nuestras prioridades. ¿A dónde va nuestro dinero? En cuanto lo sepamos podremos ajustar nuestros gastos a nuestro plan financiero general.

Se puede aplicar el mismo método a nuestra forma general de vivir. ¿A qué dedicamos nuestro tiempo? Si echáramos cuentas del tiempo que hemos invertido en las relaciones con nuestras personas amadas, ¿resultaría demasiado poco? Si sentimos que nuestra relación con Dios no es como debería ser, es una buena idea reevaluar a qué dedicamos la mayoría de nuestro tiempo y de nuestra concentración. ¿Estamos buscándole? ¿Pasamos tiempo en su Palabra?

Dios, quiero que seas una prioridad de nuevo mi vida. Ayúdame a mostrarte a ti y a los demás dónde están mi tesoro y mi corazón.

Vida abundante

Yo soy la puerta; si alguno entra por mí, será salvo;
y entrará y saldrá y hallará pasto. El ladrón solo viene para
robar y matar y destruir; yo he venido para que tengan vida,
y para que la tengan en abundancia.
JUAN 10:9-10 (LBLA)

Muchos han sufrido el trauma de que un ladrón haya entrado en su casa. Quizá también te ha pasado a ti. Como bien sabrás, el objetivo del ladrón es completamente egoísta: cumplir con sus propios deseos a pesar de lo que les pueda costar a los demás. A nivel espiritual, el ladrón (Satanás) tiene un motivo similar, aunque con un objetivo mucho más oscuro: no solo quiere robarnos el gozo, la fe y la mismísima vida, sino que quiere destruir nuestra alma.

Por otro lado tenemos al buen pastor. Él no solo no quiere quitarte nada, sino que quiere darte cosas en abundancia. Sus regalos van más allá del perdón y de la salvación del pecado. Él desea que nuestras vidas sean más que una existencia sencilla y mediocre: quiere que vivamos de forma abundante y satisfecha, disfrutando de sus bendiciones desde este mismo momento hasta la eternidad. ¡Toma esta verdad, aplícala a tu día y vive con plenitud!

Señor, ayúdame a ser consciente de cuándo el ladrón intenta robarme mi gozo y mi fe. Te doy las gracias por ser mi buen pastor y por derramar abundancia sobre mi vida.

Menos es más

Recuerden que el Señor recompensará a cada uno
de nosotros por el bien que hagamos, seamos
esclavos o libres.
EFESIOS 6:8 (NTV)

Una vida más sencilla. Con menos desorganización. Con
menos cosas pendientes y por hacer. Una vida donde
menos es más. Con margen y espacio. Una vida, para decirlo
de forma sencilla, menos ajetreada. Puede que deseemos
todas estas cosas para nosotros pero, aun así, nos cuesta
mucho conseguirlas. Siempre tenemos una lista inacabable
de responsabilidades que no nos dejan mucho margen.

Estar contento con una vida tranquila no tiene nada de
malo. Y «podar» tu ocupadísima vida es muy buena idea.
Y, desde luego, está muy bien empezar a decir que no
más a menudo. Al otro lado de esta ocupadísima vida
encontraremos menos ansiedad, menos estrés y menos
decepciones.

*Jesús, mi tesoro es mi relación contigo. No es lo que digo
ni lo que hago. Sé que tú deseas mi corazón y quiero
entregártelo por completo. Ayúdame a crear una vida más
sencilla para poder oír tu suave susurro cuando me llamas.*

Mi lamento se convierte en baile

Que sea tu gran amor mi consuelo, conforme
a la promesa que hiciste a tu siervo.
SALMO 119:76 (NVI)

El duelo puede manifestarse de forma muy distinta en cada persona, pero todos pasamos por los mismos sentimientos de enfado, duda, tristeza y confusión desgarradores. Muy a menudo, este dolor nos sorprende sacudiendo todo aquello que tan sólido nos parecía antes. Nuestra confianza en el Dios que nos ama incondicionalmente puede enturbiarse en estos momentos. Nuestra base sólida empieza a parecernos inestable y resbaladiza.

Por suerte, con suaves toquecitos en la puerta de nuestro corazón, para recordarnos su gran amor por nosotros, la confusión se convierte en comprensión y la tristeza en gozo por los momentos que hemos podido compartir. Nuestra mente, confusa y sembrada de dudas, se aferra a la verdad que conocemos en lo profundo de nuestras almas: que Dios es bueno y que tiene un plan para nuestras vidas.

Señor Dios, hay momentos en los que he dudado de tu plan para mi vida. Las temporadas de dolor me han hecho muy difícil ver que podré volver a tener risa y paz. Ayúdame a confiar en tu promesa de consuelo en esos momentos.

Sabiduría
en cada situación

Entonces comprenderás lo que es correcto, justo e imparcial y encontrarás el buen camino que debes seguir. Pues la sabiduría entrará en tu corazón, y el conocimiento te llenará de alegría. Las decisiones sabias te protegerán; el entendimiento te mantendrá a salvo.

PROVERBIOS 2:9-11 (NTV)

Toda la vida es una prueba. Con cada día que pasa, los exámenes a los que nos enfrentamos nos enseñan valiosas lecciones. Puede parecer que tendría que ser al revés: normalmente aprendemos primero la lección para después enfrentarnos a la prueba. Pero en la vida a menudo lo primero que llega es el examen. Con estas lecciones, Dios nos da la sabiduría que necesitamos para la siguiente prueba.

Podemos afirmar con toda seguridad que las pruebas seguirán viniendo. Por suerte, nuestros corazones ganan entendimiento con cada una de ellas. La tensión y la incerteza desaparecen; el gozo florece. El consejo de Salomón es que escuchemos a la sabiduría, la apliquemos y vayamos aprendiendo a medida que avanzamos. Entonces será cuando tendremos entendimiento y encontraremos el camino correcto, con sabiduría en nuestros corazones y gozo por lo aprendido.

Señor, me has enseñado muchísimas lecciones valiosas con las pruebas de la vida. Me alegro por la sabiduría que he ganado con ellas. Gracias por darme la oportunidad de tomar decisiones sabias.